Was für ein Kind waren Sie?

COLLECTION
ROLF HEYNE

Ulrike Döpfner

Was für ein Kind waren Sie?

COLLECTION ROLF HEYNE

Meiner Familie.

Inhalt

Welches ist die erste Erinnerung Ihrer Kindheit? Was für ein Kind waren Sie? Wer stand Ihnen in Ihrer Familie als Kind am nächsten? Welche Werte haben Ihre Eltern Ihnen vermittelt? Wurden Sie von den Eltern besonders gefördert? Waren Sie ein guter Schüler? Welche Rolle hatten Sie in Ihrer Klasse? Gab es Lehrer, die Sie fasziniert haben? Was hat Ihren Ehrgeiz entfacht? Hatten Sie das Gefühl, besonders begabt zu sein? Welche Rolle spielte Ihr Vater? Hatten Sie Vorbilder? Haben Sie als Kind Niederlagen erlebt? Waren Sie gut im Sport? Sind Sie als Kind gehänselt worden? Haben Sie andere gehänselt? Haben Sie etwas in Erinnerung, das Ihnen als Kind oder Jugendlichem peinlich war? Wann haben Sie begonnen, sich mit ... zu beschäftigen? Wurden Sie als Kind beneidet? Waren Sie beliebt? Hatten Sie Ängste als Kind? Wie war Ihre erste große Liebe? Hatten Sie als Kind eine Schwäche, etwas, das Ihnen besonders schwerfiel? Was haben Sie gehasst? Haben Sie sich geliebt gefühlt? Was haben Sie gelesen? Sind Sie als Kind von jemandem – eindrücklich – schlecht behandelt worden? Was war Ihr Lieblingsduft? Hatten Sie einen Lieblingsort? Wären Sie gern noch mal Kind? Wollten Sie es irgendjemandem beweisen mit Ihrem Werdegang? Haben Sie sich als Kind vorgestellt, das zu tun, was Sie jetzt machen? Gab es jemanden, der an Sie geglaubt hat in Ihrer Kindheit? Hatten Sie als Kind oder Jugendlicher den Impuls, besser sein zu wollen als die anderen? Was wollten Sie werden, als Sie Kind waren? Hatten Sie sich als Kind vorgenommen, später einmal berühmt zu werden? Hat Ihre Erziehung zu Ihrem Erfolg beigetragen? Erkennen Sie heute das Kind in sich, das Sie einmal waren? Was ersehnen Sie am meisten aus Ihrer Kindheit? Was macht für Sie eine glückliche Kindheit aus?

Erkennen Sie das Kind,
das Sie einmal waren, in sich wieder?

Lerne ich einen Erwachsenen kennen und führe ein Gespräch mit ihm, passiert es automatisch, relativ schnell sehe ich es vor mir: ein Kindergesicht. Es trägt die Züge meines Gesprächspartners, nur sanfter und rundlicher. Die gleichen Augen, nur etwas klarer und weniger müde. Den gleichen Blick, nur etwas direkter und neugieriger. Die Haut noch weich und glatt. Auch die Statur des Kindes sehe ich vor mir, in ihr ist die des Erwachsenen schon angelegt – dick, dünn, stämmig, breit, lang oder schlank. Selbst Mimik und Körpersprache – lebhaft, zurückhaltend, aufgeregt, ruhig – sind bereits zu erkennen in dem Kind, das ich vor mir sehe. Ich kann nicht anders: Lerne ich einen Erwachsenen kennen und beginne seine Persönlichkeit zu erfassen, gehört dazu immer die Vorstellung, was für ein Kind dieser Mensch wohl gewesen sein mag. Und meist habe ich klare Persönlichkeitstypen vor Augen: den selbstverliebten Mädchenschwarm, den Sportlichen, den Streber, den Oberlehrertyp, den Klassensprechertyp, den Bandenanführer, die Beliebteste, den Große-Schwester-Typus, die Träumerin, die politisch Engagierte, die Schüchterne, die Künstlerin, die Draufgängerin, die Klassenschönheit …

In der Sozialisation unserer Kindheit besetzen wir eine Position innerhalb des uns eigenen Kinderkosmos. Diese Position oder Rolle ist manchmal explizit, meist implizit. Nicht immer sind wir uns unserer Position bewusst, aber meist begleitet sie uns unser Leben lang. Wir stellen in späteren Jahren, beispielsweise bei Begegnungen mit Bekannten aus unserer Kindheit, fest: Selbst zwei Jahrzehnte nach dem Schulabschluss haben wir den Eindruck, dass sich niemand – außer wir uns – wesentlich verändert hat. In unserer eigenen Biografie ist unterdessen viel passiert: Wir haben uns beruflich entwickelt, wir haben uns gebunden, wir haben eine Familie gegründet, wir haben viele interessante Menschen kennengelernt, wir sind gereist bis ans Ende der Welt und zurück, haben ein exotisches Hobby gepflegt, uns mit unseren Ängsten konfrontiert und unsere Verletzungen gepflegt. Wir haben so vieles getan, und dennoch … die Weggefährten unserer Kindheit erkennen in uns wieder, wer wir einmal waren, auch wenn wir dekoriert mit noch so vielen Orden vor ihnen erscheinen. Dass wir uns nur in der Reflexion unseres eigenen Werdegangs verändert haben und in den Augen der Klassenkameraden die gleiche Persönlichkeit von damals geblieben sind, scheint uns schwer vorstellbar. Aber das Kind, das wir einmal waren, bleibt immer Bestandteil unserer Erwachsenen-Persönlichkeit.

In meiner therapeutischen Arbeit mit Kindern denke ich zukunftsgerichtet: Wie wird es meiner kleinen Patientin wohl einmal als Erwachsener gehen? Wird sie durch ihre Angst in ihrer Entfaltung blockiert werden oder wird sie als junge Frau die Angst kontrollieren können? Wird die Angst sie dominieren oder Bestandteil ihrer kreativen Sensibilität werden? Wird mein kleiner Patient seine aggressiven Impulse kontrollieren können, so dass er zum Bestandteil einer sozialen Gemeinschaft heranreifen kann? Wird dieser Träumer einen Rhythmus finden, der es ihm erlaubt, seinen Alltag zu bewältigen? Jedes Kind wirft eigene Fragen auf, wenn es darum geht, sich vorzustellen, wie es einmal in der Erwachsenenwelt wird bestehen können. Ist früh ein Talent zu erkennen, stellt man sich vor, wie es sich wohl entwickeln wird. Aber gehört zu einer Persönlichkeit nicht mehr als Talent, um das vorhandene Potential und die Begabung voll ausschöpfen zu können? Wie gelingt es einem, sein individuelles Potential leben zu können und seinen »Platz im Leben« einzunehmen?

Diesen Fragen bin ich in meinem Buch nachgegangen, indem ich Persönlichkeiten unterschiedlicher Generationen, die in ihrem Beruf erfolgreich sind, zu ihrer Kindheit befragt habe. Allen Gesprächspartnern stellte ich dieselben Fragen in derselben Reihenfolge. Dieses Grundgerüst ermöglicht eine gewisse Vergleichbarkeit der Gespräche, ohne jedoch einem wissenschaftlichen Anspruch gerecht werden zu wollen. Mich selbst inspiriert am meisten das Beispiel anderer Menschen, und deshalb versammele ich in diesem Buch, das als ein Lesebuch angelegt ist, Kindheitsgeschichten, die anregen und motivieren können. Im Kopf hatte ich dabei auch meine jugendlichen Patienten, die sich vor lauter Misserfolgen und Problemen oft gar nicht vorstellen können, dass ihnen je etwas in ihrem Leben gelingen wird. Dieses Buch zeigt: Nicht jeder im Leben und im Beruf erfolgreiche Mensch hatte eine erfolgsverwöhnte Kindheit. Jede Kindheitsgeschichte hat eigene Antworten gefunden auf die Entwicklungsherausforderungen, mit denen ein junger Mensch konfrontiert wird.

Man mag denken, dass es bei berühmten Persönlichkeiten schwieriger wäre, sich ein passendes Kindergesicht vorstellen zu können, aber das Gegenteil ist der Fall. Ich bemerkte, dass allen Gesprächspartnern die Rückblende in die Kindheit zunächst sehr ungewohnt erschien. Erfolgreiche Menschen leben stark zukunftsorientiert, beschäftigen sich mit Projekten, die entstehen sollen, mit Werken, die erschaffen werden wollen, mit Herausforderungen, die bewältigt werden müssen. Da scheint ihre Kindheit weit weg und – im Vergleich zu der Zukunft, die so viel Chancen birgt und so viel verspricht – unwichtig zu sein. Dennoch erlebte ich in den Gesprächen ein starkes emotionales Engagement der beteiligten Gesprächspartner, als es um ihre Kindheitsbiografie ging.

Dieses Buch formuliert keine Erfolgsrezepte und gibt keine Antworten darauf, wie Biografien verlaufen müssten, damit aus Kindern erfolgreiche Erwachsene werden. Es zeichnet unterschiedliche Wege nach und erklärt vor allem die Bedeutung, die unsere Kindheit für unser ganzes Leben hat – ob wir es wollen oder nicht. So viel von dem, was uns ein Leben lang begleiten wird, ist in der Kindheit schon vorhanden oder zumindest angelegt. Das sollte uns Erwachsene dazu ermutigen, die Kinder der nächsten Generationen ernst zu nehmen.

Jede Kindheit verläuft einzigartig und jeder Erwachsene hütet seine eigenen Kindheitserinnerungen. Dennoch haben fast alle meine Gesprächspartner die Frage »Erkennen Sie das Kind, das Sie einmal waren, in sich wieder?« spontan positiv beantwortet. Das Kind, das wir einmal waren, ist nicht verschwunden. Es lebt ein Leben lang in uns weiter. Wir alle tragen das Kind, das wir einmal waren, mit all seinen Verletzungen, Hoffnungen und Erfahrungen in uns. Der eine spürt es stärker, der andere bemerkt es gar nicht mehr. Die Kindheit scheint ein abgeschlossenes biografisches Kapitel zu sein, dennoch hat sie ein Leben lang Auswirkungen auf unser Handeln, Denken und Fühlen.

Ich bin allen beteiligten Interviewpartnern sehr dankbar für das Vertrauen und die Offenheit, die sie mir entgegengebracht haben, um aus der verletzlichsten Phase ihrer Biografie zu erzählen.

Ulrike Döpfner
Potsdam, im Januar 2014

GEORG BASELITZ

Georg Baselitz wurde am 23. Januar 1938 in Deutschbaselitz, heute ein Ortsteil von Kamenz in der sächsischen
Oberlausitz, als Hans-Georg Kern geboren. Er hat eine
ältere Schwester und zwei jüngere Brüder. Sein Vater war
vor dem Krieg Lehrer der Dorfschule. Nach dem Krieg
nahm seine Mutter diese Stellung an. 1956 begann Baselitz ein Studium der Malerei an der Hochschule für bildende Künste in Berlin-Weißensee (Ostberlin). Nach zwei

13

Georg Baselitz im Jahr 1947

Semestern wurde er wegen »gesellschaftspolitischer Unreife« von der Hochschule verwiesen. 1957 setzte er sein Studium in Westberlin fort und verließ 1958 endgültig die DDR. Im Jahr 1961 nahm er den Künstlernamen Georg Baselitz, abgeleitet von seinem Geburtsort, an. Georg Baselitz ist seit über fünfzig Jahren mit seiner Frau Elke verheiratet und Vater zweier Söhne.

Welches ist die erste Erinnerung Ihrer Kindheit?

Das weiß ich nicht. Ich habe keine erste Erinnerung. Ich bin in einem Dorf groß geworden, das vielleicht hundert Einwohner hatte: Deutschbaselitz. Es bestand aus einem Schloss oder Herrenhaus und einem Gut dazu, zwei etwas größeren Bauernhöfen, alles andere waren Kleinbauern mit manchmal nur einer Kuh. Und es gab drei, vier Familien, deren Väter im Straßenbau und im Steinbruch arbeiteten. Unser Dorf war etwa bis 1900 sorbisch, dann wurde es deutsch. Evangelisch-deutsch. Aber ohne Kirche. Das Einzige, was diesem Dorf einen Zusammenhalt gab, war die Schule, die ungefähr in den zwanziger Jahren gebaut worden war. Mein Vater war, wenn nicht der erste, so der zweite Lehrer in diesem Dorf. Er wurde als junger Lehrer dorthin versetzt, so wie man das heute noch macht. Ausgebildet in Leipzig, war er in das Dorf gekommen und lernte dort dann meine Mutter kennen, die aus der nächsten Kreisstadt stammte. Es gab zwei Lehrerwohnungen in dieser Schule, eine größere, in der unsere Familie wohnte, und eine kleinere, in der ein anderer Lehrer wohnte. Um das Gebäude kurz zu beschreiben: Wir hatten Toiletten im Gang, dann gab es im Untergeschoss zwei Klassenzimmer und ein sogenanntes Lehrmittelzimmer, in dem sich die Lehrer in den Pausen aufhielten und in dem das Lehrmaterial aufbewahrt wurde. Die Schule stand im Neubaugebiet, der sogenannten Ziegenhöhe, denn die Leute, die dort wohnten, waren keine Bauern, sondern hielten Ziegen. Das Schulgebäude war übrigens das einzige Haus, das eine Zentralheizung hatte. Wir hatten im Keller eine Heizung mit Briketts. Und es gab auch einen Hausmeister, der hieß Arthur Blöde. Man kann sich vorstellen, was so ein Name auslöst. Arthur Blöde sprach Berliner Dialekt. Sonst sprachen wir alle recht grobes Sächsisch. Das merkte ich, als ich zum ersten Mal nach Dresden kam, wo man natürlich auch Sächsisch sprach, nur ganz anders als bei uns. Die Trennung zwischen Sorben und Deutschen war rigoros, weil die Sorben als rückständig galten. Sie lebten, ähnlich wie die Quäker in Amerika, sehr einfach, sehr isoliert, heirateten nur unter sich. Sie waren Bauern und lebten in ihrer Bauernwirtschaft. Maschinen waren aufgrund der schlechten wirtschaftlichen Verhältnisse kaum vorhanden. Manche hatten Pferde, aber die meisten hatten nur Kühe oder Landmaschinen, die gezogen werden mussten. Die Sorben mussten zwar Deutsch lernen, sprachen unter sich aber nur Sorbisch. Und sie waren sehr religiös. Was wir nicht waren. Zur Schule musste ich also nur die Treppe runter. Die Kinder kamen üblicherweise alle in Holzpantinen zur Schule. Die ließen sie draußen stehen und gingen auf Socken in die Klassenräume. Es waren ausschließlich Bauernkinder und zwei, drei Arbeiterkinder. In den beiden Klassenräumen wurden immer drei, vier Schuljahre gleichzeitig unterrichtet, insgesamt vielleicht fünfzehn Kinder, also nicht viele. In der ersten Zeit, an die ich mich erinnern kann – es war ja Krieg –, war mein Vater Lehrer, dann wurde er eingezogen.

Da ich Lehrerkind war, hatte ich verschiedene Freiheiten, die mir Vorteile brachten, aber auch Nachteile. Mit dem Lehrerkind zu spielen, war nicht so einfach, denn das kam sozusagen von der anderen Seite. Dem Lehrerkind konnte man sich schlecht anvertrauen. Unser Dorf hatte, wie gesagt, keine Kirche, was an sich schon ungewöhnlich war. Der Gottesdienst wurde unten im Schulzimmer abgehalten. Die Gemeinde kam also in die Schule. Falls sie kam. Mein Vater spielte Harmonium, ich bediente die Bälge, und der Pfarrer machte seinen Kokolores.

Mein Vater war älter als meine Mutter, wesentlich älter. Er wurde 1903 geboren. Als ich zur Welt kam, war er also fünfunddreißig Jahre alt. Meine Mutter wurde 1913 geboren und war gerade einmal achtzehn Jahre alt, als meine Schwester, die acht Jahre älter ist als ich, geboren wurde. Außerdem habe ich einen zwei Jahre jüngeren Bruder. Mein Vater erledigte als lesende und schreibende Autorität alles für die Bauern, was sie von ihm erbaten. Er musste Anträge und Bewerbungen schreiben, manchmal Steuerdinge erledigen und Begräbnisreden halten. Immer wenn einer starb, musste mein Vater dorthin. Auch Geburtstagsreden hielt mein Vater. Die Versorgung unserer Familie, es war ja von Anfang an eine schlechte Zeit, war gewährleistet durch die Vergütung, die mein Vater für diese Dienste bekam: kein Geld, dafür Eier, Butter und dergleichen. Natürlich war mein Vater auch im Schloss zugange. Das Schloss wurde bewohnt von Adelsleuten, die hießen von Zezschwitz.

Ich habe nur eine kennengelernt, die man die Frau Oberst nannte. Das war eine alte Dame mit Besenreisern im Gesicht und mit einem Dutt auf dem Hinterkopf. Sie war sehr groß und sehr schlank. Und sie organisierte einmal im Jahr ein Kinderfest. Da gibt es dieses Foto von mir mit weiß gekalkten Turnschuhen, mit weißen Kniestrümpfen und weißer Hose, mit weißem Hemd, Papierhut und Holzschwert und mit Hakenkreuzfahne im Hintergrund. Zum Schloss gehörte auch ein Fischteich. Da die Böden karg waren in der Gegend, Weizen wurde kaum, Roggen nur wenig angebaut, war die Fischzucht ein wichtiges Einkommen für diese Leute. So bekamen wir – als Deputat an den Lehrer – unsere Silvesterkarpfen und die Weihnachtsgans vom Schloss.

Meine Eltern hatten von Kriegsbeginn an eine Einquartierung im Keller, eine Station der Flak-Abwehrbatterien, die vor der Schule standen, große 8,8-Flakgeschütze und einige kleinere, dazu ein großes Radargerät sowie ein großes Beobachtungsfernrohr. All das war eigentlich für die Flugabwehr gedacht, wurde jedoch selten eingesetzt, weil aus dem Osten keine Flieger kamen. Bis auf die Tiefflieger in den letzten Kriegsjahren. Mit dem Anmarsch der Russen 1945 kamen diese Batterien zum Einsatz. Aber nur kurz. Und die Soldaten verschwanden schließlich. Die Zeit davor, also mit den stationierten Soldaten, war toll: Wir hatten unregelmäßig Schule, und hin und wieder kam ein Ersatzlehrer aus der Stadt, denn mein Vater war ja im Krieg. Die Schulräume waren zeitweise gar nicht benutzbar, weil sich Soldaten darin aufhielten. Also wurden wir im Freien unterrichtet, wenn das Wetter es zuließ. In unserem Hof standen Gulaschkanonen, mit denen die Soldaten versorgt wurden.

Ich verkehrte viel mit den Soldaten, denn die waren alle jung, neunzehn, zwanzig Jahre alt. Sie liebten Kinder. Wir Kinder verbrachten die Zeit bei ihnen in den Bunkern. Wir versorgten uns bei ihnen und durften alles Mögliche dort machen. Tag und Nacht gab es diesen Flüchtlingsstrom aus dem Osten. Das war eine der Schattenseiten. Die Deutschen kamen aus Schlesien in unser Dorf. Man muss sich vorstellen, dass die Orte davor noch Slawisch sprechend waren. Unser Dorf war das erste Deutsch sprechende Dorf. Die Flüchtlinge wollten natürlich dableiben. Denn keiner wusste, wie es weitergehen sollte. Unsere Schule war von Anfang an voll. Die Flüchtlinge wohnten in der zweiten Lehrerwohnung und im Keller. Sie wohnten überall, wo man wohnen konnte. Und diese Flüchtlinge, selbst wenn sie nicht übernachteten, hatten natürlich Bedürfnisse. Es war Alltag, aber rückblickend doch kaum vorstellbar, wie es damals zuging.

Das sind einige der Erinnerungen, die ich an die Umstände meiner Kindheit habe.

Was für ein Kind waren Sie?

Ich war sehr selbständig und sehr unerzogen. Ich war renitent. Meine Mutter wurde einfach nicht fertig mit mir. Sie hatte außerdem andere Dinge zu tun in der Zeit, als mein Vater von zu Hause fort war. Selbst wenn er da gewesen wäre, hätte er sich in Erziehungsdinge immer nur strafend eingemischt, wenn meine Mutter meiner nicht mehr Herr wurde. Weil ich Lehrerkind war, war ich es gewohnt zu organisieren, zu vermitteln und vieles zu regeln. Und dann musste ich viele Dinge übernehmen, die mein Vater sonst machte, etwa Holz hacken, die Tiere mit Futter versorgen – solange die noch da waren. Bei Kriegsende gab es keine Ziegen, keine Hühner, keine Karnickel, gar nichts mehr. Ich musste viele Aufgaben erfüllen, die eigentlich für ein Kind unzumutbar waren. Während des Krieges hatten wir eine ganz gute Lebensmittelzuteilung. Da gab es durchaus Zeiten, in denen man mit den Butterstücken auf dem Küchentisch spielte, wenn Butter auf Lebensmittelkarten für einen Monat eingekauft wurde. Nach dem Krieg gab es das alles nicht mehr, die Lebensmittelkarten wurden später wieder eingeführt. Zunächst einmal gab es gar nichts. Bei uns ging das noch einigermaßen, weil wir ja rundherum Landwirtschaft hatten. Die Bauern wurden arg rangenommen, weil sie alles abliefern mussten. Meine Mutter schickte mich jeden Abend los, um Besorgungen zu machen – natürlich ohne Geld zu haben. Das war vor allem im Winter unangenehm, wenn es schon dunkel war. Ich musste also betteln, denn wir hatten keine Milch, wir hatten keinen Quark, kein Mehl, wir hatten nicht dies und nicht jenes. Und ich war meistens erfolgreich, ich war ja auch beinahe der Einzige, der so losmarschiert ist. Als der Krieg zu Ende war, kehrte mein Vater nicht gleich zurück. Er war verwundet worden, war mit der Verwundung einäugig wieder zurück ins Feld geschickt worden und geriet dann in englische Gefangenschaft. Als er nach Hause zurückkam, musste er zunächst ins Gefängnis. Das Gefängnis, das die Russen für Nazis eingerichtet hatten, war in einer requirierten Villa, die zugemauert worden war. Ich weiß nicht, wie viele Leute da einsaßen, vielleicht zwanzig Nazis. Lehrer waren grundsätzlich alle in der Partei gewesen. Ich denke, dass mein Vater bekennender Nazi gewesen war. Wenn ich mir seine Erziehung so ansehe, seine Ausbildung, Burschenschaft und dergleichen, dann war er am Anfang zumindest deutschnational und anschließend eben nationalsozialistisch. Als Kind ist man stolz auf seinen Vater, oder man kommt nicht mit ihm zurecht. Ich war stolz auf meinen Vater. Er hatte eine Lederschnalle mit einer großen Pistole und eine SA-Mütze. Je dekorierter ein Vater war, umso stolzer war man auf ihn. Mein Bestreben zum Beispiel, in die Hitlerjugend zu kommen, war ein ernsthaftes. Aber ich war noch zu jung und der Krieg dann zu Ende.

Wer stand Ihnen in Ihrer Familie als Kind am nächsten?

Meine Mutter stand mir am nächsten. Sie machte einfach alles, was Frauen machen. Sie war lieb, sie war weich, sie war sehr hübsch. Sie war leider oft krank, hatte immer Herzprobleme. Aber sie versorgte uns, auch nach Kriegsende. Mein Vater dagegen zog sich damals in sein Zimmer zurück und war noch nicht in der Lage, dafür zu sorgen, dass er in seinen Schuldienst zurückkehren konnte.

Mein jüngerer Bruder war pummelig, pummelig als Veranlagung. Pummelige Kinder hänselt man leicht. Meine Schwester hatte die undankbare Aufgabe, die Mädchen so haben, nämlich auf die jüngeren Geschwister aufzupassen. Der habe ich arg mitgespielt. Zum Beispiel, wenn ich gestraft oder wütend wurde, wurde ich ohnmächtig. Mir blieb die Luft weg. Ich lief blau an und fiel dann um. Da gab es immer großes Geschrei, und es wurde schleunigst Wasser geholt. Das war natürlich eine ganz tolle Sache, allerdings nur für mich. Das habe ich bisweilen wohl auch bewusst eingesetzt. Meine Schwester hatte doch sehr zu leiden.

Welche Werte haben Ihre Eltern Ihnen vermittelt?

Dazu muss ich kurz beschreiben, wie diese Zeit für uns Kinder war: Es gab nicht die ernsten Gefahren, die es für Kinder heute gibt – Verkehr, Räuberei, Drogen und dergleichen. Zu rauchen war keine echte Gefahr, denn mit Kräutern statt Tabak macht es wirklich keinen Spaß. Man versuchte es trotzdem hin und wieder. Andere wirkliche Gefahren, die eine Aufsicht erfordert hätten, gab es nicht, nun ja, wenn man davon absieht, dass wir mit Waffen spielten. Also, ich konnte früh losmarschieren und erst abends wiederkommen. Abends musste ich wieder da sein! Manchmal kam ich mit schlechtem Gewissen, meist, weil ich nicht pünktlich zurück war. Dieses Draußensein gehörte dazu. Niemand hielt sich drinnen auf. Drinnen gab es überhaupt nichts, nur eine quengelnde Mutter oder quengelnde Geschwister. Fernsehen gab es noch nicht, und Radio war unergiebig. Falls es überhaupt noch ein Radio gab, die großen Radiogeräte waren ja einkassiert worden. Spiele wie Halma und Mensch-ärgere-dich-nicht oder Mikado spielte man nur abends. Und nach dem Krieg gab es auch kein elektrisches Licht. Auf dem Dorf sowieso nicht. Wir hatten nur selbst gezogene Kerzen. Jeden Abend wurden bei uns Linsen im Kerzenschein gelesen. Mein Vater hatte von der Teichwirtschaft mehrere Säcke mit Fischfutter organisiert. Fischfutter war damals feines Hülsenfrüchte-Trockenfutter. Das bestand aus allen möglichen Hülsenfrüchten, und die ganze Familie sortierte dieses allabendlich. Jeden Abend! Das, was übrigblieb, war für die Hühner. Wir aßen also fast jeden Abend Linsen oder Bohnen oder die sogenannte Mehlsuppe. Eine klumpige Suppe aus Trockenmehl und, wenn du Glück hattest, dann war ein größeres Stück Brot drin. Ernährung war ganz schwierig, völlig unzureichend. Alle waren natürlich entsprechend klapperdürr, hatten alle möglichen Infektionskrankheiten. Es gab schwere Durchfallerkrankungen. Es gab Läuse. Ich hatte alle möglichen Fieberkrankheiten, einschließlich Diphtherie. Einen Arzt gab es nicht, Penicillin gab es ohnehin nicht. Das Allheilmittel in dieser Zeit war Pyramidon, und damit musste vorsichtig umgegangen werden.

Ich glaube, für die Vermittlung von Werten, wie man sich das idealerweise vorstellt, hatten meine Eltern damals keinen Sinn beziehungsweise vermittelten sich Verantwortungsbewusstsein, Füreinanderdazusein aufgrund der schwierigen Situation quasi von selbst. Es gab natürlich leise Versuche einer religösen Erziehung, die Vermittlung religiöser Werte. Es gab den Versuch des Tischgebets. Es gab den Versuch des Abendgebets. Das waren Versuche, die eingestellt und manchmal wieder aufgenommen wurden. Dann waren natürlich die Hygiene, also Zähne putzen, Haare kämmen, Haare schneiden und Ordentlichkeit wichtig, und die Hausaufgaben mussten gemacht werden.

Wurden Sie von den Eltern besonders gefördert?

Sie haben versucht, etwas aus mir zu machen. Ich sollte Klavierstunden nehmen. Da ich die Klavierlehrerin nicht mochte und ich wenig damit anfangen konnte, obwohl ich Musik liebte, machte ich mich zwar auf den Weg in die Klavierstunde, kam aber nie dort an. Bis meine Mutter die Klavierlehrerin einmal unterwegs traf. So kam es raus.

Waren Sie ein guter Schüler?

Anfangs war ich ein sehr aufmerksamer und guter Schüler, aber nicht lange. Durch diese Art von Unterricht mit vier Klassen in einem Raum war ich ziemlich weit. Mir machten Lesen, Schreiben und all diese Dinge keine Schwierigkeiten. Vermutlich als die Pubertät bei mir anfing, brach das alles zusammen, und ich machte nichts mehr. Mir war dann jedes Mittel recht, um mich um die Schule zu drücken, alle Ausreden, alle Lügen oder Krankheiten. Das führte zu riesigen Konflikten zwischen meinem Vater, meiner Mutter und mir. Meine Mutter machte die Lehrerprüfung nach Kriegsende und übernahm dann den Job meines Vaters, weil er nicht mehr unterrichten durfte. Er wurde degradiert, nachdem er aus dem Gefängnis entlassen worden war. Dann musste er im Dorf mit anderen zusammen die Kanalisation reinigen – mit einem Spaten, denn es gab keine wirkliche Kanalisation im Dorf, nur Abwassergräben, und die wurden nie sauber gemacht, außer von einem Bauern. Gut, mein einäugiger Vater musste das dann machen. Eine erbärmliche Degradierung.

Welche Rolle hatten Sie in Ihrer Klasse?

Das war an sich eine schwierige Rolle, weil ich Lehrersohn war. Natürlich hat man versucht, mich zu bestechen. Aber ich war loyal. Aber eben auch isoliert. Ich hatte einen Freund, der auch kein Bauernkind war. Günther, der Nachbarsjunge. Wir waren gleich alt. Mit ihm war ich eigentlich immer zusammen, wir beiden bildeten das Team gegen das Unterdorf. Wenn es irgendwelche Probleme gab, wenn es Streit gab, dann kämpfte das Oberdorf gegen das Unterdorf. Die Jungs vom Unterdorf waren körperlich viel überlegener, weil sie als Bauernkinder ganz andere Voraussetzungen hatten. Zwischen Kindern gibt es immer diese Bandenbildung, und es muss mindestens zwei Banden geben. Unsere gemeinsamen Gegner waren die sorbischen Kinder, die viel Stoff zum Hänseln gaben, etwa weil sie immer kurze Hosen anhatten. Außerdem hatten sie kahl geschorene Köpfe mit nur vorne einem Haarschopf. Das war bei denen Mode. Wir dagegen hatten ausnahmslos alle lange Haare mit Scheitel.

Gab es Lehrer, die Sie fasziniert haben?

Es gab natürlich immer Lehrer, die man nicht und welche, die man mochte. Da ich wohl ein besonderer Typ war, war ich bei manchen sehr beliebt, was ich gnadenlos ausnutzte und gar nichts mehr machte. Die meisten Lehrer waren wiederum mit meinen Eltern befreundet, was auch nicht gerade von Vorteil war. Ich konnte mir nichts erlauben. Das kam sofort bei meinen Eltern an.

Was hat Ihren Ehrgeiz entfacht?

Ich war immer schon sehr ehrgeizig. Extremst ehrgeizig. Das betraf alles, auch den Sport – ich war zwar sehr unsportlich, aber ehrgeizig war ich trotzdem. Das betraf auch das Aushalten bis zum Letzten irgendwelcher Disziplinen, denen man sich gestellt hatte, wie im Steinbruch oder auf Bäume klettern. Der Steinbruch war sehr hoch und steil. Dann ging es um Munition, was man sich heute gar nicht mehr vorstellen kann: Wir haben alles gesammelt an Munition, was verstreut lag, und das waren nicht nur kleine Patronen. Auch Maschinengewehre waren dabei. Die haben wir an verschiedenen Stellen versteckt und eingegraben und heimlich hin und wieder ausgebuddelt. Die Bunker der Soldaten waren unsere Verstecke. Wir waren völlig ohne Aufsicht. Ab und zu gab es natürlich unangenehme Begegnungen mit russischen Soldaten. Sie waren sehr streng gehalten. Hin und wieder brachen die aber aus und stromerten durch das Gelände, klauten ein Huhn oder Karnickel und brachen ein oder sprengten bei uns den Teich einfach in die Luft, um an die Fische zu kommen. Solche Sachen. Das war nicht ungefährlich. Und manche mussten auch dran glauben.

Hatten Sie das Gefühl, besonders begabt zu sein?

Ja, ich denke, schon von klein auf. Zum Beispiel, wenn ich Musik im Radio hörte, ging ich ans Fenster und stellte den Dirigenten dar. Was ich vor allem konnte, war zeichnen. Das hatte ich früh entdeckt, und es gab ein gewisses Talent in unserer Familie. Mein Vater konnte zeichnen, meine Mutter, meine Schwester und ebenso meine Tante. Sie konnten es alle einigermaßen, und bald war ich aber besser als sie. Das habe ich dann benutzt, um das Genie, um den Künstler zu spielen. Ich hatte ab diesem Zeitpunkt eine andere, meine eigene Welt.

Ich war wohl auch der Einzige, der in die Bibliothek ging. Da war ich etwa zwölf. Die Bibliothek war »gesäubert« worden von allen Büchern, die nicht ins System passten. Aber ein Buch hatte erstaunlicherweise überlebt, ein Buch über den Futurismus, mit einem grauen broschierten Umschlag, schwarzweiß, wenige Abbildungen. Das habe ich mir oft geliehen und daraus gemalt, zum ersten Mal bewusst gemalt. Wenn du zeichnest oder malst, musst du einen Stoff haben, der darstellenswert ist, am besten ganz berühmte Modelle. Das waren natürlich Stalin, Lenin, Goethe oder Beethoven. Die habe ich nach Postkarten gezeichnet. Der Stoff musste also bilddramatisch ein großer Stoff sein, ein heroischer Stoff. Die Einsicht, dass das alles völliger Mist ist, kommt spät. Bei mir kam sie sehr spät, aber sie kam.

Wenn du zeichnest und malst, hast du zwar Bewunderer, meist sind es Mädchen, aber manche sagen auch: »Was ist das denn für ein Schwachsinn, den du da machst? Geh lieber Radfahren oder mach einen Führerschein oder so etwas.« Diese Art der Beschäftigung ist nicht bei allen angesehen, denn du stellst dich als intelligenter als die anderen dar. Bei Kindern ist meist beliebt, wer sich nicht rausstellt, sondern wer sich einordnet.

Ich hatte natürlich einen in meiner Klasse, der mich quälte. Ich war sein Opfer. Der drückte mir die Finger zusammen, ich durfte nicht schreiben, ich durfte nicht vorsagen. Eine ständige Marter war dieser Kerl. Bis ich mich wehrte und ihn irgendwann einmal verprügelte, obwohl ich viel schwächer war als er. Ich war wirklich viel schwächer als er, aber ich habe ihn so weit gebracht, dass er winselte und heulte. Ich hatte so eine Wut. Damit war ich ihn los. Als ich gemerkt habe, dass das bisweilen wohl nur so funktioniert, war das wie eine große Befreiung. Ich habe dann viele Sachen auf diese Art gelöst, einfach physisch. Das ist ganz wichtig bei Jungs. Bei mir war es extrem wichtig. Nicht reden. Wenn der Punkt erreicht war, war ich der Angreifer. Oder ich habe mich so lange gewehrt, bis ich gewonnen habe. Ich habe nie verloren.

Welche Rolle spielte Ihr Vater?

Vater-Sohn-Verhältnisse sind selten gut, wenn der Sohn noch Jugendlicher oder Kind ist, aber diese Verhältnisse werden mit dem Alter immer besser. So war es auch bei mir, und darum würde ich sagen, war unser Verhältnis ganz normal. Mein Vater war ein Patriarch, der aber auch viele Späße machte und herumalberte oder auch mal allen Kindern des Dorfes das Schwimmen beibrachte. Er war sehr sportlich. Sportunterricht, Schwimmunterricht und Kanufahren, das waren die Dinge, die mit meinem Vater am meisten Spaß machten. Außerdem liebte er Hunde und fuhr ein sehr großes Motorrad. Eines Tages kam er damit an und hatte in seiner Tasche einen jungen Rehpinscher. Das war ein großartiger Moment.
Im Krieg blieb er lange weg, wie beinahe alle Väter damals, und kam in Gefangenschaft. Als mein Vater aus dem Gefangenenlager zurück war, durfte er ja nicht mehr unterrichten, sondern wurde gezwungen, als Müllwerker zu arbeiten, Abwasserkanäle sauber zu machen. Man kann sich denken, dass das eine wahnsinnig nervöse und aggressive Zeit war, in der es immer viel Streit gab. Eine sehr böse Zeit. Mein Vater hat, sobald er wütend wurde und kurz bevor er etwas zertrümmern würde, was er zum

Glück nie gemacht hat, den Raum verlassen. Das war sein Charakter. Er hat nichts spontan und direkt ausgetragen, sondern den Groll mit sich herumgeschleppt.

Hatten Sie Vorbilder?

Es gibt immer ein Vorbild. Ich hatte immer jemanden, von dem ich glaubte, dass er besser sei als ich – mehr wusste, begabter, intelligenter. Andersherum stellte sich auch heraus, aber immer erst sehr viel später, dass wohl ich der Begabtere war. Aber da war diese Beziehung schon längst zu Ende gegangen. Während der Schule waren es vor allem Lehrer, und dann gab es einen, der regelmäßig im Frühsommer zu uns kam, das war Helmut Drechsler, der Tierfotograf. Seine Bücher habe ich immer noch. Wenn er also in unserer Gegend war, wohnte er im Gasthof und kam zu mir. Ich kannte mich draußen schließlich bestens aus. Wir sind dann losgezogen, und ich habe ihn mit seiner Kameraausrüstung dorthin geführt, wo die Haubentaucher und Rohrdommeln ihre Nester hatten. Dieser Mann war ein Vorbild für mich.

Ein großer Einfluss, ein großes Vorbild war auch mein Onkel, der Pfarrer war – Wilhelm, eine ganz wichtige Person in meinem Leben. Er kam aus dem Krieg zurück und lebte in Dresden. Er besuchte uns hin und wieder, trotz der mühseligen Anreise, erst mit dem Zug, dann mit dem Bus und zuletzt mit der Pferdekutsche.

Er hatte eine eigenartige, beruhigende und ausgleichende Art, eine hervorragende Art, mit mir und mit anderen umzugehen. Milde und nachsichtig. Das Religiöse stand im Hintergrund.

Er machte nie irgendetwas demonstrativ Religiöses wie etwa Beten. Er hatte einen Freund, der war im Krieg gefallen. Der Freund wollte Maler werden, und mein Onkel nahm mich mit zu dessen Vater. Damals muss ich so etwa dreizehn Jahre alt gewesen sein. Der Vater war Architekt und besaß natürlich noch die ganzen Utensilien seines Sohnes, eine Kirschbaumpalette, Farben und Pinsel. Diese hat er mir vermacht. Zuvor hatte er sich meine Hände angeguckt, ob ich auch in der Lage wäre, Maler zu werden.

Dann nahm mich mein Onkel mit zu seinen Künstlerfreunden, die für die Kirche arbeiteten. Das fand ich natürlich großartig. Ich war im Atelier des Malers Theodor Rosenhauer, ein damals berühmter Künstler. Rosenhauer war unverheiratet. Das war ein ulkiger Typ, der zwei Wohnungen hatte, aber niemanden rein ließ. Er malte düstere Ölbilder.

Haben Sie als Kind Niederlagen erlebt?

Ich hatte natürlich Schwierigkeiten in der Schule. Irgendwann waren die Schwierigkeiten so groß, dass ich sie nicht mehr verheimlichen konnte. Ich dachte, da mogel ich mich schon irgendwie durch. Aber ich flog durchs Abitur, weil ich einfach nichts konnte, nicht gelernt hatte. Ich wurde – das war wiederum meine Rettung – schon vorher an der Hochschule für bildende und angewandte Kunst in Berlin-Weißensee aufgenommen. Dort machte man eine sogenannte Begabtenprüfung, das Abitur war nicht notwendig. Das hatte ich als Sicherheit. Diese schulischen Niederlagen machten mir selbst wenig aus, aber das den Eltern zu sagen, das war sehr unangenehm.

Natürlich hatte ich auch ständig Niederlagen in der Liebe. Ausgerechnet die Mädchen, die ich wollte, wollten nichts von mir.

Waren Sie gut im Sport?

Ganz schlecht. Ich war total dürr. Ich konnte zum Beispiel bis zu meinem achtzehnten Lebensjahr keinen Purzelbaum. Wir haben natürlich Fußball gespielt. Mein Job war es, im Tor zu stehen, weil ich nicht spielen konnte. Ich habe natürlich keinen Ball gehalten.

Sind Sie als Kind gehänselt worden?

Natürlich. Ich hatte einen Spitznamen, der kam von unserem Hausmeister Blöde. Er fragte immer »Was?« und dann »Wat'n, wat'n?«. Und ich hieß einfach »Watn, watn«. Das war mein Spitzname, und den mochte ich natürlich überhaupt nicht. Du kriegst schon ganz übel mitgespielt. Alle ziehen sich zurück, flüstern und lassen dich draußen stehen.

Haben Sie andere gehänselt?

Ich war eigentlich sehr empfindsam. Ich vertrug kein Unrecht. Unrecht, das man mir zufügte, und Unrecht, das man anderen zufügte. Kinder sind wirklich zu großen Gemeinheiten fähig, und da war ich sehr empfindlich.

*Haben Sie etwas in Erinnerung, das Ihnen als Kind oder Jugend-
lichem peinlich war?*

Peinlich? Was war mir peinlich? Mir fällt nichts ein.

Wann haben Sie begonnen, sich mit Kunst zu beschäftigen?

Ich glaube, mit an die dreizehn Jahren. Ein prägendes Erlebnis
hatte ich dann mit etwa fünfzehn. Wir wohnten inzwischen in
Kamenz, ich schaute eines Morgens aus dem Fenster und sah
weiter entfernt ein Männlein, einen kleinen, dicken Mann vor
einer Feldstaffelei stehen, der zwei riesige Eichen malte, die
durch Unwetter, Blitz und Brände ziemlich beschädigt, aber
oben noch grün waren. Sie sahen sehr romantisch aus, ein wenig
wie in den Bildern von Karl Wilhelm Kolbe. Dieses Männlein aber malte die Bäume auf einem kleinen Holzbrettchen in
der Manier der Neuen Sachlichkeit. Ich wusste damals natürlich noch nicht, dass man diesen Stil so nannte. Diese wilden,
sehr expressiven Bäume auf einem kleinen Holzbrettchen ganz
fein mit Haarpinselchen abzumalen, fand ich diabolisch und
aufregend. Als der Maler mit seinen Utensilien abgerückt war,
habe ich mich an die Stelle begeben, an der er zuvor gestanden
hatte, natürlich ohne das Rüstzeug, und habe auch die Eichen
gemalt. Das war mein Start. Als ich im Gymnasium war, habe
ich den Mann noch öfter getroffen, und ich erinnere mich noch
an seinen Namen: Dr. Lachmann. Er sah auch wirklich wie ein
Lachmann aus, war rund und hatte einen Haarkranz um seinen
ansonsten kahlen Kopf.

Wurden Sie als Kind beneidet?

Schon allein, weil ich Lehrerkind war, wurde ich bestimmt beneidet. Dann hatte ich im Dorf das erste Fahrrad, mit Hartgummireifen, von meiner Großmutter, die ein Fahrradgeschäft besaß und mir das Rad zu Weihnachten geschenkt hat. Es war hellblau, und ich musste es erst einmal selbst zusammenbauen. Neid merkt man nur manchmal. Wichtig war immer, dass man Freunde hatte wie den Nachbarsjungen und noch einen zweiten Jungen, auch aus der Nachbarschaft. Aber der war sehr eigensinnig, sehr egoistisch. Er hatte keinen Vater. Der Vater war ein Geheimnis, und die Mutter lebte mit einem zusammen, der im Steinbruch arbeitete. Der war Kommunist. Eigentlich war er mehr Säufer. Er kam nach Buchenwald, weil er die falschen Lieder gesungen hatte. Und mein Vater schaffte es, ihn aus Buchenwald wieder herauszuholen durch Eingaben, die er machte. Der Stiefvater von meinem Freund wiederum holte meinen Vater nach dem Krieg aus dem Gefängnis, auch durch Eingaben. Weil er als Kommunist nach dem Krieg kurze Zeit die Nummer eins im Dorf war. Leute, die Anti-Nazi waren, taten das nach dem Krieg kund, indem sie an den Haustüren Zettel festmachten, geschrieben wie auch immer, mit der Schreibmaschine oder der Hand, auf denen stand, dass sie keine Nazis, sondern dass sie Kommunisten sind.

Waren Sie beliebt?

Das ist eine schwierige Frage. Ich glaube, in der Schule eher nicht. Zumindest fühlte ich mich nicht so, aber das ist etwas anderes als die Realität: Man merkt ja nicht unbedingt, wie man ist oder wie man auf andere wirkt. Auf jeden Fall fühlte ich mich nicht geliebt. Ich fühlte mich immer auf Distanz, einfach auch dadurch, dass ich ein Lehrerkind war. Lehrerkind ist so wie Pfarrerkind sein, mit denen kannst du nicht so unbefangen spielen, hast immer Angst, dass du verpetzt wirst.

Hatten Sie Ängste als Kind?

Das ist eine Frage, die man sich oft stellt, denn jetzt hat man vor allem Möglichen Angst. Die Alten hatten zwar große Angst, aber sie hatten Angst um ihre Kinder. Ich muss sagen, ich kann mich nicht an Angst während meiner Kindheit erinnern. Mit den Gegebenheiten musste man einfach fertigwerden. Oder man konnte es so auslegen, dass es nur Abenteuer waren, so wie in den Geschichten von Karl May – da wird ja auch geschossen.

Kamen die Tiefflieger, musstest du natürlich Deckung nehmen, bist irgendwo reingekrochen. Da hatte man schon Angst, aber nicht so sehr, weil es dazugehörte. Wirklich schlimm war das Elend der Flüchtlinge. Wir haben die Flüchtlinge nicht als Deutsche gesehen, komischerweise. Das waren einfach Fremde. Sie sprachen nicht Sächsisch, sondern irgendwelche schlesischen Dialekte. Oder sie waren katholisch. Da sagte meine Mutter immer: »Vorsicht, die sind katholisch.« Weil die Katholiken klauen würden ... Diese ganzen Vorurteile gedeihen natürlich immer nur in Notsituationen und schüren Ängste, die vernünftig betrachtet albern sind.

Wie war Ihre erste große Liebe?

Ich war mehrfach heftig verliebt. Einmal hat sich herausgestellt, dass ich Gegenliebe fand, aber ich wusste nichts davon. Die Frau habe ich Jahrzehnte später wieder getroffen, und sie gestand:»Ja, dich, dich habe ich geliebt. Ich war so verknallt in dich.«
»Wie bitte? Ich habe doch dich geliebt, warum habe ich nur nichts davon gemerkt?«
Und die ersten körperlichen Versuche, die machte ich mit einer Bibliothekarin. Mit der Zeit bin ich dahintergekommen, dass, wenn zwei Mädchen zusammen sind, und die eine ist hübsch – dann bist du chancenlos; nimm gleich die nicht so hübsche. Dann hatte ich eine Liebe, die war nicht unproblematisch, weil sie etwas verrückt war. Sie hatte einen Vater, der trank, und eine Mutter, die unglücklich war. Der Vater prügelte, und das Mädchen heulte ständig. Sie weinte so viel, dass ich irgendwann die Nase voll hatte.

Hatten Sie als Kind eine Schwäche, etwas, das Ihnen besonders schwerfiel?

Nun, ich konnte mich schlecht beherrschen. Ich galt sogar als Epileptiker, was aber medizinisch natürlich nie festgestellt wurde. Weil ich ehrgeizig und zugleich rechthaberisch war, geriet ich schnell in Rage. Ich behauptete immer, was ich auch heute noch gern tue, dass ich recht hätte, und dieses Sozialmuster ist natürlich eine ausgesprochene Schwäche. Wenn ich also als Kind das Gefühl hatte, recht zu haben, und in diesem

Recht nicht anerkannt zu werden, wurde ich so wütend, dass mir die Luft wegblieb, lief blau an und fiel um. Meine Schwester musste mit einem Wassereimer kommen. Das Sozialverhalten, worüber heute ständig geredet wird, haben wir überhaupt nicht trainiert. Der Stärkste und der Schwächste waren genau definiert. Ohne Mitleidgedöns.

Was haben Sie gehasst?

Natürlich ungerechte Behandlung und Nepotismus.

Haben Sie sich geliebt gefühlt?

Von meinen Eltern und meiner älteren Schwester, die eine Erziehungsfunktion auf mich ausübte, ja. Ich habe mich innerhalb der Familie behütet und geliebt gefühlt.

Was haben Sie gelesen?

Ich habe wirklich alles gelesen. Mein Vater hatte eine kleine Bibliothek und einen Bücherring – Gutenberg oder dergleichen. Gezielt gelesen, was die Kunstliteratur betrifft, habe ich erst während meiner Studienzeit mit achtzehn, neunzehn Jahren, insbesondere seit ich bei Hann Trier anfing. Er hat mich angeleitet, mir gesagt, was ich lesen soll. Und das habe ich gemacht.

Sind Sie als Kind von jemandem – eindrücklich – schlecht behandelt worden?

Ränkespiele in der Schule gab es ganz viele. Aber ich weiß nicht, ob das wirklich zu Defekten führt. Ich glaube, das macht einen nur stark. Ich war ein großer Angeber und ein renitenter Typ als Jugendlicher – da wird dir schnell übel mitgespielt, anders als wenn du ein Stiller bist. Weitaus schlimmer, als schlecht behandelt zu werden, ist, heimlich ausspioniert und verraten zu werden von Menschen, denen man vertraut. Das ist heftig: Nicht jeder hat das Glück, dass es über ihn eine Stasi-Opferakte gibt. In meiner musste ich über meinen Schulfreund, mit dem ich jeden Tag zur Schule ging, lesen. Mulle, ein großer Kerl, der gegenüber wohnte, war etwas wohlhabender. Die Eltern hatten eine Zoohandlung und machten alle möglichen Geschäfte. Und sie hatten ein großes Gartengrundstück im Sorbischen, wo Mulle und ich auch unsere Ferien verbrachten. Da wurden Bienen versorgt und Honig gemacht, eine schöne Zeit. Und dieser Junge würde später dann mein IM sein.

In seinem Elternhaus gab es ein sogenanntes Bogenzimmer, das heißt eine Stube, ein großes Zimmer, unter dem Dach, wo die Vögel aus der Zoohandlung frei herumflogen, Wellensittiche und Kanarienvögel. In dem Zimmer stand eine große Hirsekiste. Ich sitze auf der Kiste und lasse die Hirse so durch die Finger gleiten – der Mulle musste seine Vögel füttern –, plötzlich ziehe ich Schnürsenkel und Hosenträger und solche Dinge aus der Kiste raus. Ich sage: »Mulle, guck mal, was ich hier gefunden habe.« Dann habe ich gemerkt, dass das Schmuggler waren … Damals war doch alles schwierig zu bekommen. Und so was wurde dann mein IM.

In solch einer Akte sind nicht nur die Berichte der IMs drin, da ist auch ein Werbebericht, in dem steht, wie ein IM von den Führungsoffizieren geworben wird. Und da steht drin, wie zwei Stasi-Typen in Ledermänteln – so stelle ich mir das vor – bei Mulle mittags geklingelt haben. Da war auch seine Mutter da, eine kleine, breite Berlinerin. Und die Stasi-Leute konnten das Gespräch nicht führen – steht in der Akte –, weil eben die Mutter da war. Beim zweiten Mal waren sie allein, und der Mulle hat sofort unterschrieben. Dann hat er über mich handschriftliche Berichte verfasst. Steht nichts Schlimmes drin, sondern nur, dass ich eben laut geschimpft habe über dieses und jenes, auch über einen Nationalpreisträger, was für ein Arsch das sei. Meine ganze Angeberei ist darin dokumentiert.

Es gab noch zwei Mitschüler als IMs, die bislang nicht aufgedeckt wurden. Deshalb gehe ich auch nie zu den Klassentreffen, wenn ich eingeladen werde. Sie müssen sich vorstellen, ich war begabt und wollte weiter und besuchte einen Volkshochschulkurs für Zeichnen und Malen. Dort hatten wir einen Lehrer, Gottfried Zawadzki, unser Stadtgenie. Zawadzki war katholisch, was ungewöhnlich und eben auch fremd war. Zawadzki bezeichnet das Spionagezentrum in meiner Akte. Ich wurde der Westspionage verdächtigt, was übel ist: »Observierungsgrund: Westspionage«. Ich hatte gemeinsam mit meinem Schwager, der als Dolmetscher Offizier bei der Volksarmee war, mit seinem Fernglas oben aus dem Dachfenster geguckt, als die Flugzeuge über unserem Flugplatz Übungen machten. Das hatte einer gesehen und es der Polizei gemeldet. Das war der

Beginn der Observierung. In diesem Volkshochschulkurs hat man uns als Modelle einfach IMs hingesetzt, die belauschten, was gesprochen wurde. Darüber wurden Berichte geschrieben. In meiner Akte ist eine Grafik, auf der sitzt der Zawadzki in der Mitte und wir alle wie Trabanten außen herum.

Was war Ihr Lieblingsduft?

Ich bin ein ausgesprochener Geruchsmensch. Kennen Sie den Geruch von Kalmus? Wenn ich einen starken Geruch wollte, dann habe ich Kalmus gerochen. Das ist ein Schilfkraut, das riecht sehr stark, sehr aromatisch, stärker als Fenchel, stärker als Liebstock. Ich roch sehr gern Ameisen, und irgendwie liebte ich auch den Geruch von Ringelnattern. Die Ringelnattern kann man riechen, auch wenn man sie nicht sieht. Sie haben einen Geruch nach Moschus – wie ein Iltis. Ich rieche auch Trüffel. Da bin ich sehr gut entwickelt …

Hatten Sie einen Lieblingsort?

Ich habe mich sehr schwergetan, wegzugehen von diesem Deutschbaselitz. Obwohl ich mich ständig weggeträumt habe. Ich habe immer gedacht, irgendwann verlässt du diesen Ort, und dann kommst du zu Pferd oder wie auch immer zurück. Und du hast dann etwas geschafft. In diesem Ort kannte ich jeden Winkel – er war unglaublich wichtig für mich. Neben den abenteuerlichen Dingen und schwierigen Zeiten war er auch Idyll. Es gab die Teiche, die voller Fische waren. Mein Cousin Eberhart aus der Bäckerei in Dresden kam mal zu

Besuch. Er war so alt wie ich und konnte sich in dieser Freiheit und in dieser Natur überhaupt nicht bewegen. Der fiel sofort ins Wasser. Ich war da absolut sicher, hatte vor nichts Angst und hatte eigentlich auch vor nichts Respekt. Ich wusste, welche Schlange ich einstecken konnte und welche giftig war. Ich kannte all die Tiere, die dort lebten. Es war wundervoll. Leider war ich allein damit, mit meiner Leidenschaft, obgleich das Mitteilen doch etwas ganz Wichtiges ist. Dann habe ich Ausgrabungen gemacht, auch allein: Wenn die Bauern irgendetwas fanden, brachten sie es dem Lehrer. Als sie Kies aus der Kiesgrube holten, fanden sie Tongefäße. Mein Vater stellte sie ins Lehrerzimmer. Irgendwann, als ich alt genug war, ich war vielleicht neun oder zehn Jahre, habe ich mich aufgemacht, den Fundort genau untersucht und noch viele solcher Gefäße ausgegraben – bronzezeitliche Urnen in einem Gräberfeld, dreitausend Jahre alt. Das war ein richtiges Abenteuer. Unglaublich, wenn man das mit heutigen Kindheiten vergleicht – was für eine Freiheit und was für eine Verantwortung man hatte, und man war entwicklungsmäßig, nicht sexuell, sicherlich sehr viel selbständiger.

Wären Sie gern noch mal Kind?

Ich meine, viele Fehler hätte ich nicht machen müssen. Oder ich möchte sie nicht gemacht haben. Ich würde sie gerne ungeschehen machen, aber das ist ja unmöglich. Die Zeit war insgesamt nicht ganz so toll. Ich war sehr oft krank, und die Krankheiten waren ziemlich übel mit Träumen, panischen Träumen, Fieberträumen, was schrecklich war. Die Krankheiten gingen meist zurück auf Mandelentzündungen. Ich hatte so vereiterte Mandeln, dass ich mit dem Notarztwagen ins Krankenhaus kam. Bis das raus war, das ganze Zeugs.

Wollten Sie es irgendjemandem beweisen mit Ihrem Werdegang?

Das schon. Das gehört dazu. Man entwickelt bald eine Fähigkeit, andere Leute einzuordnen, weiß ziemlich genau, wenn man jemandem gegenübersteht, was dahinter steht. Die Schule ist dafür geeignet, dass es nicht um das bessere Wissen geht, sondern um die besseren Noten. Die Mädchen hatten immer die besseren Noten, weil sie fleißig, aber nicht unbedingt klug waren. In einem autoritären System wie der DDR war es ein Leichtes voranzukommen. Es gab damals so viele Lücken in dem System, die sich anboten, durch diesen verdammten Sozialismus, die sich durch Vorspiegeln falscher Tatsachen ausnutzen ließen. Du musstest dich parteilich bekennen und hattest dann eigentlich freie Bahn, konntest in etwa jede Hürde nehmen, wenn du ein tapferer Friedenskämpfer warst. Das galt auch für die Blödesten. Mein Vater sagte immer: »Die Blödesten sind in der Armee.« Die Blödesten wurden auch ganz schnell Offiziere. In solchen Systemen ist es ja auch gängig, den Menschen Informationen vorzuenthalten. Ohne Fernseher, und wenn das Radio dauernd gestört ist durch Störsender, hält man die Leute dumm. Und die Blödesten sind dann die Fähigsten. Die Parteifunktionäre waren quasi tabu, weil du genau wusstest, wenn du etwas machst, dann bist du dran. Und deshalb war es für diese Leute auch so leicht, das Elend aufrechtzuerhalten, in dem sich die Menschen befanden. Das hatte ich schnell durchschaut.

Noch vor Berlin bewarb ich mich an der Dresdner Akademie. Ich hatte mir natürlich Mühe gegeben und mein ganzes Können in diese erste Mappe gesteckt. Ich wurde vorgelassen zum Rektor dieser Schule, der sich meine Mappe anschaute und meinte, das sei noch nichts und ich solle es doch nächstes Jahr noch einmal versuchen. Da war ich siebzehn. Ich wollte ja die Schule vorzeitig verlassen und war wütend auf diesen geleckten, wohlgenährten, meinetwegen eloquenten Typ mit Parteiabzeichen. Wenn ich etwas von Anfang an wusste, dann, wer gute Bilder malt und wer schlechte, und er gehörte zu letzteren Malern, wie ich dann feststellte: Ein hochprämiertes Gemälde hieß »Der junge Flieger« und war ein echtes Propagandabild. Paul Michaelis war also Professor und Rektor der Akademie zu dieser Zeit.

Ich hatte dann an der Hochschule in Ostberlin einen Freund, Peter Graf, und wir waren überzeugt, dass wir intellektuell viel weiter waren als die anderen, einen nie einzuholenden Vorsprung hatten. Wir waren selbstbewusst und hatten das Bewusstsein, nicht auf dem Weg Karriere zu machen wie die anderen dort mit Lippenbekenntnissen, mit Parteizugehörigkeit, mit Unterdrückung anderer. Das System durchschauten wir sofort. Es war eine Misere, wir wollten doch auch nicht in den Westen gehen, wir wollten natürlich in dem System aufgrund unserer Erziehung das Beste geben. – Nur nicht unter diesen Umständen, mit diesen Leuten in den Führungspositionen. Das war ja auch Pencks Dilemma. Er sagte, er sei Kommunist, überzeugter Kommunist. Dass das die Zukunft sei – aber nicht mit diesen Leuten! Aber wie das ändern, indem man sie auf die niederen Posten setzt oder dorthin, wo sie hingehören? Das geht alles nicht. Es lag an diesen Leuten und nicht am philosophischen oder gesellschaftspolitischen Hintergrund.

Haben Sie sich als Kind vorgestellt, das zu tun, was Sie jetzt machen?

Ja, genau das.

Gab es jemanden, der an Sie geglaubt hat in Ihrer Kindheit?

Das war vor allem ich selbst. Meine Eltern haben zwar immer versucht, das Richtige zu machen, mich zu unterstützen. Meine Mutter etwa hat mir Tipps gegeben, weil ich mich gequält habe, nicht vorankam. »Mal doch mal Alpenveilchen, die hast du früher so schön gemalt.« Alpenveilchen gehörten zum Schlimmsten, was man malen konnte, habe ich früher aber wirklich gemacht. So hat meine Mutter versucht, mir zu helfen. Oder sie hat mir empfohlen, nach Meißen zu gehen und mich als Porzellanmaler ausbilden zu lassen, weil sie fand, dass ich begabt war. Ich verstand unter Begabung und Malerei natürlich etwas anderes, was ich durchsetzen musste. Ob ich begabt war, konnte ich ja nicht wirklich wissen. Ein vergleichendes Messen funktioniert bei künstlerischen Begabungen nicht. Aber: Sobald du etwas machst – und das habe ich nun beispielhaft gemacht –, wo andere laut schreien und nach dem Kadi rufen, dann fühlst du dich bestätigt, hast es richtig gemacht.

Hatten Sie als Kind oder Jugendlicher den Impuls, besser sein zu wollen als die anderen?

Ja. Das bedeutet, ehrgeizig zu sein, was ich schon als Kind war. Und es ist ein Wunsch nach Anerkennung, den sicherlich jeder besitzt. Mein Gedankengang war aber unorthodox: Dieses sogenannte Bildermalen gründet sich letztendlich auf einer großen Unseriosität. Weil das, was anerkanntermaßen gut ist, was du auch als gut erkennst, für dich nicht gelten kann. Das ist nicht dein Maß, wie etwa beim Klavierspiel, wo perfekte Technik und Interpretation zählen. Du musst etwas dagegen machen, du musst dieses gute Ergebnis praktisch löschen. Dein Ergebnis entzieht sich der Kontrolle, der Kritik der anderen, weil es keinen Vergleich gibt. Insofern denke ich also, ist das, was ich mache, unseriös, mit sehr viel Behauptung verbunden. Du stellst die Behauptung auf, dass dein Bild besser ist. Letztlich musst du aber Leute um dich scharen, die deine Behauptung tragen, die dich unterstützen. Ohne sie geht es nicht, dann hättest du verloren. Die sogenannten verkannten Genies, die hat es manchmal wohl wirklich gegeben. Viele meinen, van Gogh wäre ein verkanntes Genie gewesen, was aber keineswegs so ist. Er hatte Leute, die ihn verehrt haben, die ihn sehr wohl erkannt haben. Künstler brauchen einfach diesen Zuspruch, aber er entzieht sich ihrer Kontrolle. Wie willst du jemandem beibringen, der Picasso liebt, jetzt zu dir »ja« zu sagen? Das geht kaum. Vorlieben sind für gewöhnlich sehr limitiert. Man kann von niemandem erwarten, breit gestreut dieses und jenes zu mögen. Liebt einer den Realismus, dann mag er vermutlich den Konstruktivismus nicht. Trotzdem: Von Anfang an

43

war ich mir völlig sicher, dass das, was ich mache, in Ordnung ist. Dass das ziemlich ungewöhnlich und ziemlich einmalig ist. Ich dachte allerdings auch immer, dieser oder jener wäre besser als ich, und das ist bis heute so geblieben. Alle Maler meiner Generation, die schlechten wie die guten, sind sich einig, dass Picasso ein großer Künstler ist und Giacometti und de Kooning. Aber innerhalb der Generation sehen die Einschätzungen unterschiedlich aus.

Was wollten Sie werden, als Sie Kind waren?

Berühmt.

Hatten Sie sich als Kind vorgenommen, später einmal berühmt zu werden?

Ich denke, ich wollte schon früh etwas machen, das keiner kann, Aufsehen erregen mit etwas, das keiner kann. Ich dachte, es wäre die Musik. Ich liebe Musik über alles. Aber ich merkte, dass ich dabei wesentlich disziplinierter sein müsste. Durchhaltevermögen besitze ich als Maler, das fällt mir überhaupt nicht schwer.

Hat Ihre Erziehung zu Ihrem Erfolg beigetragen?

Das ist sicher nicht ganz falsch. Denn eigentlich schienen die Chancen meiner Generation ungefähr gleich null, von dem, was man macht, leben zu können. Was die Kunst betrifft, hatte sich im Osten etwas völlig anderes etabliert als im Westen.

Das eine war politisch motiviert und war deshalb kein Weg für mich, das andere war kolonialistisch untergeordnet, dominiert von Frankreich, von Amerika. Das war ebenso wenig meine Sache, was mir klarwurde, als ich 1958 das erste Mal amerikanische Malerei in einer großen Ausstellung sah. Da war für mich die Sache erledigt. Mein Einstieg als moderner Mensch war vorbei. Dort wurde noch keine Pop-Art gezeigt, es gab nur Pollock und dergleichen. Aber auch die Pop-Art war eine Verspottungskunst der Konsumgesellschaft. Eine Identifizierung mit großen Künstlern war natürlich sehr wichtig, führte aber nicht unbedingt zum Erfolg. Die Ahmung ist etwas ganz Gefährliches für eine Künstlerpersönlichkeit. Die Ahmung führt nämlich zum Gegenteil von dem, was du eigentlich willst. Sobald du jemanden über dich stellst, gibst du auf, dann ist es vorbei. Ich habe nach einer Zeit immer erkannt, dass meine Vorbilder letztlich die unterlegenen waren. Nicht die Großen anderer Generationen, sondern die meiner Generation.

Erkennen Sie heute das Kind in sich, das Sie einmal waren?

Ich habe eigentlich nichts vergessen. Ich lebe nach wie vor mit dem, mit dem ich auch angefangen habe. Die Materialien, die Gedanken, die Stoffe – an den Inhalten hat sich nichts geändert. Es ist vielleicht mehr geworden, aber letztendlich ist es alles das Gleiche. Ich lese auch immer wieder am liebsten dieselben Bücher. Es ist fast hermetisch. Eigenartig. Manchmal suche ich, indem ich in mich gehe, Situationen, Stimmungen, Dinge, von denen ich weiß, dass sie wichtig waren. Wo sind sie geblieben? Du hattest doch Freude daran, hattest Spaß, du

warst doch völlig ausgefüllt? Was ist denn das gewesen, wo ist das? Dann muss ich nachdenken, sinnen, grübeln, bis ich das wiederhabe.

Es betrifft vor allem auch meine Arbeit, die Bilder – Mensch, ich hatte eine Idee und verliere den Faden, finde ihn nicht mehr. Dann nehme ich die Bücher und alten Kataloge zur Hand und … ach ja! und der Faden ist wiedergefunden, und es kommen nur wenige Dinge von außen hinzu. Oder wenn

Georg Baselitz im Jahr 1956

ich Afrika-Kunst sammle, dann ist es genau das, was ich als Archäologie bezeichne, und dann ist es genau das, was ich schon früher als Kind machte. Und wenn ich alte Grafik sammle, was ich leidenschaftlich tue, ist es dasselbe. Genau das, was mich von Anfang an interessiert hat. Wie ist jemand in der Lage, auf einem Stück Papier so etwas Phantastisches zu machen, das 600 Jahre lang die Welt bewegt, so wie Dürer oder Rembrandt?

Was ersehnen Sie am meisten aus Ihrer Kindheit?

Ersehnen ... Es gibt etwas, das unaufhaltsam ist. Ich bin jetzt über siebzig, und das ist etwas, das man ständig merkt. Ich bin mit Gleichaltrigen zusammen und erkenne nicht, dass ich gleichaltrig bin. Ich denke, ich habe immer noch oftmals die gleiche Unsicherheit und deswegen auch den gleichen Abstand zu den Erwachsenen. Ich bin der Älteste in der ganzen Clique, aber von meinem Verhalten her denke ich, ich bin Kind. Als hätten mir alle etwas zu sagen. Das ist wirklich so, ziemlich vertrackt. Ich frage dann leise meine Frau – in welchem Verhältnis sind wir denn hier altersmäßig? Muss ich mich jetzt unterordnen? Weil ich mich gar nicht so alt fühle, wie ich bin oder sein sollte – biologisch gesehen.

Was macht für Sie eine glückliche Kindheit aus?

Ich würde sagen, dass das, was ich erlebt habe, eine glückliche Kindheit war. Man kann natürlich erst rückwirkend Vergleiche anstellen, aber dann ist das, was ich als Kind erlebt habe, einfach wunderbar. Eigentlich. Mit leichter Hilfe habe ich mich zurechtgefunden. Alles, was mir verweigert wurde in meiner Kindheit, habe ich nachgeholt. Ich habe das gelesen, was ich früher nicht geschafft habe. Ich habe an Bildung nachgeholt, was ich früher nicht geschafft habe. Das habe ich alles reichlich nachgeholt. Und ich finde auch diese Art des autodidaktischen Erziehens eine große Chance. Natürlich gibt es etwas, das ich immer streng beachtet habe: Disziplin. Selbstdisziplin. Ich weiß, dass die Schwäche der Disziplinlosigkeit sehr gefährlich ist.

DAVID GARRETT

David Garrett wurde am 4. September 1980 als David Christian Bongartz in Aachen geboren. Er ist das mittlere von drei Kindern des deutschen Juristen und Geigenauktionators Georg Paul Bongartz und der US-amerikanischen Primaballerina Dove-Marie Garrett. Seine erste Violine erhielt er im Alter von drei Jahren, knapp zehn Jahre später seinen ersten Plattenvertrag. Yehudi Menuhin nannte Garrett den »größten Violinisten seiner Generation«. Nach seinem Abitur in Aachen zog er zu seinem Bruder nach New York, wo er auch studierte.

49

David Garrett im Alter von 6 Jahren

Welches ist die erste Erinnerung Ihrer Kindheit?

Das Erste, was mir einfällt, ist, wie ich zusammen mit meinem Bruder Geigenunterricht von meinem Vater bekomme. Mein Bruder, der zwei Jahre älter ist als ich und damals noch Geige spielte, und ich standen nebeneinander und spielten gemeinsam Tonleitern rauf und runter. Bei mir gehen die Erinnerungen komischerweise erst mit vier Jahren los.

Was für ein Kind waren Sie?

Ich war stur, wild und ungestüm und sicherlich damals auch sehr ungeduldig. Aber da haben meine Eltern das Nötige getan, damit das Ganze sich in eine ganz andere Richtung entwickelt hat. Obwohl das, glaube ich, immer noch meine Natur ist – dieses aus dem Bauch entscheiden und dieses »es muss jetzt sein«. Aber man lernt ja irgendwann einmal zu kontrollieren und zu filtern.

Wer stand Ihnen in Ihrer Familie als Kind am nächsten?

Mein Bruder. Meine Eltern waren beide sehr autoritär, und dementsprechend gab es da nicht diese Nähe, die ich mir vielleicht manchmal gewünscht hätte. Mein Bruder hat das alles natürlich sehr direkt mitbekommen, deshalb ist eine sehr starke Bindung zwischen mir und ihm entstanden, weil er weiß, was wann und wo passiert ist und wie unangenehm es vielleicht manchmal auch gewesen ist. Auch für ihn. Dadurch sind wir extrem zusammengewachsen – bis heute. Einfach nur, weil wir das Gleiche erlebt haben. Und wir respektieren gegenseitig, dass wir das erlebt und auch überlebt haben. In einem sehr, sehr jungen Alter nicht nur viel zu üben, sondern so zu üben, dass es etwas bringt, wenn ein so hohes Maß an Konzentration gefordert wird und so ein Prozess stattfindet, in dessen Verlauf das Spiel besser wird, das ist nicht von einem selbst kontrollierbar, sondern wird in einen hineingedrillt. Das ist einfach so. Das ist beim Hochleistungssport nicht anders als beim Geigespielen oder auch bei einem anderen Instrument. Du hast in dem Alter nicht die Konzentrationsfähigkeit, und du hast auch keine Lust, zwei, drei, vier, fünf und teilweise sechs Stunden zu üben. Dementsprechend ist da natürlich ein großer Druck notwendig, um das hinzubekommen. Eltern haben ja eine ganz große Bedeutung, und du willst sie als Kind natürlich nicht enttäuschen. Du merkst, wenn sie sauer auf dich sind. Dann hast du als Kind das Gefühl, dass du irgendetwas falsch gemacht hast. Diese Situation wird dann manchmal von Eltern ausgenutzt, wenn sie irgendetwas von einem Kind wollen. Das ist hart. Je älter ich wurde, desto mehr hat sich das zu einem Kampf entwickelt. Auch musikalisch, jeder wollte seine Meinung durchsetzen. Ich habe ja sehr lange mit meinem Vater zusammengearbeitet, und wir waren in der Hinsicht wahrscheinlich zu ähnlich in unseren Charakteren. Dementsprechend war das dann auch immer ein Gefecht.

Welche Werte haben Ihre Eltern Ihnen vermittelt?

Da haben meine Eltern gute Arbeit geleistet: Disziplin. Das empfinde ich wirklich so. Es ist immer so ein Drahtseilakt:

Wie autoritär dürfen Eltern sein, ohne dass es schlechte Nebenwirkungen mit sich bringt? Ich würde mal sagen, meine Eltern haben diese Autoritätslinie oft überschritten. Auf der anderen Seite habe ich dadurch andere Sachen verinnerlicht, die unglaublich positiv sind. So negativ die Vergangenheit wirklich in dem Moment gewesen ist, aber ich kann mich auf gewisse Instinkte verlassen, dass ich zielstrebig bin, dass ich bestimmte Dinge nicht tue, dass ich diszipliniert bin, dass ich sehr ergebnisorientiert bin, dass ich ehrlich bin, dass ich loyal bin. Pünktlichkeit haben meine Eltern versucht, das hat nicht ganz geklappt. Diese positiven Dinge sind ja nicht immer von Anfang an positiv. Auch das Geigespielen an sich war ein furchtbar langwieriger, schwieriger, tränenreicher Prozess. Wenn ich heute keinen Erfolg hätte und wenn ich nicht das Talent gehabt hätte, das durchzuziehen, hätte ich wahrscheinlich ein Stück weit ein Problem damit, mit meiner Vergangenheit umzugehen. Ich würde dann eher die Vergangenheit sehen als die Gegenwart. Dadurch, dass es so positiv ausgegangen ist, habe ich nicht mit der Vergangenheit abgeschlossen, aber ich sehe sie positiv. Wenn es im Endeffekt funktioniert, ist das Negative ja dann positiv.

Wurden Sie von den Eltern besonders gefördert?

Ja, sehr. Mein Vater ist selbständig und hat zwei Geigenauktionen im Jahr. Zweimal im Jahr arbeitet er vier bis sechs Wochen für diese Auktionen. Den Rest der Zeit hat er eigentlich nicht viel zu tun. Das ist ja auch schön für ihn. Dass man sich mit so wenig Arbeitsaufwand finanzieren kann, davor habe ich

Respekt. Dementsprechend hat er sehr, sehr viel Zeit gehabt, sich mit mir zu beschäftigen. Mein älterer Bruder hat irgendwann aufgegeben mit dem Geigespielen und meinem Vater signalisiert: »Lass mich in Ruhe«. Der Fokus lag dann auf mir. Die Vorgeschichte dazu ist natürlich, dass mein Vater selbst früher Geiger werden wollte.

Waren Sie ein guter Schüler?

Ich war ein sehr guter Geigenschüler, weil ich immer die Erwartungen erfüllen wollte – welches Kind will das nicht? Besonders wenn es Streit gab, nicht nur zwischen mir und meinem Vater beim Üben, sondern Streit, der darüber hinaus ging, unter dem meine Mutter und meine Geschwister litten. Ich habe alles dafür getan, dass das nicht passierte, insofern war ich sein sehr, sehr guter Schüler.

In der Schule war ich ein katastrophaler Schüler. Ich habe immer spät Geige geübt, teilweise bis Mitternacht und ein Uhr morgens, deshalb war ich morgens zur Schule einfach zu müde. Wenn ich früher ins Bett gegangen wäre und morgens nicht so müde gewesen wäre, wäre ich vielleicht etwas interessierter an der Schule gewesen. Ich war nicht unintelligent, aber wenn man etwas mit so viel Aufwand und Konzentration betreibt und jeder einem bestätigt, dass man so viel Talent hat, dann denkst du irgendwann einmal darüber nach, wofür du die Schule eigentlich brauchst. Zumindest denkst du das bis zu einem gewissen Alter. Wenn man fünfzehn, sechzehn ist, fängt man an, darüber nachzudenken, was man wirklich machen möchte. Ist Geigespielen etwas, das du gut kannst,

oder ist es etwas, das du liebst und beruflich machen möchtest?
Direkt vor dem Abitur war es mir dann auch wichtig, eine Ausbildung zu haben und aufs College zu gehen. Deswegen dann
auch der Schritt nach New York. Davor war die Schule halt so
eine Nebenbeschäftigung. Und ich bin da immer so zwischen
2 und 4 durchgerutscht. Mein Bruder war ein Musterschüler,
der hat einen Abischnitt von 1,0, genau wie meine Schwester. Aber die haben auch für die Schule gearbeitet. Ich habe
nur ab und zu Hausaufgaben gemacht, da funktionierte immer
die Ausrede: Ging halt nicht. Die Lehrer haben auch oft ein
Auge zugedrückt, die haben mein Pensum ja auch ein Stück
weit mitbekommen.

Welche Rolle hatten Sie in Ihrer Klasse?

Jetzt muss man wissen, dass ich zwischen neun und siebzehn
Jahren Privatunterricht hatte. Mit siebzehn bin ich wieder in
die Regelschule in die Oberstufe gekommen, da war ich bis
zum Abitur eher der Klassenclown, weil ich Außenseiter war.
Ich wollte Aufmerksamkeit haben. Es war schon nicht einfach, nachdem ich bis sechzehn Privatunterricht gehabt hatte,
wieder in einen Klassenverband zu kommen. Sagen wir mal
so, mein Klamottenstil war nicht unbedingt angepasst. Ich
hatte einfach nicht die besten Karten, sozial integriert zu sein.
Dann spielte ich auch noch Geige, das war keine leichte Situation. Humor war die beste Möglichkeit, den ganzen Müll,
der gequatscht wurde, zu überspielen. Ich war schon immer
jemand, der über Situationen, die mir ein Stück weit weh tun,
hinweglacht.

Gab es Lehrer, die Sie fasziniert haben?

Es gab sicherlich Lehrer, denen ich lieber zugehört habe als
anderen. Aber die einzige Klasse, die ich gut fand, war Philosophie. Das war die einzige Klasse, wo ich gern hingegangen bin,
dafür habe ich auch Hausaufgaben gemacht. Herr Kuchen hat
den Philosophieunterricht gegeben. Die Privatlehrer sind mir
sehr, sehr gut in Erinnerung geblieben. Über Jahre haben mich
dieselben Lehrer sehr intensiv begleitet. Und im Nachhinein
betrachtet waren sie wirklich zuckersüß zu mir. Sie haben
natürlich auch mitbekommen, welche familiären Dramen sich
da zum Teil bei uns abgespielt haben, und ich glaube, sie hatten
da auch sehr, sehr viel Mitleid mit mir. Ich hatte einen richtigen Stundenplan, jeden Tag vier Stunden Unterricht, das ist
natürlich in der Eins-zu-eins-Situation viel komprimierter als
in einer normalen Klasse. Wenn ich unterwegs war zu Konzertreisen oder anderen Lehrern, dann habe ich Material mitbekommen. Die Klassengemeinschaft hat mir eigentlich nur
gefehlt, wenn ich gesehen habe, wie mein Bruder auf Klassen-
reise gegangen ist oder zu Freunden gefahren ist. Das war schon
etwas, das ich schade fand.

Ich habe mit meinem Bruder immer eine tolle Beziehung gehabt,
aber ich habe auch gewusst, dass mein Leben nicht normal war.
Je älter ich wurde, desto mehr habe ich mich geärgert, dass diese
Normalität für mich damals nicht existierte. Ich merke immer
noch, dass ich etwas nachholen möchte, was ich nie werde
nachholen können. Das ist natürlich ein blödes Gefühl. Es ist
für mich auch heute noch sehr, sehr schwierig, eine Art soziale Normalität zu leben. Ich glaube, dass es ein gewisses Alter

gibt, in dem man das lernt. Wie gehst du mit jemandem um, was ist normal, was ist nicht normal? Diese Phase habe ich einfach aufgrund der äußeren Umstände verpasst. Deswegen ist das manchmal noch etwas schwierig für mich. Obwohl ich sagen muss, Gott sei Dank bin ich in die USA zum Studium gegangen. Das hat ein Stück weit mein Leben gerettet – das Menschliche, die Normalität, sich selber finden.

Was hat Ihren Ehrgeiz entfacht?

Geliebt zu werden von meinen Eltern – *approval*, Bestätigung. Mein Vater war, wenn ich gut gespielt habe, der liebenswürdigste und fürsorglichste Mensch und hat mich mit Liebe geradezu überhäuft. War er nicht zufrieden, war es das genaue Gegenteil. Das war unangenehm, und das darf nicht so sein. Dann fühlt man sich eher als Schüler denn als Sohn. Zwischen der Doppelfunktion Vater und Lehrer gab es keine Trennlinie. In dem Moment, in dem ich bis abends um zehn oder elf Uhr mit ihm gelernt habe und es Streit gab, war er kein Vater mehr. Es gab nie eine Situation, in der es hieß, die Arbeit ist jetzt vorbei. Ich glaube, wenn man jahrelang diesen inneren Selbstzweifel – ich bin nicht gut genug –, der von den Eltern indoktriniert wird, in sich trägt und beständig das Gefühl hat, nicht gut genug zu sein, dann entwickelt sich dieser Ehrgeiz, immer besser werden zu wollen.

Hatten Sie das Gefühl, besonders begabt zu sein?

Nein. Ich weiß bis heute nicht, was Begabung ist. Das ist so viel Arbeit, so viel Arbeit. Das Problem ist, es gibt Kinder, die arbeiten genauso viel und bei denen funktioniert es nicht. Das heißt, es muss noch irgendetwas darüber sein, das den Unterschied ausmacht. Das ist vielleicht so eine Art Definition von Talent oder Begabung. Man braucht eine gewisse Voraussetzung – du darfst keine Gedächtnisprobleme haben, man sollte sich also relativ schnell Noten merken können, und damit hatte ich nie Probleme, daran musste ich auch nie arbeiten. Das war immer da, so wie die Musikalität. Etwas zu phrasieren ist, glaube ich, auch etwas, das man nicht lernen kann, so wenig wie das Gefühl für eine Melodie. Das kann einem ein Lehrer sicher ein wenig erklären, aber am Ende musst du ja deinen eigenen Ton und deine eigene Interpretation haben. Zuerst machst du es so, wie es dir der Lehrer erklärt, aber mit fünfzehn, sechzehn Jahren musst du deinen eigenen Kopf haben. Es gibt nichts Schlimmeres, als nicht zu wissen, was man tut, oder lediglich jemanden zu kopieren. Wie viele junge Musiker hören sich die ganze Zeit CDs von irgendwelchen Geigern an, kopieren mal von dem und mal von dem und merken gar nicht mehr, dass sie ihre eigene Interpretation auf jemand anderem aufbauen. Natürlich ist es toll, dass man heute die Möglichkeiten hat, sich so viel Musik anzuhören, aber das macht es den jungen Künstlern auch zu einfach. Ich glaube, viele junge Musiker gehen deshalb vielleicht nicht das Risiko ein, selber nachzudenken, sich, ohne irgendetwas zu wissen, einfach nur die Noten anzusehen. Das finde ich sehr, sehr schade. Wenn man sich zum Beispiel Aufnahmen aus den 1930er- oder 1940er-Jahren anhört, als es für die Interpreten all diese Möglichkeiten noch nicht gab, zu hören wie der oder jener spielt – so viele Facetten der Tonfarben, des Vibrato, der Interpretation oder

der Phrasierung –, das macht die Musik unterschiedlich. Ich möchte nicht von jedem das Beethoven-Konzert auf dieselbe Art und Weise gespielt hören. Aber mittlerweile ist fast schon eine Sterilität in die Interpretation von Komponisten hineingekommen, es gibt überhaupt keine Abwechslung. Das finde ich sehr schade.

Welche Rolle spielte Ihr Vater?

Eine ganz, ganz große für eine sehr lange Zeit. Er hat mein ganzes Leben für mich sehr, sehr lange organisiert. Nach meiner Meinung wurde auch nicht gefragt. Man hat mir die Klamotten gegeben, die ich anziehen sollte, man hat mich von A nach B gefahren, man hat Sachen ausgewählt, die ich für Konzerte spielen musste. Da hieß es dann: Als nächste CD nehmen wir die Mozart-Konzerte auf oder die vierundzwanzig Paganini-Capricen, und ich wurde nicht gefragt. Das hat alles mein Vater entschieden. Ich musste das dann üben, und er hat sicherlich geholfen. Das war eben auch der Grund, warum ich irgendwann einmal weit weg wollte, weil ich endlich meine eigenen Entscheidungen treffen wollte. Ich erinnere mich an eine Situation, als meine Eltern wollten, dass ich für meine Konzertreisen über die Mercedes-Filiale in Aachen einen Van bekomme, damit ich auf dem Boden des Vans üben konnte. Da war ich vielleicht so dreizehn oder vierzehn Jahre alt. Meine Eltern haben mich also abgeholt und hatten typischerweise schon die Klamotten, die ich anziehen sollte, auf den Sitz gelegt. Ich habe diese Hose, die sie ausgesucht haben, gehasst. Dazu gab es noch so eine scheußliche Weste. Und ich habe mich geweigert, die Klamotten anzuziehen. Wir waren auf halbem Weg nach Hause, noch etwa sechs oder sieben Kilometer entfernt, und meine Eltern meinten, dass ich ja nach Hause laufen könnte. Also bin ich zu Fuß nach Hause gegangen. Am nächsten Tag haben sie mich wieder mit denselben Klamotten abgeholt, und ich habe sie angezogen, weil ich keinen Bock hatte, diese sieben Kilometer wieder zu Fuß zurückzugehen.

Mein Vater hat alles kontrolliert, hat alle Fäden in der Hand gehabt ... bis ich von zu Hause weggegangen bin.

Hatten Sie Vorbilder?

Musikalisch hatte ich ganz, ganz viele. Ich war mehr ein Fan von Dirigenten und Sängern. Mit Isaac Stern hatte ich ein tolles Gespräch in Verbier. Er wollte sich mit mir allein unterhalten, ohne meinen Vater. Mein Vater war ja immer etwas paranoid. Weil er bei dem Gespräch nicht dabei sein durfte, hat er mir ein Aufnahmegerät in den Geigenkasten gelegt. Normalerweise hat mein Vater dieses Gerät damals dazu benutzt, um meine Konzerte aufzunehmen. Danach musste ich mir die Aufnahmen immer anhören, und mein Vater hat mir meine Fehler aufgezeigt, die ich während des Konzerts gemacht hatte. Es war nicht leicht zu wissen, dass mein Vater mit dem Aufnahmegerät im Publikum saß und ich nach dem Konzert die Fehler noch mal würde üben müssen. Na ja, auf jeden Fall bin ich mit dem von meinem Vater eingeschalteten Aufnahmegerät zu Isaac Stern gegangen, und für diese eine Aufnahme bin ich meinem Vater bis heute dankbar. In dem Gespräch sagte er eben genau das, was ich vorhin gesagt habe – ich solle aufhören, mir andere Geigenspieler anzuhören, weil man instinktiv viel davon benutzen würde. Er empfahl mir, Sänger anzuhören und Symphonien, eben weg von Interpretationen anderer Geigenspieler. Dieses dreistündige Tonband habe ich mit siebzehn Jahren gefunden und mir noch einmal angehört. Das war für mich eine Initialzündung. Er sagte, du musst Harmonie Counterpart spielen und du musst Kammermusik machen. All die Sachen, die er gesagt hat, hatte ich in diesen drei Jahren nicht gemacht. So habe ich mir überlegt, ob ich zu Hause weitermachen sollte wie bisher oder ob ich einen Schlussstrich ziehen sollte, um irgendwohin zu gehen, wo ich machen konnte, was er mir empfohlen hatte. Zu dem Zeitpunkt war Isaac Stern schon tot. Ich habe mich leider nicht mehr bei ihm bedanken können, auch um ihm zu sagen, dass ich zum Zeitpunkt des Gesprächs leider zu jung gewesen war, aber sein Rat drei Jahre später Früchte getragen hat. Nur deshalb, weil mein Vater mich gezwungen hatte, dieses Gespräch aufzunehmen. Welche Ironie!

Haben Sie als Kind Niederlagen erlebt?

Mir tat es immer leid, wenn der Streit zwischen mir und meinem Vater außerhalb ausgetragen worden ist, wenn zum Beispiel meine Schwester oder mein Bruder in Mitleidenschaft gezogen wurden. Das waren meine größten Niederlagen. Ich selbst habe irgendwann kein Problem mehr damit gehabt, angeschrien zu werden. Das war nicht das, was mich besorgt hat. Mich hat verletzt, wenn meine Arbeit, die in gewissen Momenten die Enttäuschung meines Vaters auslöste, dazu führte, dass der Unmut meines Vaters auch meine Geschwister traf. Ich bin sehr harmoniebedürftig. Ich kann nicht einschlafen im Streit mit jemandem, den ich mag.

Ich war meist der Auslöser für den Unmut meines Vaters, denn er hat sich ja nur mit mir beschäftigt, weniger mit meinen Geschwistern. Ich habe mit elf Jahren Konzertreisen angefangen. Mit dreizehn Jahren, nach dem Plattenvertrag, war ich bereits häufig unterwegs. Aber selbst in den Jahren davor hatte ich schon Lehrer gehabt, die nicht in Aachen wohnten und zu denen ich reisen musste. Diese Reisen, die zum Teil an entfernte Orte gingen wie die USA, habe ich mit meinem Vater unternommen, da er selbständig war. Mein Bruder und meine Schwester blieben zu Hause bei meiner Mutter.

Waren Sie gut im Sport?

Nein! Ich war nur gut im Fußball. Aber wir hatten leider nur eine hügelige Wiese, also musste man die Gravitation mit einkalkulieren.

Sind Sie als Kind gehänselt worden?

Ja, oft. Deshalb versuche ich ja, das Instrument Geige etwas populärer zu machen, damit alle, die dieses Instrument spielen, nicht durch diese Situation gehen müssen. Klassische Musik war damals bei meinen Schulkameraden, als ich noch zur Grundschule gegangen bin und dann auch später in der Oberstufe des Gymnasiums, nicht so hip. Ich habe mich nicht gegen die Hänseleien gewehrt. Ich habe das einfach so akzeptiert, da ich nicht wusste, was man dagegen machen kann. Das sind so Kleinigkeiten wie die Situation, wenn in der Pause eine Fußballmannschaft zusammengestellt wird, und man ist immer der Letzte, der gewählt wird. Ich war einfach nicht integriert in die Gemeinschaft.

Haben Sie andere gehänselt?

Nein. Ich glaube, wenn man die Situation kennt, dann macht man das selber nicht. Ich habe auch immer Empathie zu solchen Menschen. Ich finde, es ist ein ganz schlechter Charakterzug, die zu ärgern, die sich nicht verteidigen können.

Haben Sie etwas in Erinnerung, das Ihnen als Kind oder Jugendlichem peinlich war?

Das Erste, das mir dazu einfällt, ist meine Rechtschreibung. Ich habe damit immer ein Problem gehabt und habe die Buchstaben verdreht und verwechselt. Es war mir total peinlich, selbst bei einem gelernten Diktat vierzehn bis fünfzehn Fehler auf einer Seite zu machen. Mein Vater war immer sehr abwertend, er hat nicht verstanden, dass es nicht mein Fehler war, sondern daran lag, dass ich leider so eine Rechtschreibschwäche habe. Mein Bruder hat dieses Problem nicht, und ich habe ihn einmal gefragt, wie er es denn schafft, die Wörter richtig zu schreiben. Daraufhin zeigte er mir einige Wörter, manche waren richtig, andere falsch geschrieben. Ich konnte das nicht erkennen, und mein Bruder fragte mich ganz erstaunt: »Erkennst du das denn nicht?« Das Problem ist, dass besonders in jungem Alter Rechtschreibung mit Intelligenz gleichgesetzt wird. Wenn du schlecht schreibst, sagt jeder zu dir, dass du dumm bist, und das verinnerlichst du dann, auch wenn du nicht dumm bist. Meine Lese- und Rechtschreibschwäche ist lange nicht erkannt worden. Wenn ich ein Wort schreibe, muss ich Buchstabe für Buchstabe im Ohr hören. Ich kann kein Wort visualisieren. Dafür habe ich mich immer geschämt – und manchmal schäme ich mich immer noch.

Wann haben Sie begonnen, sich mit dem Geigenspiel zu beschäftigen?

Ich kann mich nicht an den Tag und an die Uhrzeit erinnern, aber irgendwann mit vier Jahren.

Wurden Sie als Kind beneidet?

Jeder, der die Situation kannte, war wohl eher froh, nicht in meinen Schuhen zu stecken. Insofern eher nicht! Auch mein Bruder, der so viel mitbekommen hat, meinte, er sei froh, dass er das Geigenspiel aufgegeben hat.

Waren Sie beliebt?

Ich glaube, eher nicht. Ich wurde auch irgendwann schüchtern. Wenn man immer so gedrückt und runtergebuttert wird, dann hat man irgendwann einmal gar kein Selbstbewusstsein mehr. Aber du brauchst Selbstbewusstsein, um beliebt zu sein. Denn was attraktiv macht, das ist nicht das Äußere, sondern das ist die Leidenschaft, das Selbstbewusstsein, eine Haltung zu haben und zu wissen, was man machen möchte, denn das wissen die meisten Menschen nicht. Ich finde es faszinierend, jemandem zuzuhören, der eine Idee hat und dafür voller Leidenschaft ist, aber das hat eben mit Selbstbewusstsein zu tun. Irgendwann einmal, wenn du über Jahre jeden Tag Wörter an den Kopf geschmissen bekommst von den Eltern, die ja eigentlich die sind, die dich beschützen sollen, dann wirst du schüchtern und verlierst dein Selbstbewusstsein. Das musste ich mir später erst wieder aneignen. In mir klingt natürlich noch immer eine leise Stimme, die dieses Selbstbewusstsein anzweifelt. Es kostet sehr viel Mühe, diesen inneren Zweifel immer wieder zu überwinden.

Hatten Sie Ängste als Kind?

Dauernd. Ich hatte sicherlich große Angst vor meinem Vater. Mit Recht! Ich hatte Angst, ihn zu verärgern, denn das war unangenehm.

Wie war Ihre erste große Liebe?

Erste große Liebe: Karen. Sie hat mein Herz gebrochen. Mit siebzehn Jahren bin ich zum ersten Mal überhaupt ohne meine Eltern irgendwohin gefahren, und zwar zum Musikfestival in den Kibbuz Eilon in Israel. Mein Bruder ist allerdings mitgekommen, zwar nicht als Aufpasser, aber als Begleiter, denn ganz allein wollte man mich dann doch nicht losschicken. Ich habe in Eilon zum ersten Mal rumgeknutscht mit einem Mädchen, Yael war ihr Name. Das war eher Neugier, nicht mit viel Gefühl. Im nächsten Jahr fuhr ich wieder in den Kibbuz, lernte jemanden kennen und verliebte mich. Nach dem zehntägigen Festival bin ich zurück nach Deutschland geflogen. Da das Festival nur einmal im Jahr stattfindet, war das dann meine erste Fernbeziehung. Das Problem war, ich hatte überhaupt keinen Realitätssinn. Ich habe gedacht, dass ich das durchziehe bis zum nächsten Jahr, und wir haben das ganze Jahr über auch telefoniert. Als ich nach einem Jahr voller Vorfreude wieder im Kibbuz war, erzählte sie mir gleich am ersten Abend, dass am nächsten Tag ihr Freund kommen würde. Ich musste zehn Tage in diesem Kibbuz ausharren, während die rumknutsch-ten! Es war furchtbar! Das war wirklich keine angenehme erste Erfahrung.

Hatten Sie als Kind eine Schwäche, etwas, das Ihnen besonders schwerfiel?

Ich habe eine Schwäche für Süßes gehabt, die habe ich immer noch. Ich hatte eine Spürnase für die Schokoladenvorräte meiner Mutter und habe die immer gefunden. Habe ich eine große Tafel Schokolade, dann höre ich nicht auf, bis sie alle ist. Die Sorte ist egal, Hauptsache, süß und angenehm. Das ist wirklich eine Schwäche.

Was haben Sie gehasst?

Teilweise Geige spielen, aber nicht, weil ich Musik nicht gemocht hätte. Ich habe Musik immer geliebt. Ich sehe mich auch in erster Linie als Musiker und nicht als Geiger. Das ist für mich ein riesiger Unterschied. Ich bin gut im Geigespielen, und ich liebe es, Musik zu machen und Musik zu hören. Aber der eigentliche Akt des Geigelernens ist ein zäher Prozess, und das habe ich auch gehasst.

Haben Sie sich geliebt gefühlt?

Nicht immer, aber von meinem Bruder und von meiner Mutter habe ich mich geliebt gefühlt. Meine Mutter hat sich natürlich zurückgehalten. Mein Vater war wüst und hat sehr hart mit mir gearbeitet, meine Mutter ist da manchmal dazwischengegangen. Dann hat sie auch eine Portion Ärger abbekommen. Mit sieben oder acht Jahren habe ich sie gebeten, sich da rauszuhalten, um sie vor dem Ärger meines Vaters zu schützen. Und sie hat sich rausgehalten, sozusagen weggeschaut, zumindest öfters.

Was haben Sie gelesen?

Die Schulliteratur, und ich habe viel auf Englisch gelesen, als ich mich auf das College vorbereitet habe. Für mich war es wichtig, wenn ich in einer anderen Sprache arbeite, alles gut zu verstehen. Ich habe unter anderem »Picture of Dorian Gray«, »Good Earth« und alle Harry-Potter-Bände gelesen. Ich hatte immer ein Wörterbuch neben mir liegen und mir Vokabeln rausgeschrieben. Ich habe da bestimmt sechzig bis siebzig Bücher in drei, vier Monaten gelesen, einfach nur gelesen, um Englisch zu lernen. Sonst bin ich eigentlich jemand, der nicht gern Fiktives liest. Ich habe schon so ein fiktives Leben, wenn ich dann noch Fiktives lese, weiß ich gar nicht mehr, was Realität ist. Ich lese sehr gern die Tageszeitung. Ich lese sehr gern einfach nur über aktuelles Geschehen.

Sind Sie als Kind von jemandem – eindrücklich – schlecht behandelt worden?

Von meinem Vater. Er war zu hart und hat sehr viele Wörter verwendet, die mir weh getan haben. Wörter, die du als Kind natürlich abprallen lässt, aber nur, um nicht der Person das Gefühl zu geben, dass sie einen verletzt. Aber im Endeffekt verletzt es sehr.

Was war Ihr Lieblingsduft?

Ich habe den Duft von Geigen immer gemocht. Da gibt es so einen Duft, der von guten Instrumenten ausgeht, altes Holz hat einen gewissen eigentümlichen Duft.

Hatten Sie einen Lieblingsort?

Nein, den habe ich mir erst gesucht. New York wurde dieser Ort. An diesem Ort konnte ich zum ersten Mal eigene Entscheidungen – gute und schlechte – treffen.

Wären Sie gern noch mal Kind?

Nein, nein, nein – *no way!* Kind sein bedeutet Abhängigkeit. Du bist wirklich darauf angewiesen, ein gutes Umfeld zu haben.

Wollten Sie es irgendjemandem beweisen mit Ihrem Werdegang?

Mir selbst, einfach nur durch die Tatsache, wie ich aufgewachsen bin, weil da immer dieses Gefühl war, nicht gut genug zu sein. Dieses Gefühl hat zum Teil auch dazu beigetragen, dass ich sehr, sehr gut geworden bin. Dieser innere Anspruch, mir selbst gerecht zu werden, alles so gut und perfekt wie möglich hinzubekommen, hat auch etwas Positives.

Haben Sie sich als Kind vorgestellt, das zu tun, was Sie jetzt machen?

Ich wundere mich immer, wenn ich ab und zu irgendwelche Sendungen sehe, in denen Leute gefragt werden, was sie werden wollen, und sie darauf antworten, dass sie berühmt werden und auf einer Bühne stehen wollen. Das war nie mein Ziel. Der Gedanke, auf einer Bühne zu stehen, ist für mich eigentlich mit Angst verbunden.

Gab es jemanden, der an Sie geglaubt hat in Ihrer Kindheit?

Ich habe an mich geglaubt. Genau so sehr, wie ich mich angezweifelt habe, habe ich an mich geglaubt. Deshalb habe ich nicht aufgegeben, weil ich irgendwie wusste, dass Geige etwas ist, das ich gut kann. Mein Vater hat immer an mich geglaubt. Wahrscheinlich mehr, als er hätte sollen, würde ich im Nachhinein sagen. Bei aller Strenge, die er mir gegenüber ausgelebt hat, war er und ist er auch heute mein größter Fan – so wirr das auch klingen mag.

Hatten Sie als Kind oder Jugendlicher den Impuls, besser sein zu wollen als die anderen?

Nein, ich wollte nicht besser sein. Ich hatte auch nicht den Anspruch, mich mit jemandem zu vergleichen. Das ist bis heute so geblieben. Ich akzeptiere und respektiere jemanden, der gut ist. Das ist für mich Motivation, vielleicht auch selbst ein bisschen Respekt vor mir zu haben, weil ich auch etwas erreicht habe.

Was wollten Sie werden, als Sie Kind waren?

Ich habe so früh angefangen, Geige zu spielen, und jeder hat mir gesagt, das sei meine Berufung. Das ist eine große Bürde, vor allem, wenn man selbst nicht begreift, was einem da erzählt wird. Das sind einfach sehr große Worte für einen sehr jungen Menschen. So mit sechzehn Jahren habe ich überhaupt nicht mehr verstanden, was das bedeutet. Dementsprechend war dann auch dieser Schritt für mich so wichtig, herauszufinden, warum mir die Leute das gesagt haben. Ich musste lernen, mich selbst einzuschätzen. Deshalb hatte ich die Idee zu studieren, an die Juilliard School zu gehen und mit Perlman zu arbeiten, den ich als Geiger sehr geschätzt habe und den ich, als ich jünger war, ein paarmal getroffen hatte. Das war für mich eine ideale Konstellation, Musik zu analysieren, Kammermusik zu machen, Dirigentenkurse zu absolvieren, im Orchester zu sitzen, mal zu sehen, wie das von der anderen Seite aus ist – aber auch ein Stück weit das Gefühl zu bekommen, wo ich stehe. In den Jahren, in denen ich studiert habe, hatte Perlman nur ganz wenige Schüler. Ich habe ihn einmal in der Woche gesehen, er hatte noch fünf weitere Studenten. Die anderen Studenten waren wirklich gut. Er hat sich die Rosinen aus dem Kuchen gepickt. Es war eine Ehre für mich. Normalerweise hatten alle anderen Lehrer an der Juilliard School fünfzig bis sechzig Studenten. Das war Ansporn und Bestätigung, da oben mithalten zu können. Denn ganz ehrlich, ich konnte mich bis dahin nicht richtig einschätzen. Jeder erzählte mir: »Du bist so toll, du bist großartig.« Aber das muss man ja vor allem selbst wissen. Wo bin ich gut, wo kann ich noch etwas lernen? Wenn du immer nur Positives über dich hörst, beginnst du dich zu fragen, wo das Negative ist. Es muss ja auch etwas Negatives geben. Das gab es auch. Mein Vater war zwar hart, aber er war auch ein großer Fan von mir, und dadurch vergisst man zu erkennen, was falsch läuft. Ich war vielleicht objektiver, indem ich sagte, ich möchte jetzt mal kontrollieren, was falsch läuft. Da waren schwerwiegende Dinge, die in die falsche Richtung gelaufen sind. Ich hatte ja nie so einen richtigen Lehrer – bis auf Zakhar Bron, mit dem ich vier, fünf Jahre zusammengearbeitet habe, als ich sehr jung war. Er hat mir die Grundlagen des Geigenspiels beigebracht, und danach gab es immer mal wieder sporadische Besuche, mal bei Menuhin, mal bei Isaac Stern oder mal hier und da bei anderen, aber ich hatte nie regelmäßigen Unterricht bei einem Lehrer. Da muss ich Ida Haendel hervorheben, weil ich mit ihr sehr häufig gearbeitet habe. Aber was heißt häufig? Ich bin ab und zu mal für zehn Tage nach Miami gereist, aber danach habe ich sie zwei, drei Monate wieder nicht gesehen. Die Verantwortung, Sachen vorzubereiten, lag bei mir. Mein Vater ist ja kein Geiger. Wenn du eine Paganini-Caprice aufnehmen musst und du niemanden um dich herum hast, den du fragen kannst, musst du selbst herausfinden, wie du das hinbekommst. Ehrlich gesagt, wenn ich mir heute überlege, wie ich eine Caprice gespielt habe mit vierzehn, welche Fingersätze ich mir angeeignet habe – es wäre einfacher gewesen, jemanden zu haben, der es mir gezeigt hätte. Mein Vater war ein so großer Fan von mir, dass er dachte, er bekommt das alles allein hin und dass alle anderen keine Ahnung hätten.

Ich hatte hinsichtlich meines Berufs einfach keine andere Option als das Geigenspiel. In der Schule war ich eine Niete. Mein Bruder hatte ein erstklassiges Abitur, er spielte Klavier und war ein hochbegabter Mensch, der sich in Harvard beworben hat und auch angenommen wurde, die Harvard Law School absolviert hat und einen ganz soliden Weg gegangen ist. Er ist jemand, den ich wahnsinnig respektiere. Aber so einen Weg konnte ich nicht gehen. Ich konnte tun, was ich wollte, ich wäre nicht mehr mit einem Spitzen-Abi aus der Schule gekommen. Das heißt, meine Optionen waren ein bisschen begrenzt.

Hatten Sie sich als Kind vorgenommen, später einmal berühmt zu werden?

Nein, es ist für mich immer noch ein ganz merkwürdiges Gefühl. Ich wundere mich, dass es so eine Wertigkeit hat, berühmt zu sein. Für mich ist das so etwas von un-wertvoll. Es macht auch nicht glücklicher morgens, wenn du aufstehst. Es ist unbedeutend, so etwas von unbedeutend. Ich wünschte, das würden Menschen, die nicht in der Situation sind, auch mal sehen. Es bringt überhaupt nichts. Das Einzige, was etwas

bringt, ist etwas zu tun, dass dir Spaß macht, um gut vor dir selbst dazustehen. Etwas abzurufen von dir und dich immer ein Stück weit zu verbessern in dem, was du gern tust. Deswegen betone ich auch, dass es für mich eigentlich unnatürlich ist, auf einer Bühne zu stehen. Man muss sich das so vorstellen: Das, was du auf der Bühne machst, ist unglaublich privat, du spielst Musik, du hörst Menschen zu und du gibst ein Stück von deinen Gefühlen. Im Endeffekt stehst du in einem tollen Konzert emotional nackt da. Und das dürfen Leute mitbekommen. Das Problem ist, ich habe es nie so gesehen, dass ich das für ein Publikum mache, ganz im Gegenteil. Ich versuche eher, das Publikum auszublenden. Was mir wichtig ist, ist das, was auf der Bühne passiert. Ich höre den Musikern zu und versuche mich darauf zu konzentrieren, wie ich die Musik auch zu Hause spielen würde. Das ist, glaube ich, der schönste Moment, wenn du dich wirklich nur auf den Augenblick konzentrierst, darauf, was hinter dir im Orchester oder am Klavier passiert, je nachdem, in welchem Ensemble du spielst. Das Musizieren ist der eigentliche Grund, warum ich auf eine Bühne gehe, nicht, weil Menschen zuhören.

David Garrett im Alter von 18 Jahren

Hat Ihre Erziehung zu Ihrem Erfolg beigetragen?

Ja, zu einhundert Prozent, weil ich durch meine Erziehung die Arbeit geleistet habe, die ich ohne meinen Vater nicht geleistet hätte. Das hat mir einen ungemeinen Vorsprung gegenüber anderen gegeben und ist die Grundlage dessen, was ich heute mache.

Erkennen Sie heute das Kind in sich, das Sie einmal waren?

Nein. Sehr, sehr lange wusste ich nicht, wer ich bin. Ich glaube, dass ich mich heute eher vergleichen kann mit einer Zeit, als ich sechs Jahre alt war, und nicht mit einem Alter danach. Gerade mit der Zeit zwischen zehn und siebzehn Jahren kann ich mich überhaupt nicht mehr identifizieren, weil ich da so fremdgesteuert war.

Was ersehnen Sie am meisten aus Ihrer Kindheit?

Es gibt nichts, was ich vermisse.

Was macht für Sie eine glückliche Kindheit aus?

Uneingeschränkte Liebe der Eltern, eine Liebe, die nicht von Ergebnissen abhängig ist. Dieses Ergebnisorientierte ist etwas, das mich sehr verletzt hat und das nicht hätte sein müssen.

ANSHU JAIN

Anshuman Jain, geboren am 7. Januar 1963 in Jaipur, Bundesstaat Rajasthan, Indien, ist ein britischer Bankmanager indischer Herkunft und seit dem 1. Juni 2012 Co-Vorsitzender des Vorstands der Deutschen Bank. Er wuchs mit seinem jüngeren Bruder in einer konservativ geprägten Familie in Neu-Delhi auf, wo er 1980 auch das Abitur ablegte. Anschließend studierte er in Indien und den USA Wirtschaftswissenschaften. Jain ist verheiratet und Vater von zwei Kindern.

Anshu Jain im Alter von 4 Jahren

Welches ist die erste Erinnerung Ihrer Kindheit?

Ich erinnere mich an unser Haus in Jaipur, wo ich geboren wurde, und an unseren Garten, wie er an einem heißen Tag gewässert wurde.

Was für ein Kind waren Sie?

Ich kann Ihnen nur erzählen, was andere Leute über mich gesagt haben. Als Erwachsener fällt es einem immer schwer zu beschreiben, wie man als Kind war. Ich war sehr wissbegierig. Es heißt, dass ich aufgeweckt, originell und ein bisschen anders war. Ich habe nie in irgendeine Schublade gepasst. Andere hielten mich immer für jemand Außergewöhnlichen. Ich dachte damals nicht, dass ich außergewöhnlich war, aber das wurde mir häufig so gesagt. Ich erinnere mich immer noch an die erste Beurteilung einer Lehrerin, die ich mit ungefähr zehn Jahren bekam. Die Lehrerin schüttelte ihren Kopf und sagte, dass sie noch nie jemanden wie mich getroffen habe, und das, obwohl sie seit dreißig Jahren unterrichtete. Ich erinnere mich, dass das einen großen Eindruck bei mir hinterlassen hat, weil es sehr einschneidend ist, wenn man so etwas mit zehn Jahren zu hören bekommt.

Ich vermute, ich habe mich nie der sogenannten Norm angepasst, weil ich immer eigene Ideen im Kopf hatte und der Meinung war, dass die Schule in Indien stark reglementiert sei. Die Klassen waren sehr groß. Und mir war es immer wichtig, selbst zu verstehen, warum wir etwas machten und wie Dinge funktionieren. Etwas einfach hinzunehmen, nur weil es als »allgemein akzeptierte Erkenntnis« gilt, hat mir nicht immer ausgereicht – auch wenn es seit Hunderten von Jahren funktioniert hat und nicht zu hinterfragen war. Ich musste selbst verinnerlichen, warum ich etwas tat, und es musste mir selbst sinnvoll erscheinen. In jeder Klasse finden Sie wahrscheinlich einige solcher Schüler, und in meiner gehörte ich zu dieser Gruppe.

Wer stand Ihnen in Ihrer Familie als Kind am nächsten?

Das ist eine schwierige Frage. Wahrscheinlich meine Mutter.

Welche Werte haben Ihre Eltern Ihnen vermittelt?

Sie haben mich von Kindesbeinen an dazu erzogen, demütig und dankbar zu sein – es war sehr wichtig, nicht anzugeben. Außerdem wurde großer Wert auf Ehrlichkeit und Integrität gelegt wie auch auf ein Identitätsgefühl und Stolz darauf, aus Indien zu stammen. Mein Vater besaß ein feines Gefühl für Politik und Geschichte, deshalb war es wichtig, die Geschichte des Landes und seine Entwicklung zu kennen und an diesem Prozess teilzuhaben. Diese Themen waren immer präsent, selbst in meinen frühesten Erinnerungen.

Politik war Thema am Frühstückstisch, aber nicht so wie im Klassenzimmer. Es ging eher darum, meine Eltern zu beobachten – ich denke, Osmose wäre hier der richtige Ausdruck – und ihre Werte zu reflektieren und für mich passend anzunehmen. Beim Frühstück, Mittag- und Abendessen drehten sich die Gespräche immer um Politik, Geschichte und Sport. Ich bezweifle, dass es – zumindest damals in Indien – viele

Elternhäuser gab, in denen diese Themen eine solche Bedeutung hatten. Nicht nur Ereignisse in Indien wurden ständig intensiv diskutiert und analysiert, sondern auch globale Probleme, und es war sehr wichtig, eine Meinung dazu zu haben. Mein Vater sagte schon sehr früh zu mir: »Ständige Wachsamkeit ist der Preis der Demokratie.« Wenn man in einer demokratischen Gesellschaft leben will, muss jeder Bürger sich eine Meinung bilden. Und ich erinnere mich, dass das großen Eindruck auf mich gemacht hat.

Religion stand nicht so im Vordergrund. In gewisser Weise spiegelten sich die Anfänge des modernen Indiens in meiner Familie wider, denn selbst heute spielt Religion in Indien noch immer eine wichtige Rolle. In Indien ist die Religion in Wahrheit eine Philosophie, vor allem der Hinduismus, der grob gesagt unsere Identität ausmacht. Meine Eltern gehörten zu der Generation, die in den sechziger Jahren das moderne Indien verkörperte. Die Religion war zwar da, aber im Hintergrund. Ich glaube, es ging mehr um Werte als um religiöse Glaubensinhalte. Vor allem meinen Vater würde ich als äußerst rationalen Menschen bezeichnen. Er ermunterte mich, ihn immer wieder zu hinterfragen, was in einem indischen Elternhaus damals sehr ungewöhnlich war. Stets wurde zu Diskussionen angespornt. Die Religion war als eine Art kultureller Ausdruck vorhanden. Die Feste wurden gefeiert, aber hatten keine herausragende Bedeutung.

Wurden Sie von den Eltern besonders gefördert?

Nein, ich würde behaupten, dass wir – meine Frau und ich – bei unseren Kindern viel mehr Ehrgeiz entwickeln als meine

Eltern bei meinem Bruder und mir. Ich glaube, ihnen waren unser Benehmen und unser Werteverständnis wichtiger als die Ziele, die wir irgendwann erreichen würden. Für sie war entscheidend, dass wir das, was wir taten, bestmöglich erledigten und dabei unseren Werten treu blieben. Ich kann mich nicht erinnern, dass sie mein Leben exakt vorgeplant oder mich auch nur in eine bestimmte Richtung gewiesen hätten. Ich konnte frei entscheiden, welches Fach ich studieren und auf welche Universität ich gehen wollte. Meine Eltern waren meine Leitbilder. Seit ich mich zurückerinnern kann, waren mir ein gewisses Maß an Unabhängigkeit und die Möglichkeit, mein eigenes Schicksal zu beeinflussen, immer wichtig gewesen, und das wurde gefördert.

Waren Sie ein guter Schüler?

Ich denke schon. Aber nicht immer. Mir wurde schon früh bewusst, dass es enorm viel zusätzliche Mühe kostete, Klassenbester anstatt Klassendritter zu werden, und dass es mir genauso wichtig war, Sport zu treiben und andere Dinge zu tun. Deshalb glaube ich, dass ich schon in sehr jungen Jahren eine gute Balance gefunden habe. Ich kann mich nicht erinnern, von akademischen Anforderungen jemals gestresst gewesen zu sein. Ich weiß, das klingt ein bisschen überheblich.

Welche Rolle hatten Sie in Ihrer Klasse?

Die des Fragenden. Vor allem gegenüber den Lehrern, aber auch gegenüber Klassenkameraden.

Gab es Lehrer, die Sie fasziniert haben?

Sicher gab es einige, aber man muss bedenken, dass die Klassen riesig waren – fünfunddreißig bis vierzig Schüler pro Klasse. Die Schulen waren riesengroß. Ich würde behaupten, dass meine Schulkameraden für mich wichtiger waren. Andere Schüler meines Jahrgangs oder ein wenig ältere hatten den größten Einfluss auf mich. Ich beobachtete sie, verglich mich mit den Besten und nahm mir schon sehr früh Vorbilder. Die änderten sich ständig, und ich lernte von verschiedenen Menschen verschiedene Dinge. Aber ich würde sagen, dass die Interaktion mit Altersgenossen, meine Eltern und Bücher mich am meisten geprägt haben.

Was hat Ihren Ehrgeiz entfacht?

Bis in meine späten Teenagerjahre habe ich in meinem Leben ein Gleichgewicht zwischen Schule und Sport gehalten. Mit neunzehn oder zwanzig bin ich als Erwachsener »aufgewacht« und habe angefangen, meine Fähigkeiten tatsächlich zu nutzen. Und ich würde behaupten, dass der Prozess, Indien zu verlassen und in die USA zu gehen, sich völlig neuen Herausforderungen zu stellen und sie zu meistern, die wirkliche Veränderung herbeiführte. Zu diesem Zeitpunkt begann ich, mein Potential voll auszuschöpfen. Der Entschluss, in die USA zu gehen, war eine ehrgeizige Entscheidung. Diese Entscheidung selbst war die erste herausragende Herausforderung in meinem Leben, die ich überwinden musste. Bis dahin war immer alles mühelos gegangen. Ich hatte bis dahin sehr häufig den vor mir liegenden Weg gewählt. Aber dieser Entschluss war alles andere als das.

Als sich meine Studienzeit damals zu Ende neigte, wurde mir allmählich klar, dass das Leben in Indien nicht ganz so phantastisch sein würde. Ich habe meine zehn Jahre in der Schule und am College als herrliche Zeit in Erinnerung, aber mir fiel damals auf, dass meine Altersgenossen und auch ältere Studenten nicht die Art von Jobs und Chancen bekamen, die ihren Fähigkeiten entsprochen hätten. So war das damals in Indien – das Land stand unter starkem Einfluss der Sowjetunion. Die Chancen waren begrenzt. Dies war der eine Grund, der andere war meine Frau, die damals meine Freundin war. Sie hatte definitiv einen großen Einfluss darauf, dass ich mir klare Ziele für mein Leben setzte.

Hatten Sie das Gefühl, besonders begabt zu sein?

Ich würde sagen, nicht mehr als jeder andere. Aber ja, das dachte ich schon, und meine Mutter hatte das Gefühl, dass ich sehr außergewöhnlich war.

Welche Rolle spielte Ihr Vater?

Er war eher ein Freund denn eine Autoritätsperson. Mein Vater war für die Zeit in Indien ein sehr ungewöhnlicher Charakter. Er war gegen hierarchische Strukturen. Er war es, der meine Liebe zu Büchern weckte. Meine damaligen Lieblingsautoren übernahm ich von meinem Vater. Auch meine Liebe für Kricket habe ich von ihm sowie mein Interesse an Politik und Wirtschaft. Im Rückblick würde ich sagen, dass er ein sehr moderner Vater und seiner Zeit voraus war. Die Art und Weise, wie ich erzogen wurde, fände sich eher in London im Jahr 2012 als im Indien der sechziger Jahre. Seine geringe Härte – stattdessen ein Freund für seine Kinder zu sein – war sehr fortschrittlich. Ich weiß nicht, woher das kam, denn sein Vater hatte ihn gar nicht in diesem Sinne erzogen. Wenn ich meine Altersgenossen zu der Zeit anschaue, fällt mir schon auf, wie anders ich aufgewachsen bin.

Hatten Sie Vorbilder?

Kein spezielles. Es war immer eine Kombination aus historischen Persönlichkeiten, Romanfiguren, Sportlern und Feldherren. Und es gab viele verschiedene. Jim Corbett, ein britischer Jäger, der später in Indien Naturschützer wurde. Er war für mich wichtig. John F. Kennedy aus diversen Gründen. Neil Armstrong – die Mondlandungen fanden statt, als ich sechs Jahre alt war, und ich kann mich noch lebhaft daran erinnern. Das war bei uns zu Hause ein großes Ereignis.
Diese Persönlichkeiten spiegelten wider, was bei uns am Frühstückstisch gesprochen wurde. Mein Vater erzählte von all diesen verschiedenen Menschen, und einige davon beflügelten meine Phantasie. Auch meine Mutter tat dies. Sie ist eine brillante Frau, genauso intelligent wie mein Vater, aber ihre Intelligenz ist eher in der linken Gehirnhälfte angesiedelt, während seine überwiegend in der rechten Hälfte liegt. Meine Eltern konnten sehr gut Bridge spielen, und meine Mutter ist wahrscheinlich eine bessere Bridgespielerin als mein Vater, was ihn immer unglaublich wurmte.

Haben Sie als Kind Niederlagen erlebt?

Ja, etliche, und ich glaube, ich habe aus meinen Niederlagen mehr gelernt als aus meinen Siegen. Ich denke, das ist bei uns allen so. Ich war immer ein sehr ehrgeiziger Sportler, nie ein besonders guter, aber ich habe immer Sport getrieben. Das Erste, was man beim Sport lernt, ist, Niederlagen einzustecken. Ich kann mich erinnern, dass ich nicht in eine bestimmte Mannschaft gewählt wurde oder dass ich bei einer wichtigen Gelegenheit versagt habe oder ein schulisches Ziel vor Augen hatte, es aber nicht erreicht habe. An meine Erfolge kann ich mich dagegen kaum erinnern, und das gilt auch noch heute.

Waren Sie gut im Sport?

Wie viele indische Jungen damals bin ich mit Tennis und Tischtennis aufgewachsen. Kricket war immer meine große Leidenschaft. Wir spielten, was immer wir spielen konnten – ein wenig Fußball, ein wenig Hockey. Ich habe eine Schule besucht, in der uns das alles möglich war. Im Kricket war ich gut. Ich war in der Schulmannschaft. Doch in allen anderen Sportarten war ich nur passabel.

Sind Sie als Kind gehänselt worden?

Ab und zu, aber ich habe mich recht gut durchgesetzt, und ich hatte Freunde. Trotzdem habe ich Konflikte erlebt. Mit meiner Persönlichkeit habe ich manchmal starke Reaktionen ausgelöst. Es gab eine Phase, die besonders schwierig war. Sie dauerte nicht sonderlich lange, aber sie war hart. Ich war damals zwölf oder dreizehn, das kann ein schwieriges Alter sein. Ich war gerade in eine neue Schule gekommen und kannte eigentlich niemanden. Die älteren Schüler dachten vielleicht, ich wäre ein bisschen überambitioniert, und heute kann ich verstehen, warum. Sie bemühten sich sehr, mich in meine Schranken zu weisen, und ich setzte mich dagegen zur Wehr. Das war ein typisches Schulhofproblem. Es ging nicht um körperliches Drangsalieren, eher um Beschimpfungen und Cliquenbildung. Das ist eine Erfahrung, die noch immer wichtig für mich ist.

Haben Sie andere gehänselt?

Nein.

Haben Sie etwas in Erinnerung, das Ihnen als Kind oder Jugendlichem peinlich war?

Da gibt es eine Menge Kleinigkeiten wie zum Beispiel, zu einer bestimmten Zeit nicht die richtige Jeans zu besitzen, aber nichts, was herausragt.

Wann haben Sie begonnen, sich mit dem Bankwesen zu beschäftigen?

Ich habe mich schon sehr früh für Wirtschaft interessiert, aber nicht speziell für das Bankwesen, bis ich in die USA gegangen bin. Soweit ich mich zurückerinnern kann, habe ich mich für den Zusammenhang zwischen Wirtschaft, Politik und Geschichte interessiert. Das ist etwas, was mir mein Vater erklärt hat, als ich noch sehr jung war – dass die Führung unseres Landes, sein Staatshaushalt, seine Rolle in der Welt und seine Geschichte ein großes Ganzes bilden.

Wurden Sie als Kind beneidet?

Ja, manchmal. Wir alle haben mit Neid in unterschiedlicher Ausprägung gelebt. Ich kann schwer sagen, warum andere mich beneidet haben. Ich war nie Klassenbester. Ich war beim Kricket nie der Beste. Neid kann zerstörerisch sein. Ich erinnere mich, wie ich das deutsche Wort »Schadenfreude« zum ersten Mal hörte. Ich war über die Tatsache erstaunt, dass es in anderen Sprachen kein Äquivalent gibt, obwohl das Gefühl überall existiert. Abgesehen davon würde ich die USA als das Land bezeichnen, in dem weltweit am wenigsten »Schadenfreude« herrscht, weil viele an ihre Aufstiegsmöglichkeit glauben.

Waren Sie beliebt?

Ja und nein. Bei manchen beliebt.

Hatten Sie Ängste als Kind?

Angst vor der Dunkelheit. Ich hatte eine rege Phantasie, weil ich so viel las.

Wie war Ihre erste große Liebe?

Umwerfend.

Hatten Sie als Kind eine Schwäche, etwas, das Ihnen besonders schwerfiel?

Meine größte Schwäche war wohl die Ungeduld. Deshalb war es für mich als Kind schwierig, mich längere Zeit auf etwas zu konzentrieren, was nicht herausfordernd und stimulierend war. Und das konnte in der Schule schwierig werden, weil ich nicht alle Fächer gleich interessant fand. In Indien ist der Respekt gegenüber Älteren sehr wichtig, aber wenn sie etwas sagten, was in meinen Augen keinen Sinn ergab, oder wenn ich sie nicht für interessant genug hielt, konnte das zu einer wahren Herausforderung werden.

Was haben Sie gehasst?

Unfairness und Ungerechtigkeit. Fairness, Gerechtigkeit und das Leistungsprinzip waren mir sehr wichtig, und das wurde mir von niemandem vorgegeben – das kam aus meinem tiefsten Inneren. Als fair wahrgenommen zu werden und für Gerechtigkeit zu sorgen, sind Prinzipien, die mir am Herzen liegen. Aber Gerechtigkeit ist sehr subjektiv, deshalb will ich nicht behaupten, dass mein Gerechtigkeitssinn der gleiche ist wie Ihrer. Das westliche kapitalistische Modell des freien Marktes basiert auf Gerechtigkeit. Ich sehe einen philosophischen Zusammenhang zwischen der Verteilung von Ressourcen und der freien Marktwirtschaft. Ich würde sagen, dass Leistungsgerechtigkeit für mich noch immer die wichtigste Antriebskraft ist.

Haben Sie sich geliebt gefühlt?

Ja, ich hatte in dieser Hinsicht immer großes Glück.

Was haben Sie gelesen?

Ich habe schon sehr früh alle möglichen Flaschenetiketten gelesen; wenn ich in mein Zimmer ging, um den Pullover zu wechseln, und eine Zeitung fand, dann fing ich zu lesen an. Reklame, Plakatwände – das geschriebene Wort barg für mich immer großen Wert und große Faszination. Eine meiner frühesten Erinnerungen aus der Zeit, als ich drei Jahre alt war, ist sogar von meinem ersten Kuchen, der die Form eines Buches hatte. Meine Eltern haben noch immer ein Foto davon. Ich habe also viel gelesen: Romane, Sachbücher, alles Mögliche. Das mache ich noch heute. Beim Lesen kann ich mich am besten entspannen, und es ist meine Lieblingsbeschäftigung.

Sind Sie als Kind von jemandem – eindrücklich – schlecht behandelt worden?

Es gab Vorfälle, in denen ich Lehrer hinterfragte und sie daraufhin ihre Autorität nutzten, um mich in meine Schranken zu verweisen. Inzwischen verstehe ich ihre Sichtweise – sie mussten in einer Klasse mit vierzig Schülern Ordnung bewahren. Aber ich versuchte nur, meinen Wissensdurst zu stillen, das wurde nicht erkannt. Es wurde als Aufmüpfigkeit angesehen. Mein Vater war Regierungsbeamter und wurde immer wieder versetzt. Deshalb musste ich mich ständig an neue Schulen gewöhnen. Dieses Muster wiederholte sich ein paarmal. Aber mit fünfzehn oder sechzehn hatte ich es dann verstanden. Ich begriff, dass es nicht immer gern gesehen wurde, Autoritäten oder etabliertes Wissen zu hinterfragen. So habe ich mich damit abgefunden und wandte mich im Grunde genommen von meinen Lehrern ab. Ich hinterfragte sie nicht länger. Stattdessen wandte ich mich meinen Büchern und Altersgenossen zu. Inzwischen kann ich es nachfühlen, und ich verstehe, warum meine Lehrer so handelten. Aber wenn man in diesem Alter ist, findet man es nicht sonderlich gut.

Was war Ihr Lieblingsduft?

Es waren mehrere. Frisch gemähtes Gras hat einen besonderen Duft für mich. Und da ich in einem heißen Land aufgewachsen bin, war der Geruch des beginnenden Monsuns, wenn die ersten Regentropfen fielen, immer unglaublich aufregend, weil plötzlich alles zum Leben erwachte. Und der Geruch von Feuern oben auf den Bergen. Weil wir in der heißen Ebene wohnten, sind wir im Sommer immer in die Berge gegangen, und es war sehr spannend zu sehen, wie abends die Feuer entzündet wurden, und ich kann mich an diesen Geruch noch immer erinnern.

Hatten Sie einen Lieblingsort?

Ich würde sagen, die Berge und die Urwälder. Die Natur und die Berge haben mich schon immer ungeheuer fasziniert.

Wären Sie gern noch mal Kind?

Ich bin gern da, wo ich jetzt bin. Vor zwanzig Jahren hätte ich Ihnen vielleicht eine andere Antwort gegeben, aber ich fühle mich hier an dem Punkt wohl, den ich inzwischen erreicht habe. Abgesehen davon habe ich sehr lebhafte Kindheitserinnerungen, und die Kindheit war eine sehr wichtige Phase in meinem Leben. Aber es ist auch eine unheimliche und herausfordernde Zeit. Mir gefällt es, mein Leben jetzt mehr selbst bestimmen zu können.

Wollten Sie es irgendjemandem beweisen mit Ihrem Werdegang?

Unbedingt. Ich lernte meine Frau kennen, als ich noch in meiner etwas richtungslosen Teenagerphase war, und sie war sich nicht sicher, ob ich in der Lage wäre, mich auf den Hosenboden zu setzen. Ich wollte mich ihr gegenüber beweisen.

Haben Sie sich als Kind vorgestellt, das zu tun, was Sie jetzt machen?

Überhaupt nicht. Das tut niemand. Das würde man als Drei-Standardabweichungen-Ereignis bezeichnen. Es ist derart unwahrscheinlich, dass man sich weder dagegen absichern noch dafür planen kann.

Gab es jemanden, der an Sie geglaubt hat in Ihrer Kindheit?

Meine Mutter. Absolut. Schon als ich sehr klein war, war sie überzeugt, dass ich ein besonderer Mensch bin.

Hatten Sie als Kind oder Jugendlicher den Impuls, besser sein zu wollen als die anderen?

Erst gegen Ende meiner Teenagerzeit. Mir war es wichtiger, ein ausgeglichenes Leben zu führen, als mich in irgendetwas hervorzutun. Ich diskutierte gern, spielte bei Aufführungen des Schultheaters mit, hatte ein aktives soziales Leben, las viel und trieb Sport. Es war mir also wichtiger, das alles auszubalancieren, als in einer bestimmten Sache besonders gut zu sein. Ich hatte Schulkameraden, die der beste Kricketspieler oder Klassenbester waren, und ich habe sie nie beneidet. Um diese Leistungen erzielen zu können, hatten sie nie Zeit, etwas anderes zu tun. Für mich war es also nie sonderlich reizvoll, mich nur mit einer Sache zu beschäftigen.

Was wollten Sie werden, als Sie Kind waren?

Ich hatte die üblichen Kinderträume. Ich wollte Kampfpilot werden, Sportler, Umweltschützer. Nur wenige Kinder wollen Banker werden. Lange Zeit wollte ich Schriftsteller werden – ich wollte Bücher schreiben oder als Journalist arbeiten. Ich habe verschiedene Phasen durchgemacht, aber Sport und Journalismus waren stets mögliche Berufsziele.

Hatten Sie sich als Kind vorgenommen, später einmal berühmt zu werden?

Definitiv nicht. Ruhm hat mich überhaupt nie gereizt. Meine Eltern haben von mir nicht erwartet, dass ich berühmt werde,

wohl aber, dass ich in irgendeinem Bereich hervorrage. Wie ich das erreichen wollte, war wichtig, aber in meiner Familie wurde Berühmtheit nicht gutgeheißen. Menschen, die offensichtlich nach Aufmerksamkeit strebten, galten als unbescheiden. In unserer Familie gab es nichts Schlimmeres, als ein Angeber zu sein. So zu tun, als wäre man größer oder wichtiger, als man wirklich war, war absolut tabu.

Hat Ihre Erziehung zu Ihrem Erfolg beigetragen?

Die Werte, die mir meine Eltern vermittelten, waren unglaublich wichtig. Zugleich hat mir der Kontakt mit Gleichaltrigen ein Gerüst geliefert, das ich bis heute nutze. Ich konnte in der Schule nicht immer so viel lernen, wie ich es mir gewünscht hätte. Das kompensiert man irgendwie, manchmal durch seine eigenen Kinder. Meine Kinder haben hervorragende Schulen besucht und studieren jetzt beide in Princeton. Ich beneide sie sehr, wenn sie von ihren akademischen Erfahrungen erzählen. Und wenn ich nicht hier arbeiten würde, würde ich an eine Spitzenuniversität gehen und meinen Ph.D. machen, weil ich das ganze Ausbildungssystem schätze, in dem man wirklich

Anshu Jain im Alter von 20 Jahren

herausgefordert, wirklich angetrieben wird und wirklich etwas lernt.

Erkennen Sie heute das Kind in sich, das Sie einmal waren?

Selbstverständlich. Ich finde es sehr wichtig, die Leidenschaften der Kindheit wachzuhalten.

Was ersehnen Sie am meisten aus Ihrer Kindheit?

Als Kind ist einem das nicht klar, aber die Kindheit ist die einzige Phase im Leben, in der man nur für sich allein lebt. Dann verbringt man den Rest des Lebens damit, jemandes Vater, Ehemann, Chef zu sein und legitime Erwartungen an diese Rollen auf seinen Schultern zu tragen.

Was macht für Sie eine glückliche Kindheit aus?

Für mich sind das drei Dinge. Liebevolle Eltern: Damals war mir nicht bewusst, wie entscheidend diese solide Basis an Unterstützung ist, aber jetzt weiß ich es. Ein Kreis guter Freunde: Ich habe immer enorme Energie aus diesem Umfeld geschöpft. Und die Möglichkeit, zugleich Geist und Körper zu trainieren: Ich hatte immer das Bedürfnis, beides zu tun, und ich liebe die Herausforderung auf beiden Gebieten. Ob nun im Sport oder beim Lernen, es macht Spaß, sich Ziele zu setzen. Im Rückblick denke ich, dass ich großes Glück hatte, alle drei dieser Dinge gehabt zu haben. Ich verdanke jenen, die mich damals unterstützt haben und mir noch heute Kraft geben, sehr viel.

WOLFGANG JOOP

**Wolfgang Joop wurde am 18. November 1944 in Pots-
dam geboren. Er wuchs als Einzelkind auf dem Bau-
ernhof der Großeltern, Gut Bornstedt, in unmittelbarer
Nähe zu Schloss Sanssouci auf, bis die Familie 1954 nach
Braunschweig übersiedelte, wo sein Vater als Chefredak-
teur des Kulturmagazins »Westermanns Monatshefte«**

Wolfgang Joop im Alter von 7 Jahren

arbeitete. **Nach dem Abitur nahm Joop 1965 auf Drängen seines Vaters ein Studium der Werbepsychologie in Braunschweig auf. 1966 wechselte er zum Studium der Kunsterziehung, was er nicht beendete. Die Arbeit als Restaurator nahm er an, um sein Studium zu finanzieren. Joops Karriere als Modedesigner startete 1968, als er zusammen mit seiner Frau Karin an einem Modewettbewerb der Zeitschrift »Constanze« teilnahm und die ersten drei Preise gewann. Wolfgang Joop lebt mit seinem Partner Edwin Lemberg zusammen und hat zwei Töchter.**

Welches ist die erste Erinnerung Ihrer Kindheit?

Komischerweise erinnere ich zwei Dinge. Ich erinnere das Eis von meiner Taufe. Ich glaube, ich war damals vier Jahre alt. Und ich weiß, dass ich einen hellblauen Matrosenanzug mit kurzer Hose anhatte. Irgendwie gab es an diesem Tag Eis in einer Schüssel. Vanille- und Himbeereis, das dann auch sehr schnell schmolz. Es war ja nicht leicht, so etwas in der frühen Nachkriegszeit herzustellen. Und dann erinnere ich, so glaube ich, meinen vierten Geburtstag. Ich bin nachts aufgesprungen, weil ich wusste, dass ich Geburtstag haben werde, und heimlich an den Gabentisch gegangen. Da lag Spielzeug. Es gab eine Rutsche, die so ein Holzmännchen, wenn man das antippte – tapp, tapp, tapp – runterging. Ich habe es angetippt und dann tapp, tapp, tapp … Da bin ich ganz schnell wieder ins Bett, weil ich Angst hatte, dass meine Mutter wach werden könnte. Und ich erinnere auch immer noch, dass zwischen den Doppelfenstern Eisblumen waren, die gibt es heute ja nicht mehr. Auch die Hyazinthen im Glas mit den bunten, spitzen Papierhütchen erinnere ich und dass ich mir in den Pfützen immer Eis gebrochen habe, weil ich ja ein Winterkind bin. Dieses Eis habe ich gelutscht. Auch dass ich in den Garten runter- und Tante Ulla entgegenlaufe, die immer gesagt hat: »Nun heb doch mal ab mit deinen großen Ohren! Nun flieg doch!« Das fand ich irgendwie ganz schön beleidigend. Ich erinnere natürlich auch, wie ich dann immer ins große Haus ging, das mein Urgroßvater gebaut hatte, und von den Bewohnern die Flüchtlingsgeschichten hörte, die teilweise unheimlich grausam waren. Von abgeschnittenen Brüsten, aufgeschnittenen Bäuchen, Kinder rausgerissen, Vergewaltigungen – und diese Geschichten klangen ähnlich den oft grausamen Märchen der Gebrüder Grimm für mich. Als Kinder hatten wir noch keine Vorstellung von Grausamkeiten und haben das nachgespielt, was wir hörten: Vergewaltigung, Vergewaltiger und Verbluten. Das war schon sehr derb. Es gab Gartenarbeiterinnen aus Westberlin, die Mauer stand noch nicht, und sie haben im Garten für ein bisschen Salat oder Kartoffeln gearbeitet. Ich kann noch all die Gerichte erinnern, die es damals gab: Heringstippe mit Quetschkartoffeln und immer Mehlsaucen mit Gemüseresten drin. Dann wurden Eimer abgeladen von irgendeinem Hof oder einem Krankenhaus – faule Eier fürs Vieh. Wir hatten ja Schweine, Schafe, Kühe, Hühner. Und ich kann mich an das Schlachten erinnern, dabei zugesehen zu haben, wie getötet wurde. Schuld und Ekel zu empfinden, lernte ich erst später.

Was für ein Kind waren Sie?

Ich war im wahrsten Sinne des Wortes ein Einzelkind, ein Kriegskind. Meine Mutter soll später noch einmal schwanger gewesen sein. Das hat sie mir natürlich nicht gestanden, nur allen anderen, die es mir dann irgendwann einmal auf etwas brutalere Art und Weise beigebracht haben. Sie hat mit sechs Monaten ein Mädchen verloren. Wie auch immer, ich war natürlich sehr gewünscht auf dem Hof der Großeltern, von Tante Ulla. Ich war sehr sensibel, sehr scheu und flüchtete mich immer ganz schnell in den Schutz der Großmutter oder meiner Mutter oder meines Großvaters. Der Vater war ja nicht da. Es war ja eine sehr unruhige Zeit. Bald schon hatte ich schweres Asthma, mit dem ich aus der Klinik heimgekommen bin, weil ich mich dort im Luftschutzkeller mit Keuchhusten angesteckt hatte. Dann im November nach Bornstedt, zeitgleich mit mir ein Flüchtlingswagen aus Ostpreußen. Tante Elli, eine Couture-Schneiderin aus Berlin und eine Freundin von Tante Ulla, schrie immer: »Ich brauch einen Persilkarton, ich brauch einen Persilkarton!« Das muss der zwanzigste November gewesen sein. Ich bin am achtzehnten geboren. Und alle fragten: »Wozu brauchst du den denn?« »Da sind Zwillinge erfroren. Sieht das denn keiner? Ich muss die beerdigen, bevor der Boden friert.« Und sie fand keinen Persilkarton. Ich war gerade reingekommen, man machte mir die Badewanne mit Warmwasserkesseln warm und warf mich hinein – und dann hat sie in ihrer Verzweiflung die beiden Babys auch hineingeschmissen. Und die kamen zu sich. Ein richtiges Wunder. Ich glaube, dass das auch ein wichtiger Teil meines Charakters geworden ist: Ich kann

und muss teilen. Ich kann nichts für mich allein genießen. Alles will ich teilen. Deswegen sagen auch manche Leute, dass ich Dinge erzähle, die ich nicht erzählen sollte. Ich will es aber teilen. Was ich tun kann, das kann ich auch sagen. Da bin ich vielleicht beinahe unschuldig. Daher rühren aber vielleicht auch meine Energie und meine Kraft. Ich glaube, dass dich zu viele Geheimnisse irgendwann sehr einsam machen können. Aber so war es eben im Alltag damals. Alle um mich herum hatten Geheimnisse, und das machte mich ängstlich und einsam. Eines Tages kam ich mit den Katzen ins Haus, die im Sommer draußen waren und Mäuse jagten, während sie im Winter auf dem Ofen saßen. Ich hatte eine Katzenallergie. Das wusste aber niemand. Ich röchelte mich durch den Winter, und man warf mir noch die Katzen aufs Bett und sagte: »Der arme Junge ist schon wieder erkältet.« Dann gab es etwas Widerliches zur Entschleimung, das hieß Buchenteer. Eine rote Flüssigkeit, die einfach nur gemein schmeckte. Viel mehr Medikamente gab es nicht. So wurde ich eben auf den Funkturm geschleppt, wenn ich keine Luft mehr bekam und Höhenluft atmen sollte. Das half kurzfristig, nämlich bis ich wieder zu Hause war. Man wusste nicht, dass ich eine Katzenallergie hatte, denn das gab's ja auch gar nicht. Nein, in der DDR gab es keine Allergien.
So habe ich viel Zeit im Bett verbracht und mir das Zeichnen beigebracht. Es gab kein anderes Spielzeug, keinen Fernseher natürlich und für das ganze Haus ein Radio. Und es hatte auch niemand Zeit, mir Geschichten zu erzählen. Also habe ich leicht makabre Zeichnungen angefertigt, denn Makabres hatte ich ja gehört. Ich weiß noch eine, da musste ich wohl gerade Schreiben gelernt haben, auf der zwei Glockenblumen zu sehen

waren – und zwischen den Glockenblumen hing eine Glocke.
»Und die Glockenblumen läuten den Tod ein. Amen.«, stand
darunter. Grimms und Andersens Märchen haben mich tief
beeinflusst. Damals waren die Engel auf der Orangerie meine
Freunde. Da bin ich immer hingegangen und habe sie am Fuß
berührt. In Sanssouci habe ich Zwiegespräche mit Friedrich
dem Großen geführt und meist mit mir selbst. Es war manchmal sehr schwer für mich, in der Schule wieder aus diesen
Geschichten aufzuwachen. Manchmal habe ich gar nicht zugehört – über Stunden. Unverhohlen starrte ich die Lehrer an,
und die dachten: »Ach, der Junge ist aber aufmerksam.« Dabei
war ich ganz woanders.

In Braunschweig fühlte ich mich dann Jahre später zum ersten Mal sozial ausgegrenzt. Ich hatte nicht die schicken West-
sachen an. Und sprach einen anderen Dialekt. Ich glaube, dass
das eine ganz wichtige Erfahrung ist für später, dass man auch
Ausgrenzung als Privileg empfindet. Du entwickelst mit der
Zeit Gegenwehr und Selbstbewusstsein. Mein Schlüsselerlebnis – rein modisch gesehen – ergab sich, als ich vierzehn
Jahre alt und auf dem Internat war. Weil ich wieder sitzenblei-
ben sollte, reiste mein Vater mit mir in meinen ersehnten Sommerferien von Internat zu Internat, ob sie mich denn weiter-
versetzen würden. Er konnte es nicht ertragen, dass sein Sohn
sitzenblieb. Es war Latein dazugekommen, und das war eine
bittere Pille. Obwohl – ich bin der Einzige, der das große Latinum hat, erzählte meine Mutter immer: »Sitzen tut nüscht bei
Joop, aber er hat das große Latinum!« Jedenfalls – im Internat war ich vollkommen verstummt, weil ich wieder mal nicht
die Klamotten hatte, die die anderen hatten. Und da gab es

schon genauso einen Fashionzwang wie heute. Man musste die Levi's-Jeans in einer bestimmten Waschung tragen, selbst gewaschen, natürlich, und den Nylonmantel und den Peter-Scott-Pullover ... *fully fashion*. Selbstgestricktes? Oh Gott – Flüchtlingsmode! Da ich aber mit vierzehn anfing, irgendwie im modischen Sinne ganz attraktiv zu werden, merkte ich, dass mir alles zu stehen schien – egal, ob es scheiße war oder nicht. Also bin ich nach Potsdam gefahren und habe mir von meinem Großvater die ganzen geflickten alten Sachen geben lassen – so alt und vergammelt und dreckig wie möglich. Die handgestrickten, aus Wolle von eigenen Schafen gestrickten kratzenden Jacken, die fünfmal am Ellenbogen gestopft waren. Die handbestickten Pullover mit den Hirschen drauf, die Cordhosen. Und das habe ich mit einer »*allure*« getragen, dass die ganzen jungen Gören aus reichen Haushalten mit ihren Keilhosen von Bogner das auch gleich haben wollten. Mit diesem höchst konträren Look habe ich zusätzlich so eine Fresse aufgesetzt, dass sie alle die Klamotten von mir leihen wollten. Die Klamotten, die meine Eltern mir nicht kaufen konnten, ersetzte ich also mit »*Vintage*«-Kleidung, mit Sachen, die so anders waren, dass sie außerhalb der Kritik liefen. Ich habe so aus Kacke Bonbons gemacht oder, von heute aus betrachtet, aus »*failure*« wurde »*art*«.

Und ich habe das erste Mal Listen geführt und Leihgebühren verlangt – ich nehme mal an in Fressalien, weil ich nur vier Mark Taschengeld pro Monat hatte. Und das war wirklich wenig im Internat, auch weil man im Wachstum ja andauernd Hunger hat. Alle konnten ständig Kaffee trinken und Fritten essen gehen. Ich nicht. Ich habe mir damit sozusagen mein Zubrot verdient. So ging es langsam bergauf mit mir – die tristen, schweigenden Jahre zogen vorbei. Ich hatte zu Hause geschwiegen, nichts gesagt, weil ich nichts sagen durfte, wenn mein Vater kam. Ich durfte nur sprechen, wenn man mich fragte. Was ich dann sagte, wurde von meinem Vater nur belächelt. Ironie ist ja etwas, das Kinder tief verletzt. Na ja, mit vierzehn bin ich für ein Jahr nach Portugal gegangen. Weil ich wieder anfing, immer erkältet zu sein, schlapp und schwach war. Ich hatte einen Patenonkel, der Halbportugiese und Professor für Romanistik in Hamburg war. Durch diese Familie kam ich nach Portugal und habe ich mich fast entwickelt. Dort habe ich sogar »broken-Portugiesisch« gesprochen. Die Rückkehr nach Braunschweig fiel mir dann auch sehr schwer. Ich wurde nicht viel besser in der Schule und musste eine neue Aufnahmeprüfung machen. Ich weiß noch ganz genau, wie ich da einen lateinischen Text übersetzen sollte. Ich erkannte nur die Worte »Rom« und »Cäsar«, mehr nicht. Und der Lateinlehrer sagte: »Das war nicht fünf oder sechs, das war unendlich. Aber für Ihre Phantasie, die ganze Geschichte erfunden zu haben, nehme ich Sie jetzt auf.« So habe ich mich durchgeschleppt und im letzten Jahr vor dem Abitur Karin in Braunschweig kennengelernt. Mein Vater hatte eine Erbtante und konnte sich außerhalb von Braunschweig ein Häuschen bauen. Dahin kam Karin. Sie war auf einer anderen Schule, und ich hatte noch ein halbes Jahr gemeinsamen Schulweg mit ihr. Anschließend sind wir zusammen zum Studium gegangen. Sie studierte Mode und Kostümbildnerei, ich Malerei und Bildhauerei. Mein Vater sagte: »Das machst du nicht. Das ist brotlos, beleg doch das Fach ›Kunsterzieher‹.« Und als ich wieder zwei Mal in der Schule gewesen war und den Gestank nach alten Socken und Kreide gerochen hatte, dachte ich: »Hier werde ich wohl sterben, aufgehängt an der Tafel.«

Ich hatte übrigens vorher schon eine Freundin in Potsdam gehabt. Endlose Nostalgie, Briefe geschrieben – sie war die Pfarrerstochter hier in derselben Straße. Das fing so mit sechzehn an. Dann kam Karin und löste sie ab. Das war für die Pfarrerstochter natürlich ein schwerer Stich ins Herz – die Westlerin hat die Ostlerin ausgestochen. Das schien zu leicht, zu unfair in jener Zeit. Na ja, aber später dann fing mit Karin und den Kindern die Reiserei an – hierher und zurück. Karin hat es als Einzige geschafft, jetzt noch hier zu sein. Die Kindheit, muss ich sagen, ist für mich eigentlich kein allzu schöner Ort gewesen.

Wer stand Ihnen in Ihrer Familie als Kind am nächsten?

Meine Großmutter war mir am nächsten. Meine Mutter war eine sehr unruhige Person, erst später wurde sie zur Grande Dame, während meiner Kindheit war sie das noch nicht. Alle drei Schwestern waren früh emanzipiert. Sie konnten reiten, und meine Mutter war sogar Turnierreiterin und Hochspringerin. Sie waren ausgebildet worden als Landmädchen für die Ostgebiete, die alle mal großartig und großkotzig hätten übernommen werden sollen – fünftausend Polen bei der Feldarbeit sollten sie dann hoch zu Ross Befehle erteilen. Das hätten sie tatsächlich gut gekonnt. Aber klein zu denken fiel ihnen später sehr, sehr schwer. Meine Großmutter hingegen gab mir das Gefühl der absoluten Ausschließlichkeit. Sie war durch und durch ungerecht und parteiisch. Wenn irgendjemand ankam und sagte: »Wolfgang war frech«, dann erwiderte sie: »Nein. Sie sind 'ne dumme Kuh. Gehen 'se mal wieder«, oder irgendwas in der Art. Später, als schon die SED da war und seltsame Gestalten auf den Hof kamen, hat sie die einfach weggejagt: Sie hat die Hunde auf die gehetzt. Tante Ulla, die in der LPG Zwangsarbeit leisten musste, hat sie festgehalten: »Du gehst nicht!« Meine Großmutter ist daran zerbrochen. An der damaligen Situation. Aber wie sich die Bilder doch immer wieder fügen. Meinem Großvater hat man mit fünfundsechzig Jahren den Hof und den gesamten Betrieb weggenommen. Eine Kolchose oder eine GPG, eine Gärtnerische Produktionsgenossenschaft, hat man daraus gemacht. Nach diesem Gewaltakt hat man dann festgestellt, dass man mit den Landmaschinen in Bornstedt nicht um die Ecken kam. Also hat man aus dem Hof und dem Garten einen Müllabladeplatz gemacht. Das musste mein Großvater ertragen. Später konnte ich das erst richtig begreifen – diesen Schmerz. Die Obstbäume wurden abgehackt. Bis heute ist dieser Streifen, der gehört uns ja noch, leer. Und dann verlor man die Lust an der Kolchose, weil die nicht klappte, und gab ihm alles zurück. Im Alter von 75 Jahren hat er zusammen mit Tante Ulla alles wieder aufgeräumt und daraus den Garten gemacht, den man heute noch sieht. Die eine Hälfte war ein Nutzgarten, die andere ein Lustgarten. Und bis zu seinem Tode hat er mir immer gesagt: »Wolfgang, es gibt zwei Sorten von Männern, die mir imponieren. Die einen sind Bauern und Gärtner, die ernähren das Volk. Die anderen sind Soldaten, die verteidigen das Volk.« Diese Rigorosität hielt ich an meinen Großeltern für Stärke und Sicherheit.

Mein Großvater sagte: »Wolfgang, du hast schon wieder nüscht in den Händen. Mit leeren Händen geht man nicht.« Man musste immer irgendetwas tragen oder irgendetwas schleppen oder bringen oder holen. Ich könnte theoretisch auch Gartenarbeit und Viehzucht betreiben. Das hat man mir als Kind beigebracht. Ich habe neben den Leuten gekniet und die Gurkenpflänzchen gesetzt – im richtigen Abstand über Eck. Ich kann jedes Unkraut erkennen, und das hat mir so eine gewisse handwerkliche Selbstverständlichkeit gegeben. Und eine Art von Stolz darauf, mich selbst ernähren zu können, jedenfalls theoretisch. Auch selbst kochen zu können, aus dem Nichts etwas zu machen, zu improvisieren.

Welche Werte haben Ihre Eltern Ihnen vermittelt?

Im Grunde genommen, vor allem praktisch zu sein. Sich auch mal zu bücken und auf Wunsch die Hände schmutzig zu machen. Sowie eine totale, aber wirklich totale und tiefgründige soziale Gerechtigkeit. Tante Liesel war mit einem von Dassel verlobt und musste für dessen Familie ständig Ahnenforschung betreiben. Mein Großvater fragte den Verlobten jedoch: »Wie heißen Sie?« – »Von Dassel.« – »Wat heißt denn das jetzt?« So als wollte er sagen: »Ist mir ganz egal und wenn Sie ein Lord sind – och ejal.« Dann kamen die Professoren aus Berlin und erbaten einen Salat, worauf Großvater sagte: »Guck mal, Wolfgang, der ist zwar Professor, aber frisst wie 'ne Zicke!« Und das Wort »Parvenü«: »Weeste wat, Wolfgang, der hat zwar 'n Auto, aber 'n Parvenü ist det, det will ick dir mal sagen.« Großvater hat, genau wie ich auch, gerne verschenkt und gerne geholfen – aber war vielleicht wesentlich mehr mit sich im Reinen. Nur kannte ich ihn nicht wirklich. Heute denke ich oft über ihn nach. Was ging wohl alles in ihm vor? Er war Steinbock und hatte eine ganz feste Vorstellung von sich und Gott und allem, wie es so zu sein hat. Großvater hatte auch einen sehr, sehr gesunden Egoismus. Man würde heute sicherlich sagen: übertrieben. Das habe ich, glaube ich, ein bisschen geerbt: die Energie des Wiederaufstehens.

Wurden Sie von den Eltern besonders gefördert?

Ja und nein: Mein Vater schickte mich, kaum dass ich bei ihm in Braunschweig gelandet war, zum Nachmittagskursus auf die HdK, die Hochschule der Künste. Dort angekommen, sollte ich lernen, mein »kleines Zeichentalent akademisch« zu trainieren. Als Zehnjähriger unter mehr oder weniger doppelt so alten Kursteilnehmern war ich Außenseiter und Lachern oder Kritik ausgesetzt. Das wurde so traumatisch für mich, dass ich mich weigerte, zum Kursus zu gehen, ab sofort Zeichnen und Malen mit Bestrafung gleichsetzte und es lange Zeit nur noch heimlich machte. Der Leistungsdruck in fremder Umgebung und die Erwartungen, die ein Vater seiner Generation an den eigenen Sohn stellte, wurden für mich so unerfüllbar, dass ich mich bis zum Ende der Schulzeit als Versager empfand. Diese Angst blieb ein ständiger Begleiter, auch später noch. Da zu jedem Minus auch ein Plus gehört, lernte ich früh, mit wenig Mitteln große Wirkung vorzutäuschen und mit weniger als Halbwissen im rechten Moment Pointen zu setzen!

Waren Sie ein guter Schüler?

Ich war in Deutsch ganz gut. Da hatte ich eine Eins. Aber natürlich hat das fürs schulische Überleben nicht gereicht, und ich wusste früh, was Existenzängste sind. Man fragt sich ja immer, wo man einmal landen wird, wenn man die nächste Klasse nicht schafft. Es wurde mit Hilfsschule und Unterbringen in Heimen gedroht. Und insbesondere mit Ausweisung aus dem sozialen Zuhause.

Welche Rolle hatten Sie in Ihrer Klasse?

In Potsdam-Bornstedt waren wir immer nur zu dritt – Angela, Klaus und ich. Ich hatte immer sehr spezielle Freunde. Wir haben Rollenspiele gespielt, Hochzeit, Beerdigung, all so etwas. In Braunschweig habe ich mir dann Freunde gesucht, von denen ich Mathe oder Latein abschreiben konnte. Das war ja immer so ein Alptraum, in die Schule zu kommen und die Klassenkameraden nicht zu kennen. Fürs Abschreiben habe ich als Gegenleistung nackte Frauen gezeichnet. Es gab auch mal sehr intensive Freundschaften, wenn die verraten wurden, brach ich sofort – schwieg sie an, habe mit ihnen nicht mehr gesprochen. Ich hab mich immer nur angeschlossen. Zwischendurch war ich auch allein. Ich kann mich erinnern, wie ich die Kastanienallee immer hoch und runter gelaufen bin, ganz alleine nach der Schule. Ich wollte nicht nach Hause, wusste doch nicht, wohin. Dieses Gefühl, irgendwie am falschen Ort zu sein, kenne ich ganz gut. Aber in Portugal habe ich mir das zeitweise komplett abgewöhnt, wohl durch das Südliche und den dortigen

Familienzusammenhalt. Eigentlich bin ich nicht so gut in Zweierbeziehungen, ich brauche immer mehrere Blitzableiter, weil es mir oft zu pathologisch ist, alles von dem anderen zu erwarten. Und dass alles von mir erwartet wird. Das überfordert mich noch heute, obgleich es mir nicht gelingt, den Zustand zu ändern.

Gab es Lehrer, die Sie fasziniert haben?

Einen Professor – der hat mich entdeckt. Ich habe mich ja nicht auf der Kunsthochschule beworben. Kunst fälschend und irgendwie restaurierend bin ich einfach mitgegangen, kam in sein Grundsemester, und alle mussten Skelette zeichnen. Ich habe mich hingesetzt und ein Haifischskelett gezeichnet. Der Professor fragte: »Was machen Sie denn da?« – »*I don't know.*« – »Sie sind ab morgen in meiner Klasse.« Ich bin am nächsten Tag an der Schule aufgenommen worden. Eigentlich bin ich immer entdeckt worden. Für den Film, für alles.

Was hat Ihren Ehrgeiz entfacht?

Mit dem Kunstfälschen fing es an. Ich bin dagesessen und war fasziniert. Ich habe noch während der Schulzeit eine Antiquitätenhändlerin kennengelernt, die mir kleine Restaurationsaufträge gegeben hat, und es begann, mich sehr zu interessieren. Ich saß in der Küche meiner Mutter und fummelte rum. Die Antiquitätenhändlerin hatte ein Auge auf mich geworfen, mehr noch, die wollte mich vernaschen, als ich sechzehn war. Und dann hat sie mich mitgenommen, in den Elm bei

Braunschweig, so ein Gebirgszug. Da lebten die von Tresckows und der ganze Landadel, die alle sehr grob gemalte Ahnenbilder besaßen. Die habe ich erst mal sauber gemacht – denn sie waren »verputzt«, wie man sagt. Im Weiß ist Blei beigemischt, das hält sehr gut, während die anderen Lasurfarben Erdfarben sind, also Naturfarben, die schon weggekratzt waren. So blieb mir nichts anderes übrig, als das neu zu malen. Ich kaufte mir dann Kunstbücher und malte ihnen schöne Kleider, Schmuck auf die Pfoten und Rouge auf die Wangen. Ich wurde der Hit in der Gegend. Bei der Gelegenheit dachte ich dann: »Ach, dann mach ich doch gleich Bilder, die die Leute wollen.« Blumenstillleben wollte man damals. Und ich begann, Blumenstillleben zu malen und suchte nach alten Leinwänden, die ich abgebeizt und dann für meine Bilder verwendet habe. Die Farben habe ich mir selber angerührt.

Hatten Sie das Gefühl, besonders begabt zu sein?

Mein Vater hatte die preußische Vorstellung, dass man sich alles mühsam erarbeiten muss. Ich habe ihn später bestraft, indem ich »Spiegel«-Artikel mit der Hand runtergeschrieben habe – zack, bum. Nicht vier Wochen daran herumgedoktert. Ich habe einen Roman geschrieben, sogar zu Ende geschafft – er als Journalist nie. Ich wollte ihn mit unerwarteter Leistung in eben »seinem« Fach überraschen und damit »strafen« – nicht mit Kritik. Sondern: »Guck mal, ich habe andere Maßstäbe, Papa.« Er kam aus dem Krieg zurück, ich hielt meine kleinen Zeichnungen von Aschenputtel oder so in der Hand. Meine Mutter wollte mit dem süßen Jungen ablenken: »Guck mal, dein Sohn.« Die Haare waren gescheitelt, mit Zuckerwasser angeklebt, in einem weißen Hemdchen saß ich auf meinem Stuhl im Kinderzimmer. Die Tür ging auf und er sagte: »Kannst du teilen?« Darauf ich: »Guck doch mal.« Und er guckte nicht hin. Ich versuchte ihn mehrfach mit meinen Zeichnungen zu beeindrucken, und alle sagten: »Ach, Wölfchen zeichnet ja so toll. Ist der nicht süß? Und so begabt, ein richtiges kleines Wunderkind.« Mein Vater meinte, das könne nicht gut gehen, wenn ein Kind derartig beklatscht und verwöhnt wird – jetzt wollen wir ihm mal zeigen, wie es geht. Ich habe oft Zeichnungen weggeworfen, wenn die nicht so wurden, wie ich das wollte. Mein Vater sagte dann: »Du machst das jetzt zu Ende.« Man musste alles zu Ende machen, was man anfing. So wie man seinen Teller aufisst, weil man in der Kriegsgefangenschaft nichts zu essen bekam. »Du isst die Suppe, die du nicht magst. Du isst sie auf!« So sollte ich die Zeichnungen zu Ende zeichnen. Und dann sollte ich eben auf die Kunsthochschule gehen, damit die mir zeigten oder ich selbst lernte, dass ich, weiß Gott, am Anfang stand. Das habe ich dann auch verstanden und wollte nach dem Abitur nichts mehr mit Zeichnungen zu tun haben, auch nichts mit Kunst.

Welche Rolle spielte Ihr Vater?

Auf meinen Vater habe ich gewartet. Acht Jahre lang. Das Bild, das ich erwartete, war anders. In meiner Phantasie war es blond und fröhlich. Er würde ganz viel Zeit für mich haben und mit mir spielen. Aber als er zur Tür hereinkam, fragte er nach meiner Mutter. »Kannst du teilen?«, sagte er nur zu mir. Meine

Mutter hatte mich immer vertröstet. Sie hatte viele Liebhaber gehabt, was natürlich auch in der gerade eben überlebten Nachkriegssituation völlig verständlich war. Acht Jahre lang hatte sie keine Nachricht erhalten, aber dennoch wusste die Frau, damals vielleicht noch mehr als heute, dass sie die alte Amazonenrolle würde aufgeben müssen, sobald der Mann zurückkehrte. Dann würde sie wieder zu seinem stolzen, ausschließlichen Besitz. Man hatte keine Ausbildung, man hatte keinen Beruf, und im Grunde war das Opportunismus, zu dem sie gezwungen war. Ich hatte sie bis dahin anders erlebt – sie war die Heldin. Sie war wild. Sie war mit mir bis nach Hamburg geflohen und wieder zurück, als die Russen hier waren. Auf einmal wusste ich durch den Satz »Kannst du teilen?«, was mir blühte. Das wusste ich. In der Nacht hat meine Mutter ihm ein paar Geständnisse gemacht. Er schrie und heulte und zog den Mantel wieder an und ging. Und ich saß da mit den fein gekämmten Haaren, mit der Zeichnung, die ich ihm zeigen wollte. Und natürlich fiel mir dann ein, dass auch andere vorher gekommen und gegangen waren. Der Mann von Tante Ulla, die Liebhaber von Tante Ulla, Hans Krämer mit der Augenklappe, so ein Dunkelhaariger, Schmaler, Eingefallener, der Ulla auch heiraten wollte. Aber sie hatte 1953 festgestellt, dass der »Abenteurer«, wie sie ihn immer genannt hatte, nur Postinspektor in Solingen war. Er hatte eine Augenklappe wie ein Pirat. Und immer wenn ich auf seinem Schoß saß, klappte er sie hoch, und ich sah auf das geschlossene Auge und schrie wie am Spieß. Aber sie waren alle fort. Als mein Vater dann tatsächlich blieb, war meine Kindheit im Grunde zu Ende, in Braunschweig, ausgeliefert an eine Nachkriegsehe voller Konflikte. Meine Mutter fühlte sich eingesperrt. Sie schrie jeden Tag »Scheiße« aus dem Fenster. Wenn wir einkaufen gehen wollten, mussten wir Petersilie für 20 Pfennig einkaufen, die vorher in unserem Garten gewachsen war. Die Frau und das Kind, die meinem Vater entglitten waren, versuchte er nun mit Strenge zurückzuordnen. Er zerfloss gleichzeitig vor Selbstmitleid über das ungerechte Schicksal, das ihm widerfahren war. Irgendwie ist das prägend für mich gewesen: Die Mutter, die unglücklich war, glücklich machen zu wollen, sie beschenken zu wollen. Wir waren früher so reich. Und auf einmal waren wir ganz arm. Kleiner Redakteur bei »Westermanns Monatsheften«, Dreizimmerwohnung im Neubau, drei Stockwerke, kein Garten, kein nichts. Ich habe mir dann in Schuhkartons Gärten gebastelt.

Wir durften in den nächsten Ferien zurück, aber ich weiß bis heute nicht, was dieses dauernde Abschiednehmenmüssen in mir angerichtet hat. Wenn es langsam auf die Ferien hinging, habe ich nur darauf gewartet, dass es wieder nach Zweitakter und nach Kohleöfen roch. Dann war ich zu Hause. Mangel gab es gar nicht. Das Empfinden von Mangel kenne ich nicht. Die Situation des Mangels war die Situation des Reichtums. Und drüben im »Goldenen Westen«, wo die Leute angeblich alle Möglichkeiten hatten – sie hatten Autos und durften reisen, wohin sie wollten –, das war für mich die armselige Situation. In Potsdam gab es so viele Bezugspersonen. Wenn man so will, ist man auch den sexuellen Problemen eines Ehepaars ausgeliefert. Natürlich habe ich das nicht mitbekommen. Es war nur Angst, die übrigblieb. Weil meine Mutter, wenn es ihr zu viel wurde, blaue Lippen und eine Herzattacke bekam und mein Vater mich aus meinem Kinderzimmer riss: »Deine Mutter stirbt. Sag jetzt auf Wiedersehen.« Bis ich mitbekam, dass sie es alle vierzehn Tage einmal machte. Ich gewöhnte mich dann daran. Aber dennoch blieb die Angst vor Abschied, die Angst vor Verlust – sie war allgegenwärtig. Ich merke heute noch diese Verletzungen. Ich habe diese unglaubliche Angst vor Abschied. Ich gehe ungern auf Bahnhöfe zum Beispiel. Obwohl ich da als Kind immer allein stand. Ich bin mit meinem Koffer zurück und keiner erinnert sich mehr, dass diese Bahnhöfe überfüllt waren, dass ich auf dem Koffer im Gang saß und die Zöllnerin mir die Weihnachtsgeschenke, die ich gebastelt und gepackt hatte, aufriss und mich nackt auszog, um nach Devisen zu suchen.

Hatten Sie Vorbilder?

Nein. Immer mal wieder habe ich irgendwen, der irgendetwas besser konnte als ich, bewundert. Der eine sah mit Jeans cooler aus, der andere war besser im Sport. Ein Mädchen, ich weiß sogar noch, wie die hieß, Ulrike Stuhlmann, sah aus wie Brigitte Bardot. Oh, die hat mich umgehauen, weil es nur eine »*femme fatale*«, nur ein Frauenbild zu der Zeit gab. Der Individualismus brach erst später aus. Es waren Klischees, die man in den Fünfzigern und Sechzigern bewunderte. Unsere Vorbilder waren klischeehaft, genauso wie unsere Vorstellung von Glück. Man wollte ein kleines Häuschen, ein kleines schickes Auto, die üblichen Klamotten, alles, was mich heute gar nicht aus der Ruhe bringt. Ich kenne eines nicht: Das ist Neid. Gar nicht. Denn ich weiß von jedem Erfolg, den ich vielleicht bewundere, was er gekostet hat. Ich bin eifersüchtig, natürlich. Ich weiß auch, wie schmerzhaft Eifersucht ist, die einen umhaut.

Haben Sie als Kind Niederlagen erlebt?

Ich weiß, dass ich einmal sitzengeblieben bin. Ich hatte mir vorher lauter Orakel zurechtgelegt, die alle funktionierten, bin aber trotzdem sitzengeblieben. Ich glaube, das war in der siebten Klasse in Braunschweig. Eigentlich eine Verkettung von Niederlagen. In der Kunsthochschule wie auch akademisch. Ich habe den großen Wurf nicht empfunden, den alle voraussagten. Ich habe keine Peilung gehabt. Ich wusste nicht, wo es hinging. Mir wurde langsam klar, dass ich irgendwie nur mit Geschicklichkeit und Raffinesse durchkommen würde. Das Talent habe ich dann auch entwickelt. Ich habe es geschafft, in der DDR ein Dauervisum zu bekommen, mit dem ich drei Jahre lang für Meissener Porzellan gearbeitet habe. Ich habe versucht, Tante Ulla zu beschützen, weil die SED-Führung ihr immer Wohnraum wegnehmen wollte. Man durfte ja nur zwei Zimmer haben oder so ähnlich. Dann habe ich für das Textilkombinat gearbeitet, also die DDR beraten, immer unentgeltlich. Ich habe durch meine Erfahrungen beim Bauer Verlag Kontakte gehabt, noch freiberuflich gearbeitet und mich so irgendwie durchgemogelt. Und ich habe sehr früh gelernt, irgendwie die Miete zusammenzukriegen. Es geht ja nicht nur um mich und meine eigene Coolness. Anschließend habe ich viele Jahre lang für die »Welt am Sonntag« jede Woche eine Modeseite gestaltet und geschrieben. Jahrelang, das war für mich imagebildend, und dem legendären Claus Jacobi bin ich noch heute dankbar. Dann bin ich nach Paris gekommen zu den Schauen, was ich eigentlich als Designer nicht gedurft hätte, war in Rom und habe mich so durchgemogelt. Ich habe versucht, meine Schüchternheit zu überwinden. Ich war sehr, sehr schüchtern – Karin und ich, wir haben uns so aneinandergeklammert, weil wir beide so unselbständig waren und auf das selbständige moderne Leben nicht vorbereitet waren.

Weil … ich hatte ja nichts vorzuweisen. Ich habe gelernt, mit dem bisschen, was ich hatte, möglichst viel zu erreichen. Natürlich mit Flirten und Lehrer anstarren, bis diese mich als Lieblingsschüler erkannten – so lange habe ich sie angestarrt. Die Verführung ist mir gelungen. Ohne sie einzulösen. Lehrer, von denen ich überhaupt nicht verstand, was sie sagten, wurden so lange fixiert, bis sie meinten, ich wüsste es schon, wollte aber nichts sagen. Ich hatte eine Geschichtslehrerin im Internat, die vollkommen besessen war von mir. Ein anderer Lehrer ließ mich die Lateinarbeit abschreiben – stehend. Ich habe mir eine Stunde den Mantel angezogen, und in der Zeit hat er sich hinter der Zeitung versteckt. Einige Mathelehrer und Physiklehrer wollten mir das Abitur verweigern, da hat sich der Schuldirektor für mich eingesetzt. Man musste damals noch einen Lebenslauf abgeben, und ich habe dann wohl einen so herzerweichenden Lebenslauf geschrieben, dass der Schuldirektor nur noch rumraste: »Haben Sie den Lebenslauf gelesen? Sie können dem Jungen doch nicht die Zukunft verbauen!« Mit dem wenigen, mit der Sprache, dem Aussehen und dem Style, habe ich einiges erreicht. Es blieb natürlich immer die Angst, dass alles irgendwann auffliegt. Ich hätte mir ein bisschen mehr Erdung gewünscht, aber es ist mir bis heute nicht gelungen, alles auf ein Fundament zu stellen. Ich habe teilweise bis heute selbst über meine finanzielle Situation keinen Überblick. Anscheinend bin ich das. Denn so habe ich immer einen Grund, neu anzufangen, mich nicht etabliert zu fühlen und nicht etabliert zu sein. Ich bestehe darauf, dieser kleine Junge zu sein. Was mir ja auch mit neunundsechzig, jedenfalls von der Aura her, noch gelingt.

Waren Sie gut im Sport?

Sehr unterschiedlich. Es gab Phasen, in denen ich mich lieber verdrückte, um Schularbeiten zu machen. Ich hatte immer eine sportliche Figur und wurde gern von den Sportlehrern entdeckt, die dann immer die Idee hatten, mich zu trainieren, worauf ich wiederum überhaupt keine Lust hatte. Ich wollte zu der Zeit nur meinen Träumen nachhängen. Ich war gut im Schwimmen. Ich konnte sehr gut Seilklettern, habe mich aber nicht getraut, Bock zu springen. Im Fußball habe ich die Regeln nicht richtig mitgekriegt, so wie ich auch bis heute kein einziges Spiel spiele. Ich sehe den Sinn nicht ein, die Spielregeln zu lernen. Beim Fußball landete ich immerzu im falschen Feld. Damals hatte man auch nicht gleich die passende Garderobe an. Man musste sich merken, in welcher Mannschaft man war. Das ist mir nicht gelungen.

Sind Sie als Kind gehänselt worden?

Ja, ich war oft ängstlich und hatte abstehende Ohren und einen sogenannten »Knutschfleck«, ein Hämangiom auf der linken

Wangenseite. Außerdem ärgerte mich der Satz: »Grüne Augen, Froschnatur, von der Liebe keine Spur.«

Haben Sie andere gehänselt?

Kinder suchen sich immer Opfer, an denen sie ihre vermeintliche Überlegenheit ausprobieren. Allzu liebe Kinder fand ich doof, allzu korpulente Kinder wurden ausgegrenzt.

Haben Sie etwas in Erinnerung, das Ihnen als Kind oder Jugendlichem peinlich war?

Abgewiesen zu werden, beim Sport nicht in die coole Gruppe gewählt zu werden, das war mir peinlich. Die »falschen«, nicht angesagten Klamotten, die ich teilweise tragen sollte, waren mir eine Weile peinlich, dann lernte ich, in ihnen zu »posieren«!

Wann haben Sie begonnen, sich mit Mode zu beschäftigen?

Durch Karin. Karin war mit einem Mal für mich die Muse. Sie hatte die Proportionen, sie hat meine Entwürfe an- und ausprobiert. Wir sind für ein »Schnittmusterheft« – »Neue Mode« (Heinrich Bauer Verlag) nach Hamburg gegangen. »Neue Mode« – das habe ich da im Grunde erst gelernt. Das war ein Buch mit sieben Siegeln für mich. Die schnelle Fashionskizze zu machen, die ruchlos aussieht, schnell, eilig, blasiert – das war zu lernen. Skelette und nackte Frauen konnte ich schon. In der Mode ganz allgemein ist auch das Sich-nicht-Anbietende eine wichtige »*allure*«. Wenn du dich anbietest, bist du nicht cool, dann bist du eine Nutte – nicht wahr? Nutten-Mode ist die, die sich anbietet. Stilistisch, *stylish* ist immer, sich zu entziehen. Das ist der Unterschied, den ich dann früh gelernt habe. Sich zu entziehen war und ist sehr wichtig. Wichtigst war auch die Aura. Also habe ich mich mit diesen Dingen beschäftigt. Deshalb gelang mir mit dem, was ich tat, auch so eine Nachhaltigkeit. Zum Beispiel interessierte es mich leider kaum, ob die Kleider später verkauft wurden. Wenn die Show vorbei war, habe ich sie nicht mehr angesehen. Diese Kleider waren für mich wie Körperwelten, wie leere Häute, die anfangen, mich zu ekeln. Es ist komisch, aber ich bin wirklich kein Mensch, der sich *für* Textil interessiert, sondern nur dafür, was man *mit* Textil erreichen kann. Mit den Häuten, die ich Frauen oder Männern überwerfe, will ich einen Mann oder eine Frau erschaffen, die mich berührt. Und wenn sie mich berührt, wird sie wohl auch andere berühren – und ein Rätsel hinterlassen. Das Tolle an Mode ist für mich, dass sie sich nicht erklärt. Kunst musst du erklären – lange Biografien, lange Expertisen, lange Provenienzen. Mode nicht. Je schweigsamer Mode ist, umso besser. Ich habe mich so oft mit Werbeagenturen gestritten, weil die immer Text unter alles machen. Nein! *Never ever.* Das war's eigentlich: Karin hat mich inspiriert wie später Alex. Ich brauche immer irgendeine Form. Jetzt habe ich Sarah, ohne die könnte ich den ganzen Strick nicht machen. So ist das. Aber in der Kunst habe ich keinen einzigen Menschen. Ganz seltsam.

Wurden Sie als Kind beneidet?

Könnte mich nicht erinnern, von wem ich beneidet worden wäre. Eher beklatscht für kleine Kunststücke.

Waren Sie beliebt?

Ich habe mich nicht so beliebt gefühlt, wie ich es gerne gewesen wäre. Die Gruppe, die mich umgab, war meist sehr überschaubar oder bestand nur aus einem vertrauten Gegenüber.

Hatten Sie Ängste als Kind?

Ich hatte Angst vor dem dunklen Zimmer. Ich bin nachts oft im Schlafzimmer aufgewacht. Meine Mutter hatte mich irgendwohin mitgenommen – ich kann mich noch an diese Nachkriegsfeiern erinnern. Verstimmtes Klavier, auf dem Tisch getanzt, Schnaps getrunken, Zigarren gequalmt. Es stank alles, es wurde gekreischt und »Rosamunde« gesungen. Ich wachte auf und hatte immer Angst, dass die Mutter mir abhandenkommt durch manche fremden Männer. Ich sah mich dann nachts um, und die Gemälde, die da waren, bedrohten mich. Diese komischen Genrebilder. Das war alles bedrohlich. Ich habe nach meiner Mutter gerufen. Meine Mutter ist auch oft mit mir an der Hand zu fremden Frauen gegangen, die ebenfalls auf ihre Männer und auf Post warteten. Das kann sich heute keiner mehr vorstellen – auch dieses Potsdam von damals nicht mehr –, es war düster, es roch nach Kohle im Winter, die Wohnungen waren dunkel und die Gebäude verschossen. Ich habe immer nur gehört: »Ja, der ist dort, der ist nicht wiedergekommen, meine Schwester ist nicht mehr da, mein Haus ist ausgebombt, ich war verschüttet.« Diese Nachkriegsgeschichten waren wirklich bedrückend. Das wissen Kinder heute nicht mehr. In dieser Pseudo-Sorglosigkeit groß zu werden, ich weiß nicht, ob das genug Antikörper schafft für den Ernstfall. Es waren immer Ausnahmesituationen. Eine Kindheit war zu der Zeit, in der ich ein Kind war, eine Verkettung von Existenzängsten. Die Mutter stirbt, der Vater verkracht sich mit der Mutter, man wünscht sich manchmal als Kind, dass die Eltern sich endlich scheiden lassen, und dann weiß man nicht, wohin. Man ist so ausgeliefert. Ich habe mir jeden Abend die Trennung meiner Eltern gewünscht. So wie es vielleicht meine Tochter Jette auch manchmal getan hat, wenn wir einerseits zu leidenschaftlich waren, andererseits uns zu sehr gestritten haben. Beides bedroht ja Kinder – der Streit und die Sexualität. Im Grunde hat man durch diese fremde Erwachsenenwelt keine Vorbilder. Und manchmal vermisse ich es auch, keine Vorbilder gehabt zu haben: Wie führt man eine Ehe, wie geht man mit der Frau um, wie mit den Finanzen? Diese Erziehung haben wir nicht gehabt. In dieser sich selbst findenden Generation sind sehr, sehr viele auf der Strecke geblieben. Andere sind so spießig geworden, wie es die Eltern nie gewesen sind. Und viele sind so, wie ich es vielleicht auch irgendwie bin: Ich bin vielleicht im optisch positiven Sinn entsetzlich unerwachsen geblieben. Es gibt ja diese unappetitlich aussehenden Hippies, die immer noch gegen das Establishment sind. Da ist für mich die Stilfrage offengeblieben. Auch das, wogegen wir waren. Das bisschen natürliche

Autorität, die natürlich eingenommene Verantwortung – nicht als Pose oder als opportunistisches Gestricke. Die Generation, die wir geschaffen haben, heute Vierzigjährige, sind recht vorbildlos geblieben. Das einzige Vorbild ist Karriere. Es hat sich ein ziemlicher Amerikanismus eingebürgert. Diese Glücksmetapher, reich, schlank und sportlich zu sein – nichts anderes geht –, das habe ich in Amerika gelernt. Und dachte: »Die haben ja wohl ein enges Raster hier.« Mit grenzenloser Freiheit, die wir uns in Europa von Amerika vorstellen, hat das nicht viel zu tun. Aber zu der Zeit, als ich das erste Mal in Amerika war, gab es eben auch diese große Freiheitsbewegung, von der man heute nicht mehr viel merkt. Diese »Mitte-Leute« heute haben nur das Karrieregetue als »*attitude*«, darunter ist nicht viel Basis. Aber diese Welt haben wir ja nun mal alle geschaffen. Meine Generation hat diese neue Generation geschaffen. Ich stehe nicht vor dieser Generation wie vor einem Phänomen, das vom Himmel gefallen ist, sondern ich sage ganz deutlich, das Verleugnen der natürlichen Autorität, der Hierarchie, des Erwachsenseins im sympathischen Sinne, das wollten wir nicht übernehmen. Und das habe ich auch nicht gelernt. Ich versuche damit ehrlich umzugehen und empfinde es als Makel.

Wie war Ihre erste große Liebe?

Wenn ich das so genau wüsste! Die erste große Liebe war die Pfarrerstochter. Das ging so drei Jahre. Da kamen immer mal Trennungen dazwischen. Und die Familien waren dagegen. Das Mädchen aus dem Osten sollte keinen Jungen aus dem Westen lieben dürfen. Und umgekehrt. Man mischte sich da ganz schön ein. Die erste große Liebe wurde abgelöst von Karin. Ich bin jemand, der sich nicht so spontan verknallt. Das ist bei mir mit Vorbereitung. Das ist, als würde ein Lochmuster plötzlich getroffen werden, das in der Seele vorhanden war. Dann haut es mich um, und ich erkenne das. Hans Christian Andersen – da muss der Splitter erst mal aus dem Auge fallen. Ich bin auch kein Eroberer. Das habe ich bei vielen Menschen gesehen, die Nicht-Aufgeforderten greifen schon mal zu, gern. Meist ging eine Kraft von den anderen aus, der ich mich nicht entziehen konnte. In New York sagte man dann oft zu mir: »*Wolfgang is always taking the crooked banana.*« Wenn ich mich an die wenigen Beziehungen erinnere, an die wenigen *pick-ups*, dann war das recht unerklärlich, da war kein System dahinter, auch keine Typfrage. Eher eine Verletzung, die wieder aufbrach, jedes Mal, wenn ich mich verliebte. Da kam die Angst vor dem Alleingelassenwerden, die Angst des Wieder-Verlierens hoch. In der Literatur kommt es ja vor, dass man sich im ersten Moment, also in dem Bereich der Passion, im Bereich der Leidenschaft, das Unwerte aussucht, das nicht auf seiner sozialen oder geistigen Ebene befindliche. Eine Art Pygmalion-Syndrom kommt durch, das man sich da jemanden erfinden will, um ihn (auch) abhängig zu machen. Die Angst vor dem Verlassenwerden bringt einen dazu, den anderen abhängig zu machen. Das ist auf die Dauer etwas recht Ungesundes. Man darf auch nicht unterschätzen, welche wichtige Rolle Eltern bei der sexuellen Prägung ihrer Kinder spielen. Ich wage gar nicht so tief zu gehen, um zu wissen, was mich da nun wirklich geprägt hat. Ich glaube, was Männer betrifft, war das der

Spätheimkehrer. Bei Frauen war es eben nicht, was andere so denken, die Frau an meiner Seite, auch nicht die Repräsentantin meines Status. Die Frau muss schon Frau sein, keineswegs androgyn oder herb. Verführerisch, altmodisch beinah, von Grund auf Boheme und frei. Auf allen Gemälden des Jugendstils sind die Frauen, die mir gefallen, zu sehen. Blass ist mein Frauentyp. So waren die Heroinen in den Siebzigern. Es gab einerseits das »Stern«-Titelmädchen – braun im Bikini und mit Sand am Hintern, andererseits die jetzt geradezu nostalgische Frau, die aussah wie Hanna Schygulla in den Fassbinder-Filmen. Das sind die Frauen, die mir gefallen. Die, die keineswegs zu laut sind, einerseits sehr erotisch, aber andererseits auch Freundin. Bei Männern bin ich weder der Eroberer noch das Opfer. Ich glaube, ich suche wirklich nach dem Spätheimkehrer, der einfach sagt: »Du gehörst hier an meine Seite. Du kannst bleiben, und ich bleibe auch bei dir. Ich lass dich nicht mehr allein.« Das ist im Grunde das, was mich dann zur Hingabe bringt. Bei allem anderen bleibe ich Kämpfer und wehre mich. Für mich ist nur erotisch relevant, wer es schafft, meinen normalen Widerstand zu brechen. Wodurch? Das weiß ich nicht. Es muss schon jemand sein, der sich wehren kann, der aktiv ist, der auch in den Kampf eintritt … Ich habe mich nie in der Lage gefühlt, dieses oder jenes jemals hinzukriegen. Ich fühlte mich immer als absoluter Dilettant. Ich habe mir immer alles selbst beigebracht. Wenn es um Erotik geht, möchte ich, dass man mich von dem Zwang befreit, alles hinkriegen zu müssen. Da will ich aufgeben. Und das hängt vielleicht damit zusammen, dass ich immer das Gefühl hatte: Ich schaff's nicht, ich kann's nicht, ich habe nichts davon gelernt, was ich tue. Ich habe kein Schreiben gelernt, ich habe keine Mode gelernt, ich habe kein Schnittmachen gelernt, ich habe auch Malen nicht gelernt. In der Studienzeit damals hat man in der Aula Schweine mit dem österreichischen Kunst-Provokateur Otto Muehl geschlachtet, politische Parolen gebrüllt, Pseudo-Pop-Art gemacht – und ich wollte mich akademisch bilden. Weil meine Bewunderung eben den alten Meistern galt, in Sanssouci den Schnitzereien, dem Geruch des Handwerklichen, des Genauen. Das war es, was mich faszinierte. Ich habe Bilder restauriert, den Stil alter Meister kopiert und die neuen »alten« Werke in der Nachbarschaft gut verkauft – damit habe ich mein Studium finanziert, denn ich habe ja kein Taschengeld bekommen. Ich besitze noch ein Bild aus der Epoche. Meine Mutter hatte es aufgehoben. Ich habe die Lasurtechnik der alten Meister studiert, nach Büchern habe ich mir das selbst beigebracht. Genau wie ich mir Modezeichnen beigebracht habe. Karin sagte immer: »Nee, nee, das sieht spießig aus. Mach noch mal. Das sieht so uncool aus.« Ich konnte bereits Akte zeichnen, ganz von alleine. Aber ich wollte es nicht. Weil mein Vater mich mit zwölf Jahren auf die Kunsthochschule schickte: »Die werden dir schon austreiben, dir einzubilden, dass du ein Wunderkind bist.« Ich wurde nachmittags im normalen Grundsemester aufgenommen. Man hat mir beigebracht: »Du bist schlecht.« Dann stand ich heulend an der Bushaltestelle und wollte nie wieder dahin. Ich wollte überhaupt niemanden mehr zeichnen. Im Internat wusste ich im Kunstunterricht alles besser, hatte aber keine Lust, das zu sagen. Ich habe gar nicht am Kunstunterricht teilgenommen. Verstört, verzickt, verstockt saß ich rum.

Hatten Sie als Kind eine Schwäche, etwas, das Ihnen besonders schwerfiel?

Mir fiel es schwer, in der Schule den Vorträgen der Lehrer oder zu Hause den Belehrungen des Vaters Aufmerksamkeit zu schenken. Ich fremdelte und war oft äußerst ängstlich. Im Sport fiel es mir schwer, technische Abläufe in Bewegung umzusetzen – und ich kapierte die Spielregeln nicht. Ich war aber wenigstens kräftig und gelenkig ...

Was haben Sie gehasst?

Ich habe die Abhängigkeit in meiner Kindheit gehasst. Klein gemacht zu werden, niedergemacht zu werden, nicht ernst genommen zu werden – und vor allen Dingen, dass die Erwachsenen damals ihre eigene Sprache hatten, von der ich ausgeschlossen war. Die ich auch gar nicht verstehen sollte. Dann dachte ich, wenn andere Leute dir etwas nicht sagen können, muss es schlimm sein, weil sie es vor dir verbergen. Die Geheimniskrämerei hat mir Angst gemacht, ich habe sie gehasst. Das Hierarchische habe ich ebenfalls gehasst – der Lehrer, der Direktor, der Vater, all diese Hierarchien. Dass du als kleiner Junge einfach niemand warst und dich fragst, warum du überhaupt existierst. Du musst dir dann vom lieben Gott die Antwort holen: Darf ich eigentlich sein?

Haben Sie sich geliebt gefühlt?

Eine Affenliebe, an die Brust gezogen zu werden, weil man ja so süß war – und dann fallengelassen zu werden. Ich musste meine Mutter später zwingen, sich damit auseinanderzusetzen, dass ich nicht unbedingt ein glückliches Kind war, dass ich nicht viele Freunde hatte. Das wollte sie nicht mehr wahrhaben. Sie wollte sich ein bestimmtes Bild von meiner Kindheit bewahren. Ich begriff es irgendwann: Vergib dir und vergib mir, und ich vergebe uns allen, Mutter. Lass los. Über das Thema Affenliebe habe ich versucht, mit ihr zu sprechen. An sich ziehen und fallenlassen. Das ist keine so gute Erziehungsmethode. Tante Ulla, ihre Schwester, die Stier vom Sternzeichen ist, die radikal – Stiere tun das ja – auf Recht und Unrecht besteht, hat mir mit ihrer Polarisierung oft mehr Halt gegeben. Mit ihrer totalen Polarisierung – weil sie eben auch sagte: Deine Mutter und dein Vater benehmen sich falsch dir gegenüber und auch sich selbst gegenüber. Ich finde es ganz schlimm, sich anpassen zu müssen bis zur Aufgabe der eigenen Persönlichkeit, die man ja durchaus schon hat als Kind.

Was haben Sie gelesen?

Als Kind las ich mit Begeisterung die Märchen von Hans Christian Andersen und den Gebrüdern Grimm. Als Jugendlicher las ich die Bücher meines Vaters, manchmal heimlich – Tennessee Williams, James Baldwins »Giovannis Zimmer«, »Un Amore« von Dino Buzzati – und quälte mich durch William Faulkners Prosa.

Sind Sie als Kind von jemandem – eindrücklich – schlecht behandelt worden?

Bis auf Mutter, Großmutter, Tante Ulla und ein, zwei Freunde und mit sechzehn von der ersten Freundin, fühlte ich mich von der ganzen Welt schlecht behandelt.

Was war Ihr Lieblingsduft?

Mein Lieblingsduft war die blühende Linde, das waren für mich die Sommerferien. Vor dem Haus in der Ribbeckstraße in Bornstedt stehen die Linden, und auch im Hof steht eine riesige Linde.

Hatten Sie einen Lieblingsort?

Sanssouci und der Friedhof.

Wären Sie gern noch mal Kind?

Nein, nein. Kindheit ist nur in der Vorstellung der Erwachsenen ein schöner Ort. Ich finde, dass Kinder heute mit meiner Kindheit nichts mehr zu tun haben. Ich kann mir die Kindheit der Kinder heute nicht vorstellen. Kinder, die mit vier kaum sprechen, aber downloaden können. Unsere Zukunft bekommt eine Bitterkeit, die die Kinder zu meiner Zeit nicht kannten. Die Kinder waren nicht so bitter, wie sie heute bitter sind, wenn sie dies und jenes nicht haben. Wie jubelt heute die technische Welt, weil jedes Kind ein Handy hat. Das ist ja mittlerweile eine kontrollierte Welt. Wir stehen bereits mit einem Bein in einer virtuellen Matrix. Wie sollen sich die Kinder da entwickeln können? Ich verstehe das nicht mehr.

Wollten Sie es irgendjemandem beweisen mit Ihrem Werdegang?

Ja, beim Schreiben wollte ich mich wohl beweisen und zeigen, welche schnelle Sprache ich sprechen kann, obgleich ich in vielen Fächern so »behindert« war. Weil mein Vater, wenn er einen Artikel für »Westermanns Monatshefte« schreiben sollte – meistens waren es Reiseberichte über das Land, in dem er zuvor gewesen war –, vier Wochen brauchte, und in dieser Zeit durfte keiner im Haus sprechen. Ich glaube, ich habe wahnsinnige Angst vor dem Faulsein. Liv Ullmann sagte neulich in einem Interview: »Fleißige Menschen sind eigentlich faule Menschen.« Diese ganzen Voraussagen meines Vaters, dass ich Straßenfeger werde – »Aus dir wird gar nichts, das sage ich dir mal gleich! Brotlose Kunst!« – brotlos, verhungert, verkackt, verloren, verbuddelt, aufgehängt, so sah ich mich ja selbst schon. Es hat sich am Anfang auch kein wirkliches Talent gezeigt. Mein Vater hat einmal nach einer Ausstellung ins Gästebuch geschrieben: »Gut gemacht!« Ich habe es aber nicht gesehen. Sagen konnte er es nicht. Schade für uns beide. Als er im Altersheim war und Demenz hatte, schaute er mich immer so freundlich überrascht an. Da fragte ich: »Vater, weißt du, wer ich bin?« – »Na klar weiß ich, wer du bist. Du arbeitest doch in meiner Redaktion.« Das war sein Planet, den er beherrschte. Bornstedt war nicht sein Planet. Braunschweig – das hatte er sich erobert, erarbeitet. In Potsdam hat ihm der Sohn seine Heimat gegeben – das wird nicht leicht für ihn gewesen sein. Vielleicht kam deshalb auch nie Anerkennung von ihm?

Haben Sie sich als Kind vorgestellt, das zu tun, was Sie jetzt machen?

Nein. Ich habe mir vorgestellt, den Hof zu übernehmen. Ganz konkret war das natürlich nicht. Ich wollte immer nur nach Hause zurück und von meinem Großvater beigebracht bekommen, wie es mit der Natur aussieht. Großvater hat immer gesagt: »Guck mal, das ist ein Studierter, der muss jetzt erst mal berechnen, wann Schlechtwetter kommt. Am besten, wir halten jetzt mal den feuchten Finger in die Luft.« Das ist heute wichtig für mich, gerade auch in meinem Beruf. Ich weiß, dass ich nur genau hinschauen muss, und dann erzählt es mir schon alles. Ich war in der ganzen Artifizialität immer der Natur verbunden. Deswegen auch zurück nach Bornstedt – der Friedhof daneben beunruhigt mich nicht, das ist die Erde, die mich wieder aufnimmt. Wenn ich etwas werde, wird das Erde sein. Das sind die tröstlichen Dinge, die genau aus dieser Erfahrung kommen.
Ich hatte mir also vorgestellt, dass ich natürlich an die Stelle meines Großvaters trete. Ich wurde so erzogen. Ich habe sogar schon angefangen, die ganze Schulklasse nach Hause zu bringen, und denen gesagt: »Bitte, grabt mal da um!«

Gab es jemanden, der an Sie geglaubt hat in Ihrer Kindheit?

Karin war die Erste. Niemand vorher. Ich bin sicher von meiner Mutter geliebt worden. Affenliebe, ein Thema, das ich in meinen Gemälden bearbeite – die Äffin, die ihr Kind mit dem Kranz verteidigt. Aber Anerkennung? Liebe war es, auf manchmal sehr schmerzhafte Art und Weise, weil mich die Liebe immer sehr undosiert überfiel. Sowohl von anderen als auch in mir selber. Wenn ich dann Liebe empfand, war ich wie im Rausch. Ich war undosiert und war bereit, alles aufzugeben. Ich habe oft gar nicht gemerkt, welch bedrohliche Außenwirkung das hatte. Heute würde ich mir wünschen, die Ratio gegen das Pathos zu stellen. Denn wie der Stoiker sich entschieden hat, Entscheidungen gefühlsfrei zu treffen, hast du selbst eine andere Verantwortung, wenn du so viel in deinem Leben installiert hast. Leider. Denn eigentlich bin ich jemand, der das genauso gern wieder abwirft und wie ein Vagabund losgerissen wird, wie wir es damals alle waren. Die Heimat verloren und auf dem Weg in eine unbekannte Zukunft – das war das Euphorisierende an den sechziger Jahren, als »youthquake« uns mit- und umgerissen hat. Das erste Mal eigentlich in dieser Kraft, nach dem Zweiten Weltkrieg, der alles hätte auslöschen können, nun also diese Kraft, diese Erschütterung der Jugend. Da ist der Planet überrollt worden durch die Jugend. Es war wie ein Erdbeben. Ich habe daran nur hin und wieder teilgenommen, weil ich zu romantisiert und zu nostalgisch in den Gedanken an die Heimat gefangen war. Ich wäre gern ein Teil des wirklichen Aufbruchs gewesen, von heute aus gesehen. Das ist eigentlich das, was ich am meisten vermisse. Ich war zu ungelöst in meiner Gefangenheit als Kind. War noch Kind, statt Jugendlicher zu sein. Ich habe mich so nach Bindung gesehnt und war nicht gelöst von Großmutter, Bornstedt, der Wärme, der Nähe. Ich war nicht aufbruchbereit.

Diese Sehnsucht beginnt aufzuhören. Jetzt hört sie auf. Meine Mutter ist gegangen. Der alte Geist ist mit ihr aus meinem Elternhaus gegangen. Es freut sich dort niemand auf mich. Es wartet niemand auf mich. Und das ist Heimat? Heimat ist das Stück Erde, wo jemand auf dich wartet. Nicht das Stück, das ich erobere, meine Fahne darauf stelle und sage: »Nun, kommt mal alle!« Da bin ich Kind: Ich will empfangen werden, ich will umarmt werden. Ich will nicht erobern und sagen: »Das ist jetzt meins!« Ich brauche nichts, wenn kein Herz für mich schlägt. Meine Tochter Jette hatte mir mit ihrem Einzug in und meinem Ausschluss aus Bornstedt bewiesen, dass ich immer emanzipierter mit mir umgehen soll. »Was suchst du hier?« So habe ich das verstanden und drei Jahre gebraucht, um zu sagen: »Dich! Dich suche ich hier, wenn du mich brauchst!« Und das macht aus mir zwangsweise jetzt endlich einen Erwachsenen und vielleicht auch einen glücklichen.

Hatten Sie als Kind oder Jugendlicher den Impuls, besser sein zu wollen als die anderen?

Nicht wirklich. Geliebt und beschützt zu werden war und ist mein Wunsch.

Was wollten Sie werden, als Sie Kind waren?

Schmetterlingsforscher.

Hatten Sie sich als Kind vorgenommen, später einmal berühmt zu werden?

Was »berühmt« ist, wurde mir erst später bewusst: Man darf Leute langweilen und ihnen dabei das Gefühl vermitteln, sie wären daran schuld.

Hat Ihre Erziehung zu Ihrem Erfolg beigetragen?

Ja, durchaus. Man muss immer fragen, was Erfolg ist. Manche sagen, »Wunderkind« war nicht erfolgreich oder auf höchstem Niveau erfolglos. Was Quatsch ist, denn diese Art von Erfolg hatte in Deutschland keiner. Ich kenne die Modegeschichte ganz genau – keiner bescherte uns ein vergleichbares »Wunder«. Nach welchen Maßstäben bemesse ich Erfolg? Ist es die Ehre, die Reputation? Wichtig ist nur das Gefühl, alles, was ich in meiner Zeit zu sagen und zu zeigen hatte, habe ich probiert zu sagen und zu zeigen. Sozusagen um meiner »Entlastung« willen! Natürlich finde ich, die wirtschaftlichen Aspekte zu respektieren. Denn ich habe in meiner Kindheit Mangel kennengelernt. Und ich möchte auf keinen Fall unfreiwillig wieder in einen Mangel geraten. Ich bin da sehr geerdet, so dass ich mir schon mit größter Mühe versuche vorzustellen, wie das Ganze rational und finanziell relevant bleibt. Natürlich habe ich durch meine Karriere erlebt, dass man sehr reich und sehr deprimiert sein kann. Ich habe früh gelernt, das Manko zu überwinden, das Manko zu kompensieren und zu lernen, das einzusetzen, was gerade zur Verfügung steht. Nicht erst nach der besseren Leinwand zu suchen, um das Bild zu malen, nicht nach dem richtigen Stift, nach dem richtigen Schreibtisch oder der richtigen Kondition – nein, sofort zu reagieren und zu improvisieren. Und das kam nur durch diese Kindheit, in der nichts glattging, in der alles holprig war und von Versagensängsten begleitet wurde. So habe ich gelernt, dass Versagen gar nicht möglich ist und es Versagen gar nicht gibt. Es gibt nur das Versagen an dir selbst. Nicht zu dir zu finden, nicht zu dir zu stehen. Diese wenigen Chancen im Leben, mal glücklich zu sein, mal die ganzen Berechenbarkeiten wegzulassen, dich auch mal in das Leben fallen zu lassen, das lernst du nur, wenn du gelernt hast, alles auf eine Karte zu setzen. Anders geht das nicht.

Erkennen Sie heute das Kind in sich, das Sie einmal waren?

Ja. Manchmal leider. Manchmal frage ich mich, warum ich in diesen Jahrzehnten, die hinter mir liegen, nicht erwachsen geworden bin. Warum verliere ich mich noch in Illusionen? Warum verliere ich mich noch in der Gefahrenzone der Liebe? Mit Liebe meine ich jetzt nicht spirituell, sondern die Passion. Heute weiß man, dass das wie eine Sucht ist. Denn die Sehnsucht nach dieser Situation des Verliebtseins ist wie eine Sucht. Sie ist nicht schön. Sie isoliert dich. Sie lässt dich wieder allein. Du siehst die Bäume nicht, du siehst die nette Partygesellschaft nicht, wenn diese eine Person nicht anruft. Du bist abhängig – zum Beispiel vom Telefon. Und das ist natürlich etwas infantil oder unreif oder pubertär. Da spüre ich, dass dieses Kind nicht wirklich erwachsen geworden ist. Denn erwachsen sein heißt auch, die Proportionen zu kennen. Zu sagen: Lass deine Seele den mittleren Weg gehen. Stürze nicht ab. Hoffe nicht zu viel.

Was ersehnen Sie am meisten aus Ihrer Kindheit?

Ich vermisse am allermeisten, dass da jemand ist, der schon gelebt hat, der das Gröbste hinter sich hat und der auf dich wartet. So waren die Menschen früher. Sie hatten Kriege, Schmerzen, Verluste erlebt und trotzdem ein unglaubliches Vertrauen in Gott und die Natur. Mein Großvater sagte ganz zum Schluss – mit dreiundneunzig Jahren – noch zu mir: »Weeste wat, Wolfgang, dann kieck ich so, dann seh ick ihn da oben, und dann nickt er mir so runter und sagt, haste alles, aber auch alles richtig jemacht.« Welch unerschütterliches Vertrauen in Gott, in das eigene Leben, in die eigene Geschichte. Das waren Menschen, die anpacken konnten, die mir mit ihrer

Wolfgang Joop im Alter von ca. 15–16 Jahren

Lebenserfahrung den Lebensrhythmus diktieren konnten. Denn wir, unsere Generation, sind ja aus dem Rhythmus rausgefallen. Wer nicht elastisch, dynamisch, mit großer Zukunft gesegnet ist, wer den Zenit überschritten hat und schon beginnt, retrospektiv zu denken, der darf nicht mehr mitmachen. Es gibt die Brutalität der Bilder, die uns heute prägen. Die Generation meiner Großeltern war ja, wenn man so will, noch eine bilderlose Generation. Es gab kein Fernsehen, keine Reklame – du hast noch zugehört. Gnade ist die Fähigkeit, sich konzentrieren zu können. Und so stelle ich mir auch ein glückliches Ende vor: An ein Wort zu denken, an einen Menschen, an irgendetwas, das dich rüberträgt. Das ist die Konzentration, die Reduktion, das Sichbefreien. Jetzt finde ich meine Aufgabe, und es schließt sich der Kreis zur Kindheit – weggehen, loslassen, aufräumen, übergeben. So waren die Generationen erzogen worden – ab einem bestimmten Zeitpunkt übergib es deinem Sohn oder der nächsten Generation. Übergib es, behalte es nicht. Und wenn ich jetzt noch zu lange um etwas gekämpft habe, dann merke ich, dass die früheren Generationen anders gehandelt hätten. Jetzt muss ich die alten Seelen rufen, damit sie mich beraten.

Was macht für Sie eine glückliche Kindheit aus?

Du musst wissen, dass du eine Bindung hast. Du musst Bindung spüren. Und du musst auch spüren, dass man dir die Freiheit zur eigenen Bindung gibt. Ich glaube, das ist selten wie in einer Beziehung. Man muss geliebt werden, man muss das Gefühl haben, dass man zurückkehren kann, dass man gehen darf und dass es immer einen Menschen gibt, der einem verzeiht.

VITALI KLITSCHKO

Dr. Vitali Klitschko wurde als älterer von zwei Söhnen einer Pädagogin und eines Offiziers am 19. Juli 1971 in Belowodskoje bei Frunse in der Kirgisischen SSR geboren. Erste Erfahrungen im Boxen machte Klitschko im Alter von dreizehn Jahren auf einem sowjetischen Militärstützpunkt in der damaligen ČSSR, wo die Familie seit der Versetzung des Vaters lebte. Der promovierte Sportwissenschaftler Vitali Klitschko ist verheiratet mit Natalia Klitschko und hat drei Kinder.

Vitali Klitschko im Alter von fast 6 Jahren

Welches ist die erste Erinnerung Ihrer Kindheit?

Ich war, glaube ich, drei oder vier Jahre alt, und es war Sommer. Mein Vater bereitete sich darauf vor, zur Arbeit zu gehen. Wir wohnten in einem Hochhaus, und meine Mutter und ich schauten aus dem Fenster und sahen, wie mein Vater zu seinem Militärwagen lief und hineinsprang. Das ist nicht wie eine richtige Erinnerung, sondern mehr wie ein Foto vor meinem inneren Auge.

Was für ein Kind waren Sie?

Ich habe so viele Narben auf meinem Körper, und das ist ein Zeichen dafür, dass ich ein sehr unruhiges Kind war. Ich habe immer ein Abenteuer gefunden, und das bedeutete immer einen Schrecken für meine Eltern. Ich war ein wildes Kind.
Wir haben zum Beispiel in den Büschen in der Nähe unseres Hauses gespielt, und da habe ich eine Schlange gefunden. Ich habe sie genommen und bin sofort zu meiner Mutter gerannt, um sie ihr zu zeigen. Meine Mutter ist fast in Ohnmacht gefallen. Zum Glück war die Schlange nicht giftig. Oft bin ich auch auf Bäume geklettert und heruntergefallen und kam dann mit einer Platzwunde nach Hause. Oder ich bin mit dem Fahrrad zu schnell gefahren, gestürzt und habe mir das Bein verletzt und bin dann auch blutend nach Hause gekommen. Ich war sehr unruhig.

Wer stand Ihnen in Ihrer Familie als Kind am nächsten?

Selbstverständlich meine Mutter, keine Frage. Meine Mutter war immer da. Ich war sehr stolz auf meinen Vater. Ich wusste, er war groß, stark und mächtig. Und meine Mutter war sehr liebevoll. Wenn ich irgendetwas hatte, schrie ich sofort nach meiner Mama, niemals nach meinem Vater. Mit meinem Vater habe ich den anderen Jungs gedroht, als ich ganz klein war, wenn die mir etwas anhaben wollten. Mein Vater hat in seiner Uniform immer sehr präsent ausgesehen. Ja, ich war sehr stolz auf ihn.

Welche Werte haben Ihre Eltern Ihnen vermittelt?

Ehrlichkeit und Verantwortungsbewusstsein. Meine Eltern sagten mir, dass sie in meinen Augen lesen könnten, ob ich die Wahrheit oder eine Lüge sagte. Und ich wusste, wenn ich log, stand es irgendwie auf meiner Stirn, und deshalb musste ich immer die Wahrheit sagen.
Als mein kleiner Bruder auf die Welt kam, war ich viereinhalb Jahre alt, meine Mutter blieb ein Jahr zu Hause, und danach war ich verantwortlich für den kleinen Bruder. Damals war es gesetzlich geregelt, dass Eltern arbeiten mussten. Selbstverständlich gab es keinen Babysitter, und so habe ich dann den Babysitter gespielt und regelmäßig auf den Po bekommen, wenn mein Bruder etwas falsch gemacht hatte. Ich habe das nicht verstanden, aber ich musste die Verantwortung für ihn und das, was er tat, übernehmen. Langsam habe ich dann begriffen, dass man Verantwortung nicht nur für sich selbst, sondern auch für andere übernimmt.

Wurden Sie von Ihren Eltern besonders gefördert?

Ja, sehr stark. Meine Eltern waren sehr streng in Bezug auf die Schule. Ich hatte gar keinen Spaß an der Schule und gar keine Lust darauf. Ich wollte lieber meine eigenen Sachen machen, als einem Lehrer stundenlang in der Schule zuzuhören. Ab und zu habe ich schlechte Noten nach Hause gebracht, und dann wurde ich gezwungen, in den Fächern, in denen ich schlechte Noten hatte, doppelt so viel zu arbeiten. Während ich drinnen lernen musste, hatten die anderen Kinder draußen Spaß und spielten Fußball. Für schlechte Noten gab es eine Strafe, und eine Ausrede wurde nie akzeptiert. Meine Eltern waren wirklich streng. Und selbstverständlich musste ich meinen Eltern mit meinem kleinen Bruder helfen und auch bei anderen Aufgaben. Da gibt es eine interessante Geschichte. Damals war mein Vater in der ČSSR stationiert. Und in dem Wald, in dem unsere Militärbasis lag, gab es sehr viele Beeren. In den Sommerferien, als alle Kinder viel Spaß am See hatten, habe ich eine Aufgabe von meinen Eltern bekommen. Ich musste jeden Tag eine Halbliterdose mit gepflückten Beeren füllen. Das dauerte nicht lang, weil es in dem Wald so viele Beeren gab. Die Beeren wurden konserviert, und am Wochenende gingen wir mit der ganzen Familie in den Wald, um Beeren zu pflücken. Zum Monatsende wurde ich schlauer, ich war schon müde vom Beerenpflücken, und wir hatten bereits einen großen Eimer voll mit Beeren. Ich schöpfte die tägliche Ration dann einfach von den bereits gepflückten Beeren ab. Ich habe die Dose dann auf den Küchentisch gestellt, so dass mein Vater sie fand, als er von der Arbeit kam, und so musste ich ihm nicht in die Augen blicken. Meine Eltern haben nichts gemerkt, erst Jahre später habe ich ihnen das erzählt. Sie waren dann sehr erstaunt.

Diese Form der Erziehung ist heute ein Streitpunkt zwischen meiner Frau und mir. Ich versuche streng zu sein und gebe den Kindern eine Aufgabe. Dann gehen sie zu meiner Frau und fragen, ob sie das wirklich machen müssen, und sie erlässt es ihnen dann. Daraufhin streiten meine Frau und ich uns, denn sie findet meine Erziehung zu hart und zu konservativ. Aber ich möchte mich nicht über die Erziehung unserer Kinder beschweren, unsere Kinder sind – nicht nur aus meiner Sicht, sondern auch aus der Sicht von Verwandten und Bekannten – gut erzogen.

Waren Sie ein guter Schüler?

Ja, ich hatte gute Noten. Ab und zu hatte ich auch einmal schlechte Noten, aber danach war es für mich zu Hause die Hölle, und ich wusste, lieber quäle ich mich, um eine gute Note zu bekommen, als später zu Hause mehr arbeiten zu müssen. Deshalb habe ich versucht, keine peinlichen Zeugnisse zu bekommen.

Welche Rolle hatten Sie in Ihrer Klasse?

Wegen des Berufs meines Vaters musste ich fünf Mal die Schule wechseln. Immer wenn ich gute Freundschaften mit meinen Klassenkameraden geschlossen hatte, musste mein Vater zur nächsten Militärbasis. Jedes Mal war es richtig schmerzhaft, in eine neue Gemeinschaft hineinzukommen. Ich musste mich immer wieder neu anpassen. Das war eine gute Schule für mich, mich immer in neuen Umgebungen zurechtfinden zu müssen, auf Leute zuzugehen und mit ihnen zu kommunizieren. Das war sehr wichtig, und ich habe auch immer guten Anschluss gefunden. Damals war es so, wenn ein neuer Junge in die Klasse kam, wurde nicht nur geguckt, ob er gute Noten und etwas im Kopf hat, er musste sich auch physisch verteidigen.

Nach neuen Umzügen kam ich ab und zu mit einem blauen Auge oder mit einer blutigen Nase nach Hause. Ich musste meine Stärke zeigen und mich verteidigen. Wenn du Schwäche zeigtest, würden sie das immer ausnutzen. Deshalb musstest du zeigen, dass du hart genug bist, und niemals die Herausforderung ablehnen, die die anderen dir gaben.

Zusätzlich gab es folgende Tradition bei uns. Kein Kind hat seine Kameraden beim richtigen Namen genannt, alle wurden mit Spitznamen tituliert. Ich war der Einzige, der bei seinem richtigen Namen gerufen wurde. Ich hatte eine Allergie gegen meine Spitznamen. Ich war lang und dünn und oft wurde ich mit »Langer« angesprochen. Das habe ich mir nie gefallen lassen. Es gab oft blaue Augen, da die Älteren versuchten, mich beim Spitznamen zu nennen. Aber zum Schluss nannten mich alle Vitali. Ich möchte jetzt aber nicht sagen, dass ich jeden Tag von morgens bis abends gekämpft habe. Beim letzten Mal, als ich in eine Schlägerei in der Schule verwickelt war, war ich vierzehn Jahre alt.

Gab es Lehrer, die Sie fasziniert haben?

Ja, meine erste Lehrerin. Sie hat mich die ersten zwei Jahre unterrichtet. Sie war jung, und ich war heimlich verliebt. Ich habe sie kürzlich auf einer Schul-Homepage in Russland gefunden. Wir haben einen sehr guten Kontakt aufgebaut. Sie lebt in Russland, und ich habe sie zu meinem letzten Kampf in Moskau eingeladen. Als Kind habe ich alles, was sie unterrichtet hat, wie ein Schwamm aufgesaugt. Ich erinnere mich an alle Lieder und Gedichte, die sie uns beigebracht hat. Sie erinnert sich nicht mehr daran. Für sie war es Routine, meine Speicherplatte war leer und ich habe alles abgespeichert – für mein ganzes Leben.

Was hat Ihren Ehrgeiz entfacht?

Als ein Boxtrainer in unsere Klasse kam und fragte, wer Boxtraining machen wollte. Alle Jungs der Klasse meldeten sich. Der Trainer schaute alle an, auch mich. Ich war echt dünn, und der Trainer meinte zu mir: »Junge, vielleicht versuchst du eine andere Sportart, Schwimmen zum Beispiel.« Das hat mich so tief berührt. Alle waren geeignet für das Boxen, nur ich nicht. Ich wollte nicht schwimmen, ich wollte Boxer werden! Das war mir peinlich vor meinen Kameraden, und dann habe ich auch noch meinen ersten Kampf verloren. Ich denke, das hat den Ehrgeiz im Sport ausgelöst: Ich musste zeigen, dass ich ein Sieger war.

In der Schule hatte ich folgendes Erlebnis, das war in der vierten oder fünften Klasse. Ich hatte keine Lust auf Mathematik und eine schlechte Note. Es war ein schwieriges Thema und alle anderen hatten die Arbeit geschafft, nur ich hatte eine schlechte Note bekommen. Daraufhin hat mir die Lehrerin eine Woche lang alles nach der Schule noch einmal erklärt, und nach einer Woche war ich der Beste. Ich hatte alles verstanden. Ich habe dann noch zusätzliche Aufgaben gemacht, die schwieriger waren als das, was wir in der Klasse durchnahmen. Meine Lehrerin hat mich damals richtig motiviert. Ich war der Schlechteste und wurde der Beste in der Klasse. Ich wollte allen zeigen, dass ich der Beste war, und das endete dann mit einer schlechten Note für Betragen, da ich immer in die Klasse die Ergebnisse hineinrief.

Hatten Sie das Gefühl, besonders begabt zu sein?

Ich denke, jedes Kind hat wahrscheinlich so ein Gefühl. Als Zwölfjähriger kam ich zu meinen Eltern und sagte: »Mama, Papa, ich werde weltberühmt werden. Ich weiß nicht, wie, aber ich habe das Gefühl, dass es so werden wird.« Ich wusste nicht, ob ich Astronaut werden und einen neuen Stern entdecken würde oder wie es gehen würde, aber ich hatte diese Intuition. Und meine Eltern lächelten mich nur an und meinten: »Ja, ja, selbstverständlich, Vitali …«

Welche Rolle spielte Ihr Vater?

Er war einer der bedeutendsten Männer in meinem Leben. Ich möchte ihm für vieles in meinem Leben danken, was mir ohne ihn nicht möglich gewesen wäre zu schaffen. Er hat mir geholfen, die richtigen Entscheidungen zu treffen. Darüber habe ich viel mit ihm gesprochen. Er hat selbst wichtige Entscheidungen für mich und für die Familie getroffen. Er war immer der Kapitän auf unserem Schiff. Wir haben nicht immer gutes

Wetter gehabt, ja, es war oft stürmisch, aber unser Schiff ist immer unbeschadet in einen Hafen gekommen. Das Leben in der Sowjetunion war damals nicht einfach.

Mein Vater war autokratisch. Man durfte nicht widersprechen. Er sprach, und es gab keinen Zweifel an dem, was er sagte. Er war kein Diktator, aber er war autoritär. Er war beim Militär, bei ihm gab es keine Diskussionen. Mit meiner Mutter konnten wir diskutieren, mit ihm nicht. Wir haben riesigen Respekt vor unserem Vater gehabt. Er war beruflich oft unterwegs, und wenn er zu Hause war, ist er so früh losgegangen, dass ich noch geschlafen habe, und so spät zurückgekommen, dass ich schon im Bett lag. Am Wochenende habe ich Zeit mit ihm gehabt, und ich habe viele schöne Erinnerungen an meine Kindheit. Ich müsste Dichter sein, um das zu beschreiben. Wenn ich daran zurückdenke, bekomme ich Gänsehaut vor Rührung. Er hat mich ab und zu auf Dienstreisen mitgenommen, und wir haben Ausflüge in die Natur gemacht. Ich danke meinem Vater, dass ich solche Erinnerungen habe. Das war eine schöne Zeit.

Hatten Sie Vorbilder?

Mein Vater stand an erster Stelle, ich wollte auch so groß und stark werden wie er und zum Militär gehen. Tatsächlich bin ich einen Kopf größer geworden als er.

Als ich Boxer wurde, hatte ich noch weitere Vorbilder: Rocky, Chuck Norris, Bruce Lee, Arnold Schwarzenegger.

Haben Sie als Kind Niederlagen erlebt?

Ja, im Sport habe ich oft nicht das erreicht, was ich erreichen wollte. Jede Niederlage gibt dir ein Zeichen, dass du besser werden musst. Jede Niederlage gibt dir eine wahnsinnige Motivation. Sie waren genauso wichtig, hatten genauso eine Bedeutung wie die Siege. Ohne Niederlagen kann man nicht besser und somit auch kein Sieger werden.

Waren Sie gut im Sport?

Ich war gut im Sportunterricht. Ich war nicht immer der Beste, aber immer unter den ersten drei Plätzen. Ich war nie besonders gut beim Fußball, aber dafür habe ich sehr gut Basketball gespielt. Ich war nicht immer der Beste, aber ich habe immer versucht, der Beste zu werden. Ich habe das Laufen bei Leichtathletik gehasst. Später wusste ich nicht, ob ich Läufer oder Boxer war, denn als Boxer muss man sehr viel Ausdauer haben und sehr viel laufen. Als Profiboxer gehörte das Laufen dann zum Alltag. Das erste Training ist, zehn Kilometer zu laufen, das zweite Training ist das Boxtraining. In der Schule war ich aber nicht gut im Laufen.

Sind Sie als Kind gehänselt worden?

Fast alle haben versucht, mir einen Spitznamen zu geben, weil ich so lang und dünn war. Dagegen habe ich eine richtige Allergie gehabt. Ich war sehr nervös, wenn mich jemand nicht bei meinem richtigen Namen genannt hat. Um meine Ehre zu verteidigen, habe ich sehr viel gekämpft. Es ist den anderen letztlich nicht gelungen, mich zu hänseln.

Haben Sie andere gehänselt?

Nein, das erinnere ich nicht.

Haben Sie etwas in Erinnerung, das Ihnen als Kind oder Jugend- lichem peinlich war?

Ja.

Möchten Sie es erzählen?

Nein!

Wann haben Sie begonnen, sich mit Boxen zu beschäftigen?

Mit dreizehn, vierzehn Jahren über das Boxtraining in der Schule.

Wurden Sie als Kind beneidet?

Das weiß ich nicht. Ich habe den Nachbarsjungen beneidet, der ein Fahrrad bekommen hatte. Ich war sechs oder sieben Jahre alt und setzte meine wichtigste Waffe ein, als ich nach Hause zu meinen Eltern kam: Ich fing an zu weinen und zu erklä- ren, warum ich traurig war. Statt getröstet zu werden, bekam ich einen Klaps auf den Po. Ich war richtig irritiert über diese

Reaktion meiner Eltern. Ich erwartete, dass sie mich trösteten und mir auch ein Fahrrad kauften. Heute denke ich, dass es eine gute Lektion darin war, andere nicht zu beneiden.

Waren Sie beliebt?

Ich kann nicht sagen, ob ich beliebt war oder nicht. Ich war nicht unbeliebt. Ich habe immer ein gutes Verhältnis zu den anderen gehabt. Es ist schwierig, in der Frage objektiv zu sein. Es gibt ein paar Schulkameraden, mit denen ich ständig Streit gehabt habe, aber ansonsten hatte ich gute Freundschaften zu den anderen.

Hatten Sie Ängste als Kind?

Als ich elf Jahre alt war, lebten wir in der ČSSR. Ich sah damals meinen ersten Horrorfilm, »Aliens«. Danach vermutete ich überall Außerirdische. Ich hatte solche Ängste, der Film war ein ziemlicher Stress für meine Kinderpsyche gewesen. Wie gesagt, hatte ich auch eine riesige Angst vor schlechten Noten. Aber ansonsten erinnere ich keine Ängste.

Wie war Ihre erste große Liebe?

Ich war immer verliebt, zuerst in meine Lehrerin, dann in Schulkameradinnen. Ich war sehr verliebt, als ich vierzehn war. Das ging jahrelang, bis zur zehnten Klasse. Sie war die Schönste in meiner Vorstellung. Es war eine platonische Liebe, und ich habe versucht, auf mich aufmerksam zu machen, habe sie angesprochen und habe ihr Grüße geschickt. Ich habe ihr angeboten, ihren Ranzen zu tragen. Viele Jahre später habe ich sie wiedergesehen und mich gefragt, warum ich in dieses Mädchen verliebt gewesen war.

Hatten Sie als Kind eine Schwäche, etwas, das Ihnen besonders schwerfiel?

Da müsste ich meine Mutter fragen, da fällt mir nichts ein.

Was haben Sie gehasst?

Meine Mutter hat mir jeden Morgen eine Tasse heiße Milch gemacht, und ich habe immer versucht, die Haut, die sich über der Milch bildet, abzuziehen und wegzulegen. Meine Mutter wollte das nicht, und so musste ich immer die Milch mit der Haut trinken. Das habe ich gehasst. Außerdem hasste ich es, wenn mich jemand bei einem Spitznamen nannte.

Haben Sie sich geliebt gefühlt?

Ja, auf jeden Fall. Ich habe mich mit meinen Eltern sehr wohl gefühlt. Als ich kleiner war, war ich manchmal eifersüchtig, wenn meinem Bruder mehr Zeit und mehr Liebe gewidmet wurde. Ich hatte den Eindruck, dass ich immer Klapse auf den Po bekam und mein kleiner Bruder nur Küsse.

Was haben Sie gelesen?

Ich war als Kind fasziniert von ein paar Büchern. Das waren russische Bücher, eines handelte von Wundern – »Der Mensch sucht Wunder«. Wunder, die auf der Welt passieren und für die der Mensch keine Erklärung hat. Dieses Buch hat mich sehr fasziniert, und ich habe es viele Male gelesen. Ein Wunder, das beschrieben wird, ist zum Beispiel, dass die Pflanze Mais über ihre Wurzeln aus der Erde Gold aufnimmt. Oder es wird ein Yogi beschrieben, der sich in Trance ohne Essen und Trinken einen Monat in einem Sack aufhielt. Als Erwachsener habe ich das Buch noch einmal gelesen und habe versucht, es meinen Kindern vorzulesen, aber sie sagten nur: »Papa, das ist so langweilig.«

Sind Sie als Kind von jemandem – eindrücklich – schlecht behandelt worden?

Ja, ich möchte die Situation nicht erzählen, aber ich bin bis heute der Ansicht, dass ich von einer bestimmten Person unfair behandelt wurde. Ich habe auch Fehler gemacht, aber das Verhalten in dieser Situation war nicht fair.

Was war Ihr Lieblingsduft?

Ja, der ist bis heute gespeichert. Es war Weihnachten, ich war sechs oder sieben, draußen lag viel Schnee, und ich kam in das Häuschen meiner Großmutter, meiner Babuschka. Es war schon Abend und dunkel. Ich kam in ihr Häuschen und roch eine Mischung aus dem Duft von Apfelsinen, die damals in der Sowjetunion sehr selten waren, dem Geruch von frischem Weihnachtsbaum und gekochter Milch. Diese Kombination von Gerüchen bleibt mir ein Leben lang in Erinnerung.

Hatten Sie einen Lieblingsort?

Jeden Sommer bei meiner Babuschka. Das war in Kasachstan, und dort war es sehr heiß im Sommer. Den ganzen Sommer habe ich in kurzen Hosen verbracht und wurde dunkelbraun. Wenn mir jemand Wünsche erfüllen könnte, wäre mein erster Wunsch, mit der Zeitmaschine an diesen Ort zu der Zeit meiner Kindheit zurückzufliegen.

Wären Sie gern nochmal Kind?

Selbstverständlich! Wenn es die Möglichkeit gäbe, noch einmal einen Tag Kind zu sein, würde ich sie sofort nutzen. Als Kind hat man nicht so viel Verantwortung wie als Erwachsener. Ich musste nur meine Schulaufgaben machen und auf meinen kleinen Bruder Wladimir aufpassen.

Wollten Sie es irgendjemandem beweisen mit Ihrem Werdegang?

Ich wollte es mir selbst beweisen. Sehr oft zweifelt man selbst, ob einem etwas gelingt. Wenn man es schafft, ist man so glücklich, weil man es sich selbst bewiesen hat, obwohl man an sich gezweifelt hat. Es ist ein sehr, sehr schönes Gefühl, sich selbst etwas zu beweisen.

Haben Sie sich als Kind vorgestellt, das zu tun, was Sie jetzt machen?

Als Kind nein. Als Teenager habe ich die Möglichkeit, Boxer zu werden, nicht ausgeschlossen.

Gab es jemanden, der an Sie geglaubt hat in Ihrer Kindheit?

Meine Oma. Sie war sich sicher, dass aus mir einmal etwas werden würde.

Hatten Sie als Kind oder Jugendlicher den Impuls, besser sein zu wollen als die anderen?

Ja, das Wettkampfgefühl hatte ich immer, nicht nur beim Sport, sondern auch in der Schule. Jeder will sich besser positionieren als der andere. Der Wettkampf war immer da.

Was wollten Sie werden, als Sie Kind waren?

Astronaut. Als wir Kinder waren, war mein Vater in Baikonur stationiert, dort, wo die Raketen abfliegen. Ich erinnere mich, dass wir Kinder, immer wenn die Raketen starteten, alle auf das Dach eines Hochhauses gestiegen sind und mit einem Fernglas die Rakete angeschaut haben, die nicht weit von uns entfernt war. Wenn sie dann startete, meistens nachts, gab es einen leuchtenden Ball, den wir mit den Augen verfolgten und der dann irgendwann zwischen den Sternen verschwand. Und interessanterweise gab es dann bis zum nächsten Morgen einen Raketenschwanz. Alle Jungs wollten natürlich auch einmal in einer Rakete sitzen.

Hatten Sie sich als Kind vorgenommen, später einmal berühmt zu werden?

Als Jugendlicher hatte ich das Gefühl, dass ich einmal berühmt werden würde. Meine Eltern nahmen es nicht besonders ernst.

Hat Ihre Erziehung zu Ihrem Erfolg beigetragen?

Teilweise ja. Ich habe früh gelernt, Verantwortung zu übernehmen, mir Ziele zu setzen, ehrgeizig zu sein. Das hat mir später geholfen, meinen Weg zu gehen.

Vitali Klitschko (oben), Foto undatiert

Erkennen Sie heute das Kind in sich, das Sie einmal waren?

Ich weiß jetzt mehr, ich habe viel mehr Erfahrung, aber ich bin genau der Gleiche geblieben, der ich damals war. Meine Persönlichkeit ist dieselbe geblieben.

Was ersehnen Sie am meisten aus Ihrer Kindheit?

Alles – die Schule, die Kameraden, verschiedene Orte, die Abenteuer, die ich ständig hatte. Als Kind hatte ich ein Entdeckergefühl. Meine Kindheit war sehr interessant. Ich habe immer auf Militärbasen gelebt. Das Schild »Betreten verboten« bedeutete Abenteuer, und davon hatte ich viele.

Was macht für Sie eine glückliche Kindheit aus?

Wenn man am Abend schlafen geht und gern den nächsten Morgen erwartet, weil morgen etwas Neues und Interessantes zu entdecken sein wird. Das Gefühl, das man hat, wenn man als Kind die Welt entdeckt, ist ein wunderbares Gefühl. Der erste Schnee beispielsweise. Dieses Gefühl, das man als Kind hat, etwas Unberührtes zu entdecken, ist das schönste Gefühl, das es überhaupt gibt. Dieses Gefühl haben die Erwachsenen nicht mehr. Die reine, unberührte Emotion über den ersten Schnee, über erste Erfahrungen, die man macht … wenn ich daran denke, bekomme ich Gänsehaut.

ILDIKÓ VON KÜRTHY

Ildikó von Kürthy wurde am 20. Januar 1968 in Aachen geboren. Ihre Mutter, Auguste von Kürthy, war Buchhändlerin, ihr Vater der ungarischstämmige Hochschullehrer Tamás Gábor von Kürthy. Sie besuchte nach dem Abitur die Henri-Nannen-Schule für Journalistik in Hamburg, ist verheiratet mit dem Buchautor und Journalisten Sven Michaelsen und wurde 2010 zum zweiten Mal Mutter.

Welches ist die erste Erinnerung Ihrer Kindheit?

In meinen frühesten Erinnerungen scheint immer die Sonne. Dabei komme ich aus dem schwärzesten Regenloch Deutsch-

Ildikó von Kürthy im Alter von ca. 10 Jahren mit ihrem Vater

lands, aus Aachen. Da scheine ich also irgendwas ziemlich zu verklären, aber ich halte das für ein gutes Zeichen. Im Sommer schien die Sonne und an Weihnachten lag Schnee – so war es nicht, aber es kommt bei Erinnerungen ja nicht darauf an, ob sie stimmen.

Mein Vater spielt, wenn ich an meine Kindheit denke, eine große Rolle. Er war auf den ersten Blick imposanter und auffälliger als meine Mutter. Deswegen steht er, zumindest bei dem, was mir als Erstes in den Sinn kommt, im Vordergrund. Als ich zwei oder drei Jahre alt war, saß ich beim Reiten vor meinem Vater auf dem Sattel, und er drehte mit mir ein paar Runden im Galopp. Mein Vertrauen in ihn war grenzenlos. Ich fühlte mich sicher und schrie: »Noch hopp, hopp!«

Mein Vater war blind.

Was für ein Kind waren Sie?

Ich war fröhlich, aber nicht mutig. Ich war und bin ein Stubenhocker und liebe das Vertraute mehr als das Abenteuer. Bis heute bin ich am liebsten zu Hause mit Freunden und Familie. Mich zieht es nicht in die weite Welt.

Wer stand Ihnen in Ihrer Familie als Kind am nächsten?

Das ist unterschiedlich. Die Beziehung und die Liebe zu den Eltern hört ja nicht mit deren Tod auf, sich zu entwickeln und zu verändern.

Meine Eltern sind vor bald zwanzig Jahren gestorben, und nie habe ich sie schmerzlicher vermisst als heute. Sie fehlen mir als

Großeltern für meine Söhne und als lebendige Verbindung in meine Vergangenheit. Manchmal in banalen Situationen, wenn mich die Kinderärztin fragt, ob ich als Kind die Masern hatte, und ich keine Antwort weiß und niemanden fragen kann. Täglich fehlen sie mir als die Menschen, die mich ohne Grund und ohne Erwartung geliebt haben – auf sehr unterschiedliche Weise.

Meine Mutter war die Frau im Hintergrund. Sie hatte mehr Schürzen als Kleider, und der einzige Schminktipp, den sie mir mit auf den Weg gegeben hat, war: »Man kann Lippenstift auch als Rouge benutzen.«

Sie war da. Sie war immer da. Ich höre sie unten in der Küche tröstliche Geräusche machen, während ich oben mit Bauchweh in meinem Kinderzimmer liege. Ich sehe sie im Garten arbeiten, meinem Vater vorlesen, am Schreibtisch sitzen, morgens im Radio die katholische Messe hören und leise die Kirchenlieder mitsingen. Sie war unaufgeregt, unprätentiös für mich da mit einer steten, zurückhaltenden Zärtlichkeit und Beständigkeit. Das war sehr schön, fiel mir aber als Kind nicht besonders auf. Sie war keine Frau der großen Gesten. Anders als mein Vater, dieser dominante, offensive, durch und durch zugewandte, intensive Mann, der in seinem Leben keinen einzigen Satz Smalltalk gesprochen und kein Gespräch geführt hat, durch das er nicht klüger hätte werden wollen.

Ich war als Kind sehr Vater-orientiert. Er war einfach nicht zu übersehen, insofern war das zwangsläufig die intensivere Beziehung, die spannendere, aber oft auch angespanntere Liebe.

Meine Mutter war jemand für den zweiten Blick, allein schon deshalb, weil alle zuerst meinen Vater anschauten.

Mir tut es heute leid, dass sie so schwer zu entdecken war neben ihm. Sie hatte eine ungeheure, stille Herzenswärme gepaart mit einem sehr feinen Humor. Das ist mir in gewisser Weise erst aufgefallen, als mein Vater gestorben war. Meine Mutter lebte dann noch ein Jahr, und trotz der Trauer um ihren Mann traten sie und einige ihrer versteckten Eigenschaften für diese kurze Zeit aus seinem Schatten heraus.

Welche Werte haben Ihre Eltern Ihnen vermittelt?

Ich weiß nicht, was sie versucht haben, mir zu vermitteln, und ob das gelungen ist. Ich nehme an, mein Vater hätte mir gerne mehr Mut und mehr Sinn für Disziplin vermittelt. Das hat nicht geklappt. Stattdessen hat er mir – als der große Egomane, der er war –, einen, positiv ausgedrückt, sehr gesunden Egoismus mitgegeben, der sicherlich manchmal zu Lasten meiner Umwelt geht. Natürlich trugen meine Eltern auch Sorge, dass meine Talente nicht brachlagen, aber ich hatte nur ein Talent: Schreiben.

Wurden Sie von den Eltern besonders gefördert?

Gefördert nicht direkt, aber sehr einseitig geprägt. Sprache war bei uns *das* Medium. Ich war einer Dauerberieselung mit hochkarätigen Worten ausgesetzt. Ich lag irgendwo sabbernd rum, und meine Mutter las meinem Vater Thomas Mann, Helmut Schelsky, Adorno und die »Frankfurter Allgemeine Zeitung« vor. Hochwertige Sprache war bei uns Normalität. Ich weiß nicht, ob ich tatsächlich ein Talent für Sprache mitbrachte oder ob es einfach entstand, weil ich keine andere Wahl hatte.

Waren Sie eine gute Schülerin?

Ich war eine gute Schülerin, aber vor allem war ich gerne Schülerin. Die Schule war für mich ein behüteter, vertrauter Raum, in dem ich nichts auszustehen hatte. Außer in Mathe und Physik. Da war ich komplett talentfrei. Aber die sogenannten Laberfächer, Geschichte, Deutsch und Religion, fielen mir leicht. In Sport war ich auch immer gut. Ich habe dann ein Abi mit einem Schnitt von 2,2 gemacht. Danach habe ich Schiss bekommen vor dem wahren Leben, in dem man sich überlegen muss, was man werden will.
Ich hasste es, auf einmal ein Ziel haben zu müssen, und hatte seit jeher diejenigen aus meiner Klasse beneidet, die seit der achten Klasse wussten, dass sie Maschinenbauer, Lungenfacharzt oder Grundschullehrerin werden wollten.
Auf die nervtötende Frage »Was willst du nach dem Abi machen?« gab ich bis zum letzten Schultag Antworten wie: »Irgendwas mit Sprache«. Oder: »Vielleicht Tiermedizin oder was Soziales. Oder erst mal ins Hotelfach«.
Ich hatte keine Idee für meine Zukunft, keinen klaren Wunsch, der mir den Weg wies, und ich verbrachte immer wieder zermürbende Stunden in Berufsinformationszentren in der Hoffnung, in den Regalen einen Hinweis auf meine Bestimmung zu finden.
Mit Germanistik habe ich schließlich angefangen, weil ich dachte, damit am wenigsten falsch zu machen. Das Gefühl,

das Richtige zu tun, hatte ich allerdings auch nicht. Und mir graute schon vor der Frage: »Was willst du nach dem Studium machen?«

Ich sehnte mich in die Schule zurück, nach Stundenplänen, nach geregelten Mahlzeiten, nach klaren Zielen. Matheklausur, Englischreferat, Zeugnisvergabe. Ich wollte nichts werden müssen.

Welche Rolle hatten Sie in Ihrer Klasse?

Ich war nie unauffällig. Eher der Typus Klassensprecherin. Es standen mehr in meinem Schatten als ich im Schatten anderer. Aber ich war auch keine kreative Rebellin. Ich habe mich immer brav an die Regeln gehalten und höchstens mal heimlich auf dem Klo geraucht.

Gab es Lehrer, die Sie fasziniert haben?

Ich war selbstverständlich in den Sportlehrer verliebt. Ich habe fast alle Lehrer respektiert, aber faszinierend fand ich keinen.

Was hat Ihren Ehrgeiz entfacht?

Mit dem Ehrgeiz ist es bei mir wirklich nicht weit her. Ich habe immer das getan, was ich sowieso schon konnte. Ich bin sehr überzeugt den Weg des geringsten Widerstandes gegangen. Durststrecken habe ich mir gern erspart. Darauf bin ich nicht stolz, und es ist wahrlich keine Lebenseinstellung, die man guten Gewissens seinen Kindern weitergeben kann. Ich habe ein kümmerliches Durchhaltevermögen, das hat meinen Vater sehr an mir gestört, so wie es mich jetzt bei meinem Sohn stört, an dem ich das auch beobachte. Ich wollte nicht lernen, ich wollte können. Zum Glück war ich leidlich begabt, hatte immerhin ein Talent und habe mich damit auf gewisse Weise durchs Leben gemogelt. Bitte nicht nachmachen, Kinder! Prinzipiell finde ich es allerdings wichtig und richtig, sich an dem zu orientieren, was einem wirklich Freude macht, und einen Beruf anzustreben, bei dem sich Talent und Sehnsucht decken. »Wobei vergesse ich die Zeit?«, sollte man sich fragen – und dann versuchen, genau das zu tun und möglichst viel Zeit dabei zu vergessen. Ich rücke mehr und mehr ab von der Vorstellung, dass meine Söhne »Karriere machen« oder etwas werden müssen. Meine Kinder müssen nichts werden. Außer fröhlich und freundlich, das ist mein Wunsch.

Als ich Anfang zwanzig war, sagte eine Journalistenkollegin zu mir: »Schreib über etwas, was dich richtig interessiert.« Und da habe ich mein erstes Buch geschrieben, einen dreihundert Seiten langen Indianerroman. Der ist nie erschienen, war aber trotzdem für mich sehr wichtig als erster Schritt auf dem richtigen Weg, wo das Glück freiwillig zu einem kommt und nicht erzwungen werden muss.

Nun ist es aber auch nicht so, dass ich mir keinen Erfolg wünsche. Ich freue mich über jeden Leser und über jeden Euro, den ich mit meinen Büchern verdiene. Auch wenn man etwas bekommen hat, ohne dass man es gesucht hat, so wie in meinem Fall, schätzt man es ja trotzdem und möchte es nicht mehr hergeben. Das ist wie mit einer schönen Halskette, die man sich nicht gewünscht hat. Da ist man auch nicht froh, wenn die am nächsten Tag geklaut ist. Man hängt auch sehr an Dingen, die freiwillig zu einem gekommen sind.

Hatten Sie das Gefühl, besonders begabt zu sein?

Ja. Ich erinnere mich, dass ich eine wahnsinnige Freude daran hatte, meine damals beste Freundin vollzuquatschen und mir für ein Wort möglichst viele Synonyme auszudenken. Ich war sieben oder acht Jahre alt und fühlte mich wie ein Jongleur. Die Worte waren die Bälle, mit denen ich jonglierte. Mit fünfzehn kam ich mir, wie alle Fünfzehnjährigen, ungeheuer reif und erfahren vor und dachte »Was Hermann Hesse kann, kann ich auch« – und schrieb Weltbewegendes in ein kleines Büchlein. Diese Phase ging glücklicherweise vorbei. Aber die Zuneigung zur Sprache blieb.

Welche Rolle spielte Ihr Vater?

Was mich sehr beeinflusst hat, war seine Blindheit. Und zwar viel mehr, als mir als Kind bewusst war. Ich habe ihn nicht als Behinderten wahrgenommen. Blind war für mich normal.
Bis heute bin ich ohne Sprache aufgeschmissen, weil ich nicht gelernt habe, anders als mit Worten auf mich aufmerksam zu machen. Ich musste das Maul aufmachen, sonst war ich nicht da, unsichtbar.
Für alle kleinen Mädchen ist ja der Vater der erste Mann, mit dem sie flirten. Sie werfen ihm niedliche, kokette Blicke zu, machen einen Schmollmund oder lächeln zuckersüß. Ich musste reden, weil ich niemanden hatte, dem ich Blicke

zuwerfen konnte. Entsprechend tapsig bin ich heute. Ich falle gerne mal mit der Tür ins Haus, bin sehr direkt und überhaupt nicht darin geübt, Blicke sprechen zu lassen, zu flirten, wortlos zu kommunizieren. Ich gucke immer weg, wenn mich jemand anguckt, weil es mich irritiert, angeschaut zu werden. Da kann ich nicht mitspielen.

Mein Vater prägt, beeindruckt und beschäftigt mich sehr. Heute noch mehr als früher. Vor wenigen Wochen bekam ich ein unerwartetes Lebenszeichen von ihm: ein Tonband, das er vor dreißig Jahren besprochen hat, auf dem er von seiner Zeit im Gefängnis und seiner Erblindung erzählt.

Mein Vater saß als politischer Häftling in den fünfziger Jahren im kommunistischen Ungarn im Gefängnis. Sechs Jahre lang. Er ist während der Haft erblindet, weil eine Augennervenzündung nicht richtig behandelt wurde. Mit einunddreißig Jahren wurde er entlassen und arbeitete zunächst als Telefonist. Als er Ungarn verlassen durfte, studierte er Pädagogik und Soziologie, promovierte und wurde schließlich Professor in Aachen, meiner Heimatstadt.

Als Kind hat man keinen Respekt vor der Lebensleistung seines Vaters und kein Interesse daran zu erfahren, wie es ihm gelang, sein Schicksal zu meistern. Mein Vater starb, bevor ich ihm all die Fragen stellen konnte, die mich heute beschäftigen und teilweise quälen. Die Tonbandaufnahme, das mag pathetisch klingen, ist für mich ein Geschenk direkt aus dem Himmel. Mein Vater erzählt mir seine Geschichte, singt mir ungarische Lieder vor, sagt mir, wie er sich fühlt als junger Mann, der mit fünfundzwanzig seine Freiheit und sein Augenlicht verliert.

Mein Vater hat mich nie gesehen. Er hat auch meine Mutter nie gesehen. Manchmal wachte er schreiend und nach Luft ringend aus seinen Träumen auf. Heute ahne ich, warum.

Mein Vater war eine imposante Person. Es gab Menschen, die ihn hassten, und Menschen, die ihn liebten. Er polarisierte und forderte Extreme heraus.

Es ist nicht leicht, so einen Vater zu haben, weil man sich selber zwischen Hass und Liebe positionieren muss. Und nicht immer überwog die Liebe. Das ist jetzt anders. Ich verstehe uns beide mittlerweile viel besser, und wir haben endlich wieder zueinander gefunden.

Hatten Sie Vorbilder?

Nein, ich hatte kein Vorbild. Da fällt mir überhaupt niemand ein.

Haben Sie als Kind Niederlagen erlebt?

Wenige. Bis heute habe ich eine seltsame Art, Niederlagen nicht allzu persönlich zu nehmen. Mein Fundament ist recht solide gemauert worden. Allerdings ist mir das Scheitern im großen Stil bisher auch erspart geblieben. Ich habe die ganz normalen Niederlagen eines Vorort-Töchterchens erlebt, aber keine Traumata.

Waren Sie gut im Sport?

Ja. Ich war nie so ein zartes Mädchen, kein anämisches Ding. Ich war immer puterrot. Und praktisch gebaut, nicht dick

und nicht dünn. Ich war eher ein Fußball- als ein Ballett-
mädchen.

Sind Sie als Kind gehänselt worden?

Nein. Ich habe wenig Angriffsfläche geboten.

Haben Sie andere gehänselt?

Nein, das war nicht meine Art. Hoffentlich melden sich jetzt
nicht dreißig schwer traumatisierte Mitschüler, die unter meinen Hänseleien leiden mussten. Aber ich erinnere mich wirklich nicht daran. Ich war nicht bösartig. Mir fehlte zur Bös-
artigkeit übrigens auch der Mut. Das geht ja Hand in Hand.
Ich mag's harmonisch und kriege schon die Krise, wenn mich
der Busfahrer böse anschaut.
Mädchen brechen selten die Regeln, deshalb gibt es so wenig
Spitzenköchinnen oder Spitzenpianistinnen. Uns fehlt der
Mut zu experimentieren, Risiken einzugehen, zu scheitern, sich
lächerlich zu machen. Wir kochen nach Rezept und spielen
nach Noten. Wenn ich eine Tochter hätte, würde ich sie ermun-
tern, Regeln zu brechen, nachts im Freibad zu baden, Unsicher-
heit zu suchen, Abenteuer zuzulassen, Experimente zu wagen.
Mein Vater hat sich auch ein mutiges Mädchen gewünscht.
Aber er hat durch seinen Anspruch eher das Gegenteil bewirkt.
Er hat es gut gemeint, mich aber überlastet.
Er schwamm weit mit mir in den See hinaus, er segelte mit mir
durch Stürme, er galoppierte mit mir auf bockenden Pferden
am Strand entlang.

Mein Vater war ein Husar. Er liebte die Gefahr und fühlte sich lebendig, wenn ihm der Wind ins Gesicht peitschte. Vielleicht war das die einzige Möglichkeit für einen abenteuerlustigen, waghalsigen, blinden Mann, ein wenig von dem Leben zu spüren, das er als sehender Mann hätte leben können. Heute weiß ich, dass mein Vater damit auch seine eigene Angst bekämpfte, sein eigenes Trauma; das Gefängnis, die Ungerechtigkeit, die Erblindung, die gestohlenen, leeren Jahre.

Haben Sie etwas in Erinnerung, das Ihnen als Kind oder Jugendlicher peinlich war?

Ich bin gern peinlich. Manchmal absichtlich. Ich langweile mich bei Gesprächen über Urlaubsziele, Bahntarife und Kinderbetreuung. Entweder ich gehe dann nach Hause oder sage was Unpassendes. Dann ist wenigstens was los. Früher war ich recht leicht einzuschüchtern und zu beschämen. Beim Schwarzfahren erwischt zu werden, die Hausaufgaben zu vergessen, rot zu werden, etwas vermeintlich Dummes zu sagen, das war mir unangenehm. Peinlichkeit entsteht aus einer ungünstigen Mischung aus Minderwertigkeitsgefühlen und Größenwahn. Einerseits ist da die Unsicherheit und die Scham, sich unangemessen und abseits der Normvorstellung anderer zu benehmen, andererseits die Vermessenheit zu glauben, die anderen würden sich dafür interessieren. Kinder, denen nichts peinlich ist, sind mir unheimlich. Erwachsene, die sich ständig schämen, aber auch.

Wann haben Sie begonnen, sich mit dem Schreiben zu beschäftigen?

Sobald ich schreiben konnte, habe ich angefangen und nicht mehr aufgehört. Ich habe Tagebücher und Briefe geschrieben, eine verhängnisvolle Zeitlang sogar Gedichte.

Bis heute formen und klären sich meine Gedanken, indem ich sie aufschreibe. Der Prozess des Schreibens öffnet Türen in mein Hirn und in mein Herz und in meine Phantasie. Oft bin ich selbst überrascht, was sich da in Worten manifestiert. Vergessenes kommt dann zu mir zurück. Die Heldin in dem Roman, den ich gerade schreibe, setzt sich mit dem tragischen Tod ihres Vaters auseinander. Abgesehen davon, dass ich total ergriffen und vernehmlich schniefend am Computer sitze und die Studenten um mich herum – ich arbeite in der Uni-Bibliothek – irritiert gucken, fallen mir dann plötzlich Bilder aus meiner eigenen Kindheit wieder ein. Das Schwimmen mit meinem Vater zum Beispiel. Andere Leute gehen spazieren, wir gingen zusammen schwimmen. Weit, weit auf den Balaton hinaus, im gleichen Rhythmus atmend, schweigend. Und dennoch sehr innig verbunden.

Ich schreibe zu meiner eigenen Unterhaltung. Ich weiß nicht, was auf mich zukommt.

Wurden Sie als Kind beneidet?

Keine Ahnung. Ich habe keine Antenne für Neid. Ich empfinde keinen und würde es auch nicht merken, wenn ich beneidet würde. Das Gefühl ist mir zu fremd.

Waren Sie beliebt?

Überwiegend ja. Jedenfalls bei denen, bei denen ich beliebt sein wollte. Es sind bis heute genau die richtigen Leute, die mich nicht mögen. Die sehen in mir eine egozentrische Nervensäge mit Hang zum Dramatisieren und zur Selbstdarstellung. Genau das bin ich. Aber kaum etwas macht mich so stolz, wie an meinem Geburtstag zwischen meinen engsten Freundinnen und Freunden zu sitzen. Auf die bilde ich mir richtig was ein. Mit denen gebe ich an wie andere mit ihrem Fuhrpark. Es sind Menschen, die mich mögen, weil oder obschon ich so bin, wie ich bin. Man muss, das sage ich mit der mir eigenen Unbescheidenheit, irgendwas richtig gemacht haben im Leben, wenn man solche großartigen Freunde hat wie ich.
Mein Vater war sehr gastfreundlich. Er liebte es, wenn das Haus, die Gläser und die Teller voll waren. Die Nachbarskinder waren ständig bei uns, seine Studenten blieben zum Essen, und einmal lud er einen wunderbaren Konzertgitarristen aus Budapest ein, bei uns zu wohnen. So traf ich praktischerweise bei uns zu Hause am Abendbrottisch auf meinen ersten Ehemann.

Hatten Sie Ängste als Kind?

Ich war kein ängstliches Kind, aber mutig war ich, wie gesagt, auch nicht. Die Angst trat in mein Leben, als es ernst wurde und ich mich überfordert fühlte von der Freiheit und den vielen Möglichkeiten, die da draußen auf mich lauerten.
Die Last, für mein Leben verantwortlich zu sein, nahm mir buchstäblich die Luft zum Atmen. Ich bekam Panikattacken,

irrationale Ängste, die eine Zeitlang so schlimm waren, dass ich mich kaum aus dem Haus traute.

Langsam habe ich mich dann in die Welt hineingetastet, aber bis heute bin ich ein ausgesprochen gemütlicher Komfortzonen-Mensch.

Ich fliege nicht gern und fahre am liebsten dahin in Urlaub, wo ich schon mal war. In gewisser Weise haben diese Einschränkungen zu meinem Erfolg beigetragen, denn ich tue beim Schreiben konsequent das, was ich am liebsten tue: Ich sitze zu Hause und lade mir die Welt in meine vier Wände ein. Mein enger Radius zwingt mich, das wenige, was ich sehen kann, ganz besonders genau anzusehen. Mein Abenteuer ist der Alltag, die Beziehungen zwischen Menschen, die Selbstzweifel beim Bauch-Beine-Po-Kurs, die Angst, dass sich der Typ nicht wieder meldet, obschon man sich doch alle Mühe gegeben hat, ihm nicht zu zeigen, was er einem bedeutet.

Den Kilimandscharo ohne Sauerstoff zu besteigen ist nur einen Bruchteil so spannend wie ein Schminkkurs mit sieben Frauen oder eine durchzechte Nacht mit einer frisch verlassenen Freundin.

Wie war Ihre erste große Liebe?

Groß! Er war eine Klasse über mir, hochgewachsen, wunderschön und einen Hauch schweigsam. Diesem Typ Mann bin ich dann auch treu geblieben. Ich war fünfzehn und so verliebt, wie man es mit fünfzehn eben ist.

Die Herzfrequenz beschleunigt sich, die Fettverbrennung läuft ohne äußeres Zutun auf Hochtouren (das war mir damals noch egal), du pflückst Pusteblumen und hältst einen verhangenen Himmel für ein grandioses Naturschauspiel. Wenn der Angebetete in den Schulbus steigt, stolpert dein Herz, und wenn er dir einen Zettel zuschiebt, lächelst du dümmlich und vergisst den Rest des Tages zu atmen.

Als Stephan mich wegen einer älteren Blondine, sie war siebzehn, verließ, ging meine Welt unter. Sie ist dann noch ein paarmal untergegangen, und ich habe noch einige Pusteblumen gepflückt.

Hatten Sie als Kind eine Schwäche, etwas, das Ihnen besonders schwerfiel?

Nein. Mir fiel vieles leicht. Und was mir nicht leichtfiel, habe ich gelassen.

Was haben Sie gehasst?

Französischunterricht, Klavier üben und Sonntage. Dieser seltsame, leblose, tatenlose Tag. Die Freunde machen Ausflüge mit ihren Eltern, die Geschäfte sind geschlossen, die Arbeit ruht. Wir haben nie Ausflüge gemacht, und bis heute mag ich den Alltag lieber als den Sonntag.

Haben Sie sich geliebt gefühlt?

Sehr. Bis heute. Ich kenne das gar nicht anders.

Als ich vor wenigen Wochen das Grab meiner Eltern besuchte, fiel mir auf, dass ich kurz zuvor eine kleine, aber wichtige

Begegnung gehabt hatte. Bei einer Veranstaltung traf ich Roman Maria Koidl, den Experten für »Scheißkerle« und »Blender«. So heißen seine beiden Bücher, in denen er gute Frauen vor miesen Typen warnt und erklärt, warum es dennoch eine unheilvolle Anziehungskraft zwischen beiden gibt: »Es geht darum, dass wir in unserer Entwicklung zumeist vom gegengeschlechtlichen Elternteil geprägt werden, weshalb die meisten Männer ein wesentlich stärkeres Selbstwertgefühl haben als Frauen. ›Du bist gut, so wie du bist‹, ist ein Grundgefühl, das Männer durchweg von ihren Müttern vermittelt wird. Tatsächlich gibt es aber nur wenige Frauen, die sich so, wie sie sind, gut finden.«

Das liegt, so sagte mir Roman Koidl, an den Vätern, die meist weniger bedingungslos lieben als Mütter und in Sachen Kommunikation und Emotion in der Regel deutlich weniger freigiebig sind. Und zielsicher suchen sich Frauen dann bei ihrem Partner genau den Mangel, unter dem sie schon als Kind gelitten haben.

Warum Frauen so doof sind? Es ist wie mit einem schlechten Geruch, den man von früher kennt. Das modrige, stinkende Zelt von Omas Dachboden verbinden wir mit der Erinnerung an Sommer. Wir lieben das Vertraute – auch wenn das Vertraute das Schlechte ist.

Das kenne ich. Wenn ich in meine Heimatstadt fahre, liegt, kurz bevor ich mein Ziel erreicht habe, rechter Hand ein Braunkohlekraftwerk. Es ist hässlich und grau. Aber für mich eines der schönsten Bauwerke, die ich kenne, denn jetzt ist es nicht mehr weit nach Hause!

Meine Kindheit riecht gut. Nach Luftmatratzen und gefüllten Paprika, nach den Seiten geliebter Bücher, nach den Pfoten unseres Blindenhundes und dem Rasierwasser meines Vaters, »Tabac original«. Manchmal schnuppere ich in Drogeriemärkten heimlich daran und denke an den ersten Mann, der mich so gut fand, wie ich war.

»Die Quelle Ihrer Stärke ist Ihr Vater«, sagte Roman Koidl, und auf dem Friedhof fiel mir deutlich auf, dass es in meinem Leben keine Scheißkerle gab. Ich habe keinen Hang zu lieblosen Männern. Das habe ich meinem Vater zu verdanken.

Das Grab meiner Eltern liegt gleich an der Autobahn. Dort herrscht nie Ruhe. Für mich ist es einer der schönsten Orte der Welt.

Was haben Sie gelesen?

Viel. Die schönsten Bücher habe ich aufbewahrt und mein ganzes Leben mit mir rumgeschleppt. Das zahlt sich heute aus, wenn ich meinen Söhnen aus meinen alten Kinderbüchern vorlesen kann. Aktuell: »Kleiner König Kallewirsch«. Da bin ich dann wieder so dermaßen gerührt, weil ich, während ich lese, die Stimme meiner Mutter im Ohr habe.

Sind Sie als Kind von jemandem – eindrücklich – schlecht behandelt worden?

Nein, daran kann ich mich nicht erinnern.

Was war Ihr Lieblingsduft?

Bis heute: Pfannekuchen!

Hatten Sie einen Lieblingsort?

Zu Hause. Immer.

Wären Sie gern noch mal Kind?

Ja. Es war eine unbeschwerte, sonnige Zeit. Deshalb habe ich auch so gern Kinder, weil mir meine eigene Kindheit noch einmal näher rückt. Jetzt gibt es in meinem Leben wieder Schultüten, Wachsmalstifte, Stundenpläne. Ich blase Schwimmflügel auf, verbringe Nachmittage in Freibädern und lese Gutenachtgeschichten vor. All das, was ich geliebt habe, darf ich jetzt wieder miterleben.
Frisch gewaschene Frotteeschlafanzüge, da drehe ich durch!

Wollten Sie es irgendjemandem beweisen mit Ihrem Werdegang?

»Beweisen« ist zu viel gesagt. Ich hätte es meinem Vater gegönnt, dass er meinen Erfolg und, das vor allem, mich als Mutter und sich als Großvater hätte erleben dürfen. Als meine Eltern starben, war ich bereits auf einem guten Weg, war Redakteurin beim »Stern«, lebte in Hamburg. Sie konnten ohne große Sorge um mich gehen.
Was ich meinem Vater gerne bewiesen hätte, ist, wie versöhnt ich heute mit ihm bin, wie sehr ich ihn liebe, wie gut ich ihn

verstehe und wie dankbar ich mittlerweile bin, ihm in vielen Dingen so ähnlich zu sein.

Haben Sie sich als Kind vorgestellt, das zu tun, was Sie jetzt machen?

Nein.

Gab es jemanden, der an Sie geglaubt hat in Ihrer Kindheit?

Meine Eltern haben so was von unerschütterlich an mich geglaubt, dass es fast schon ein bisschen zu viel war. Vielleicht hätte mir eine etwas realitätsnähere Einschätzung ab und zu ganz gutgetan.

Hatten Sie als Kind oder Jugendliche den Impuls, besser sein zu wollen als die anderen?

Ja, in Wettbewerben, wenn es die Möglichkeit gab zu gewinnen. Aber ich habe mich nicht in Bereichen angestrengt, in denen ich sowieso keine Chance hatte. Schwimmen konnte ich gut, da wollte ich die Beste sein, weil ich die Beste sein konnte. Beim Step-Aerobic reichte es mir völlig, die Stunde zu überleben. Ich habe nie mehr sein wollen, als ich bequem erreichen konnte.

Was wollten Sie werden, als Sie Kind waren?

Das wusste ich nicht so genau.

Hatten Sie sich als Kind vorgenommen, später einmal berühmt zu werden?

Ich hatte keine Popstar-Phantasien. Aber da ich mich selbst nicht als unauffällig empfunden habe, war der Gedanke für mich absurd, dass ich unauffällig werden würde.

Hat Ihre Erziehung zu Ihrem Erfolg beigetragen?

Was ist Erziehung? Gute Tischmanieren? Artig grüßen? Erziehung ist Liebe und Beziehung. Mein Vater war Pädagoge und hat mich oftmals mehr nach Lehrbuch als nach seinem Instinkt erzogen. Er war zu sehr verbildeter Fachmann und zu wenig authentischer Vater.

171

Ildikó von Kürthy im Alter von ca. 16 Jahren

Deswegen stehe ich dem Begriff Erziehung recht skeptisch gegenüber.

Ich bin Mutter und keine Pädagogin. Ich bin authentisch, ich mache Fehler. Ich brülle rum und stoße wüste Drohungen aus. Ob das schlecht ist? Wer wagt das zu sagen?

Jedes Kind hat sein Schicksal. Und das meiner Kinder bin nun mal ich.

Erkennen Sie heute das Kind in sich, das Sie einmal waren?

Ja. Ich bin nach wie vor ein fröhlicher Jammerlappen, ein undiszipliniertes Weichei. Zugewandt, ich-vergnügt, emotional und verfressen. Was soll's.

Was ersehnen Sie am meisten aus Ihrer Kindheit?

Die Unbeschwertheit. Erdbeeren essen auf der Terrasse. Durch den Rasensprenger laufen. Meinen Schulweg. Völkerball spielen mit den Nachbarskindern. Den blühenden Magnolienbaum vor unserem Haus.

Ich bin eine sentimentale, alte Kuh. Es mag daran liegen, dass ich so wenige Verbindungen in meine Vergangenheit habe, aber ich hänge wirklich sehr an meiner alten Heimat und den Freunden von früher, die meine Eltern noch gut gekannt haben. Wenn ich in Aachen bin, fahre ich immer zuerst an unserem alten Haus vorbei. Dann zum Friedhof, dann zu unseren alten Nachbarn, zum Institut meines Vaters und zu meiner Schule. Immer wieder. Jedes Mal. Aber die Sehnsucht ist nicht zu stillen.

Neulich stieß ich bei Youtube auf das ungarische Kinderlied, das mir mein Vater immer zum Einschlafen vorgesungen hat und das ich heute auch meinen Kindern vorsinge. In dem Video spielt ein Zigeuner das Lied auf der Geige. Mein Vater spielte auch Geige. Und ohne dass ich etwas dagegen hätte tun können, brach plötzlich der ganze Herzschmerz, die ganze Sehnsucht nach dem, was hätte sein können, aus mir heraus. Am Tag, als mein Vater starb, war ich nicht so traurig wie in diesem Moment, fast zwanzig Jahre später.

Mein sechsjähriger Sohn war völlig verwirrt, mich so aufgelöst zu erleben. Ich habe versucht, ihm zu erklären, dass es eine wunderbare und große Sache ist, wenn man jemanden nach so langer Zeit noch so sehr vermisst.

Man kann ja nur trauern, wenn man zuvor geliebt hat.

Was macht für Sie eine glückliche Kindheit aus?

Liebe. Geborgenheit. Pfannekuchen!

VERA VON LEHNDORFF

Vera Gottliebe Anna Gräfin von Lehndorff, geboren am 14. Mai 1939 in Königsberg, ist Künstlerin. Sie studierte Malerei und Design und wurde später Fotomodell und Performance-Künstlerin. Ihr Vater, Heinrich Graf von Lehndorff-Steinort, wurde 1944 wegen seiner Teilnahme an der Verschwörung des 20. Juli 1944 gegen Adolf Hitler hingerichtet. Nach dem Krieg wuchs sie mit ihrer Mutter und drei Schwestern in Westdeutschland bei Verwandten und Bekannten auf. Sie besuchte verschiedenste Schulen, darunter auch die Waldorfschule in Schloss Hamborn,

Vera von Lehndorff im Alter von 6 Jahren

bevor sie ein Studium der Malerei und Design begann, das sie nach drei Jahren abbrach, um sich in Italien ganz dem Malen zu widmen. In den 1960er-Jahren wurde sie in Florenz als Fotomodell entdeckt. Unter ihrem Pseudonym Veruschka wurde sie zu einer Ikone der 1960er-Jahre und war das erste deutsche »Supermodel«.

Welches ist die erste Erinnerung Ihrer Kindheit?

Ich behaupte, dass ich eine riesige Uhr gesehen habe, als ich aus meiner Mutter herauskam. Ich sah einen schwarzen Strich, der auf die Sechs zeigte, und der zweite Strich stand auf der Zehn. Nun kann ich mir das kaum vorstellen, da Neugeborene nichts sehen können. Es ist diese Uhr mit den großen, schwarzen Zeigern, die ich da vor mir sehe, und ich bin tatsächlich um sechs Uhr zehn geboren. Vielleicht ist es auch Phantasie, auf jeden Fall ist das ein Bild, das mir immer erscheint, wenn ich an meinen ersten Blick in die Welt denke. Weitere Erinnerungen an die ganz frühe Zeit, als ich ein Baby war und noch nicht laufen konnte, sind verschüttet. Dann kommt sehr bald eine Erinnerung, die mit einem Vogel zu tun hat. Ich sah auf der Wiese vor dem Haus immer Vögel, die pickten. Eines Tages wollte ich gern mal einen Vogel festhalten. Als ich nah herankam, flog er natürlich weg. Das habe ich meinem Vater erzählt, und er sagte mir: »Wenn du einen Vogel fangen möchtest, musst du Salz auf seinen Schwanz streuen, dann bleibt er sitzen.« Daraufhin bin ich in die Küche gegangen und habe mir Salz geholt und habe fortan täglich ganz eifrig versucht, dem Vogel Salz auf den

Schwanz zu streuen. Das hat natürlich nicht geklappt. Ich war entsprechend frustriert, dass es mir nicht gelang, einen Vogel zu fangen. Eines Tages kam dann mein Vater mit einem gelben Kanarienvogel im Käfig, den er mir schenkte. Er erzählte mir, dass er ihn auf einem Baum gefangen hätte, und ich war total beeindruckt von ihm. Er wurde für mich zu einem Helden.

Was für ein Kind waren Sie?

Meine frühe Kindheit, die vor der Flucht, war eine andere als die spätere. Da hatte ich auch ein anderes Grundgefühl zu der Welt und zu den Menschen als später. Nach dem Krieg und Tod meines Vaters war ich eher verschlossen und verängstigt. Mit Kindern wollte ich nicht gerne zusammen sein, sie machten mir angst. Mit sechs Jahren hatte ich einen kleinen Freund, mit dem verstand ich mich ganz gut. Vor Erwachsenen und Kindern bin ich oft davongelaufen. In der Natur fühlte ich mich geschützt. Ich war zum Beispiel gern allein im Wald. Tiere spielten von Anfang an eine wichtige Rolle in meinem Leben. Mit dem Beginn der Flucht wurde meine Mutter zu der Person, der ich ganz und gar vertraute. Es erschien mir unmöglich, einen Schritt in die Welt zu tun ohne ihre physische Präsenz an meiner Seite.

Wer stand Ihnen in Ihrer Familie als Kind am nächsten?

Mein Mutter.
Mein Vater war ja nicht mehr da. Zu ihm hatte ich mit vier, fünf Jahren eine innige Beziehung. Ich erinnere mich mehr an

meinen Vater mit seiner Zärtlichkeit zu mir als an meine Mutter. Solange er lebte, war er mir am nächsten. Ich erinnere mich an ihn in der sehr kurzen Steinort-Zeit, aber nicht ein einziges Mal an meine Mutter. Das ist seltsam, als wäre sie nicht da gewesen. Wir hatten ja immer Kindermädchen. Kinder von Adeligen sahen ihre Eltern nicht so oft – an die Nannys kann ich mich aber überhaupt nicht erinnern. Zu meinem Vater habe ich wenige, aber sehr schöne Erinnerungen. An meine Mutter erinnere ich mich erst zu späteren Zeiten. Das war aber auch manchmal grausam, weil sie mich irgendwohin brachte, in die Schweiz zu einer fremden Familie oder nach Garmisch, in ein Kinderheim, und nachdem sie mich abgegeben hatte, war sie dann einfach verschwunden. Ich drehte mich um, und sie war weg, ohne sich zu verabschieden.

Von meiner Mutter waren diese Verschickungsaktionen natürlich gut gemeint – ich sollte mich erholen. Trotz des Gefühls des Verlassenseins rüttelte es dennoch nicht an meinem Vertrauen zu ihr. Ich konnte kein Misstrauen empfinden, denn meine Mutter war die Einzige, an die ich mich klammerte. Ohne sie fühlte ich mich verloren. Meine Briefe drückten immer diese Sehnsucht nach ihr aus, und jeder Brief endete mit der Hoffnung und Bitte, sie bald wiederzusehen.

Welche Werte haben Ihre Eltern Ihnen vermittelt?

Durch all das, was mit meinem Vater geschehen ist und dadurch auch mit meiner Mutter, habe ich nur sehr zerfetzte Erinnerungen an meine Eltern. Meine Mutter empfand ich immer als sehr abwesend. Sie merkte, wenn es ernst wurde und ich unglücklich war und einfach nicht mehr weiterkonnte, zum Beispiel in der Schule oder bei Krankheiten. Dann hat sie sich mir zugewendet. Das habe ich als Möglichkeit genutzt, ihr nahe zu sein. Ich hörte sie Sätze zu mir sagen wie »Das geht nicht, da müssen wir jetzt etwas unternehmen – wir werden einen Arzt fragen«. Das waren aber immer etwas bedrohliche Situationen. Ich fühlte mich ohnehin schon als nicht zugehörig, weil ich anders war und in der Schule so schlecht mitkam. Das Bedrohliche war, dass ich nicht so funktionierte, wie ich hätte sollen, und fürchtete, deswegen zu einem Problemfall in der Familie und für meine Mutter zu werden. Ich hatte Ängste, ich wollte nicht in die Schule gehen, musste das aber, bis es so schlimm war, dass ich einfach nicht mehr hingegangen bin und gesagt habe, dass ich mich krank fühle. Ich habe immer Wege gefunden, um dem für mich Schlimmsten zu entgehen. Schulen waren für mich Gefängnisse. Außer der Rudolf-Steiner-Schule, die ich geliebt habe, weil dort die Phantasie gefördert wurde. Das entsprach mir. Da war ich für kurze Zeit einmal glücklich. Aber sonst waberte immer etwas Unheimliches über mir. Es kam mir vor, als bestände das Leben nur aus Leistungen, die eingefordert wurden und die ich nicht leisten konnte.

Meine Mutter hat immer wieder etwas unternommen, um mir zu helfen. Für ein paar Monate habe ich Privatunterricht bekommen. Aus der Rudolf-Steiner-Schule hat sie mich leider herausgenommen, weil sie katholisch wurde und ich dann auf eine katholische Schule kam. Später hat sie mich dann ganz aus der Schule genommen – ich habe gar keinen Abschluss gemacht – und ich kam dann auf die Hochschule für Gestaltung. Das war für mich der Anfang meines Lebens, weil ich dort erkannt habe, dass es doch noch etwas anderes gibt. Aber bis dahin war das Leben, mit Ausnahmen, eher eine Bedrückung.

Meine Mutter hat mir vermittelt, dass sie eine starke Frau ist. Wo sie hinkam, da hörten die Menschen hin, da wurde etwas verändert. Ich fühlte mich beschützt von ihr. Ich wusste auch, wenn ich krank war, dann kam sie und holte mich ab, wo immer ich war. Dieses Vertrauen hatte ich zu ihr. Sie war in meinem Leben alles, sie beschützte mich, war eine Kraft für mich, von der ich wusste, mir konnte nichts passieren. Was ja so nicht stimmte, aber dieses Gefühl hat sie mir dennoch immer gegeben, auch wenn sie nicht so oft bei uns war.

Wurden Sie von den Eltern besonders gefördert?

Der Versuch, mich zu fördern, wurde sicher gemacht. Ich steckte in psychischen Problemen, daher war es für meine Mutter nicht immer einfach.

Ich habe es mit meinen Zickzackwegen immer wieder geschafft, etwas zu umgehen, von dem ich das Gefühl hatte, es würde für mich in einer Sackgasse enden. Ich habe immer Wege gefunden, da herauszukommen. Anders als meine Geschwister, die das besser durchstehen konnten. Ich hatte immer das Gefühl, dass ich aus bestimmten Situationen heraus musste, weil die Bedrängnis so groß war. Meine Mutter sagte öfters, wenn ich dieselbe Energie für etwas Positives aufbringen könnte, anstatt mich zu verweigern und zu blockieren, würde ich sehr erfolgreich werden in meinem Leben. Ich konnte in diesen für mich unerträglichen Situationen eine ungeheure Kraft der Blockade aufbringen, weil ich glaubte, sonst draufzugehen, wenn ich das nicht durchstand. Heute weiß man, dass Kinder Störungen haben können, und man schickt sie zum Psychologen. Damals war das noch nicht üblich. Ich hatte sicher eine Depression und war voller Angst. Ich wäre am liebsten nur im Bett liegen geblieben. Im Kinderheim habe ich es durchgehalten, nicht zu essen, obwohl ich Hunger hatte, damit die Betreuer sagten, dass ich krank sei. Ich habe mich hungrig mit einer Decke den ganzen Tag auf eine Bank gelegt, was furchtbar langweilig war, um dem anderen zu entgehen. Das war natürlich eine starke Energie, die nur nicht für etwas Konstruktives, sondern zu einer Blockade eingesetzt wurde. Eine Förderung bestand darin, dass meine Mutter mich auf die Hochschule für Gestaltung geschickt hat, und da dann mein Leben begann, weil diese Schule mir endlich entsprach. Damals, nach dem Krieg, war auch nicht diese Ruhe gegeben wie heute zu Friedenszeiten, in denen eine Mutter überlegen kann, wie sie ihre Kinder am besten fördert. Man besprach die Dinge auch nicht miteinander. Als Kind wurde man vor vollendete Tatsachen gestellt. Meine Mutter kam in mein Zimmer und sagte dann: »Ab morgen gehst du auf eine neue Schule.« Wir Kinder wurden nicht mit einbezogen, die Erwachsenen sprachen hinter verschlossenen Türen und teilten uns Kindern anschließend die Ergebnisse ihrer Gespräche mit. Dann wurde alles von heute auf morgen geändert – die Religion, die Schule, der Umzug an einen neuen Ort – was auch immer. Manchmal fand man es gut, manchmal fand man es geradezu furchtbar. Kindermädchen wurden von einem Tag zum anderen ausgetauscht, obwohl man das alte Mädchen so mochte. Mit dem neuen Kindermädchen sprachen wir vorher auch nicht, um herauszufinden, ob wir sie mochten. Das wurde von den Erwachsenen entschieden, und so war es dann. Das war von meiner Mutter sicher nicht böse gemeint. Sie hat sich ja selbst durchbeißen müssen nach allem, was passiert war. Es hat sie sicher Kraft gekostet und ihr schlaflose Nächte bereitet, wenn sie sah, dass wir Kinder unglücklich waren, und dann hat sie innerlich einfach zugemacht.

Waren Sie eine gute Schülerin?

Ich war eine Schülerin, die nichts verstand. Es war für mich als Linkshänderin ein Schock, als mir die Lehrerin in der ersten Klasse sagte, dass ich nicht mit links schreiben darf. Nun musste ich zwei Dinge lernen: zu schreiben – und mit meiner ungelenken rechten Hand den Bleistift zwischen den Fingern zu halten und zu schreiben. Das war äußerst schwierig für mich. Diese Lehrerin hat das ganz konsequent durchgezogen, und darüber war ich zutiefst verstört und unglücklich. Ich sah, wie die anderen Kinder weiterkamen, und ich war immer noch damit beschäftigt, den Stift einfach nur in der rechten Hand zu halten. Da war es aus für mich. Ich hatte mich so auf die Schule gefreut! Ich ging da mit meinem kleinen Freund Bernd von Arnim hin und den ersten Tag fand ich herrlich. Da haben wir auch noch nicht geschrieben. Und dann kam der Schock mit der Linkshändigkeit. Von da an habe ich zugemacht, weil die Freude weg war. Ich sah nur noch, dass alles unüberbrückbar schwer war. Ich konnte plötzlich auch nicht mehr richtig hinhören, wenn die Lehrerin etwas erklärte. Man weiß heute, dass das Verändern von Links- nach Rechtshändigkeit ein Umschichten im Gehirn bedeutet. Ich habe mit einem Neurologen darüber gesprochen, der sagte, entweder wird man durch diesen Prozess ein Genie oder man wird verrückt. Das hat natürlich bei mir eine Aversion gegen Schule ausgelöst. Diese Schulgebäude mit den endlos langen Gängen, den vielen Fenstern und diesen Horden von Kindern fühlten sich für mich wie Gefängnisse an. Das setzte sich für mich immer weiter fort, durch die gesamte Schulzeit. Ich habe einfach nur versucht durchzukommen und wurde erstaunlicherweise auch versetzt, bis es in den höheren Klassen zu schwierig wurde. Ich war legasthenisch. Das hat keiner gesehen, weil niemand darauf geachtet hat. Links, rechts – das habe ich immer alles falsch verstanden und falsch gemacht. Wenn ich etwas mit einer bestimmten Hand, rechts oder links, reichen sollte, war das schon ein riesiges Problem. Mathematik war für mich gar nicht zu verstehen. Da wurde ich auch von einer Lehrerin einmal fürchterlich gedemütigt. Ich hatte mich beim Kopfrechnen gemeldet, wusste aber das Ergebnis nicht, denn ich hatte nicht mitgerechnet. Ich hob nur ab und zu die Hand, um nicht zu unbeteiligt auszusehen. Die Lehrerin nahm mich dran und sagte zu mir: »Du bleibst jetzt so lange stehen, bis du die ganze Aufgabe ausgerechnet hast.« Da habe ich vor der Klasse gestanden und geheult, weil ich die Aufgabe, die aus ganz vielen Zahlen bestand, überhaupt nicht mehr wusste. Ich war einfach unfähig, so etwas auszurechnen. Deshalb wurde ich auch zu verschiedenen Tests geschickt. Dort wurde mir gesagt, ich sei außergewöhnlich talentiert. Das passte nun gar nicht zusammen. Was war ich denn nun? Ich habe mich minderwertig und unfähig gefühlt. Ich bin nicht mitgekommen, also habe ich geschlussfolgert, dass ich dumm bin.

Welche Rolle hatten Sie in Ihrer Klasse?

Überhaupt keine. Ich fand immer eine Freundin, mit der ich mich gut verstand, denn ich brauchte jemanden, der mir half. Und mir wurde auch immer geholfen. Aber ich war kein Klassenliebling. Ich war auch nicht gut im Sport. Wenn du gut im Sport bist und immer gewinnst, bist du ja gleich der Held. Das war ich nicht. Musik und Kunst gab es gar nicht als Unterrichtsfach. Ich hatte also nichts Glanzvolles vorzuweisen. Ich war auch nicht der Klassenclown, der die anderen unterhalten und zum Lachen bringen konnte. Ich war ein dünnes und verstörtes Mauerblümchen. Dann war ich auch noch der unproportionierte Riese in der Klasse. Ich fiel oft hin, weil ich keine richtige Kontrolle über meinen Körper hatte. Mein Hauptproblem – die großen Füße! Während die anderen mit ihren zierlichen Füßchen hübsche Ballerinas trugen und schon so ein bisschen sexy wirkten, musste ich scheußliche »Kähne« tragen. Eine Außenseiterin war ich auch nicht, die sich durch Frechheit hervorhob und dadurch bei den Schülern beliebt war.

Gab es Lehrer, die Sie fasziniert haben?

Es gab zwei Lehrer, die mich auf sehr unterschiedliche Weise fasziniert haben.
Eine Lehrerin hat mich über lange Zeit sehr beschäftigt, indem sie mir Angst gemacht hat. Das war auf der Klosterschule in Hamburg. Frau Axt hieß sie auch noch. Das war diese Mathematiklehrerin, die mich so lange vor meinem Platz stehen lassen wollte, bis ich das Ergebnis einer Aufgabe wusste. Diese

Frau war der Horror, sie hat mich noch viele Jahre danach im Traum verfolgt. Nach dem Vorfall kam sie nicht mehr in die Schule, weil sie krank wurde. Bis zum Ende des Schuljahres hatten wir dann keinen Mathematikunterricht mehr. Aber ich träumte jede Nacht, dass sie plötzlich doch wieder vor der Klasse stand.

Dann gab es einen reizenden Lehrer auf der Rudolf-Steiner-Schule, der so liebevoll zu mir war. Nachdem eine Lehrerin in der Schule gesagt hatte, mein Vater sei ein Mörder, wechselte ich zur Rudolf-Steiner-Schule. Dieser Mann hatte einen sehr großen Kopf und liebevolle, braune Augen. Wenn ich bemerkte, dass jemand liebevoll war, dann zog mich das sofort an. Meine Mutter hatte mal einen polnischen Freund, der sehr verliebt in sie war. Er besuchte sie oft und war besonders aufgeschlossen und liebevoll zu uns Kindern. Er erfand für uns immer irgendwelche Scherze, ahmte Leute und Tiere nach, spielte den Clown. Wir fanden das herrlich. Dieser Lehrer von der Waldorfschule, von dem ich erzählte, sagte nie »Das ist falsch« oder »Das geht so nicht«. Das hat mir sehr gutgetan.

Was hat Ihren Ehrgeiz entfacht?

Nicht in der Schulzeit, ich sah ja nur, dass dies ein Tunnel ohne Ende war, durch den ich durchmusste, und ich sah kein Licht am Ende. Und dann kam ich in die Fachschule für Gestaltung in Hamburg, da war ich zwischen achtzehn und neunzehn Jahre alt. Die Aufnahmeprüfung dafür hatte ich sehr gut bestanden, selbst die Theorie. Meine Mutter und alle anderen staunten darüber – selbst ich. Es war mein erstes, bedeutendes

Erfolgserlebnis. Von da an ging es aufwärts, denn ich hatte verstanden, wenn man hier anders ist, finden sie das interessant, und es ist kein Makel wie zuvor an allen Schulen, an denen ich gewesen war. An diesem Ort ging es um andere Dinge – Phantasie, Zeichnen, Malerei. Sehr bald wurde ich von Professoren und Schülern geschätzt, weil ich einfallsreich und gut war. Da öffnete sich etwas für mich, von dem ich bisher nicht wusste, dass es existierte. Aber auch das ging leider schnell zu Ende, weil es dann hieß, mit Malerei könne man kein Geld verdienen. Deshalb musste ich Stoffentwurf lernen. Das war sehr langweilig. Die Vorstellung, irgendwann in einer Fabrik Stoffe zu entwerfen, fand ich nicht attraktiv, sondern bedrückend. Das wollte ich nicht, denn jetzt hatte ich erst recht verstanden, dass ich weiter um die Freiheit kämpfen musste, damit ich wachsen, damit ich mich fühlen konnte. Da bin ich dann aus der Schule ausgebrochen und nach Italien gegangen. Dort habe ich weitergemalt. Raus aus Deutschland, das ich damals als sehr eng empfand. Da fing mein Ehrgeiz an – mit dem Bewusstsein, dass es Ecken auf dieser Welt gibt, in denen Anderssein geschätzt wird – da wollte ich sein.

Hatten Sie das Gefühl, besonders begabt zu sein?

Ich habe nie gedacht, dass ich besonders begabt bin. Ich habe nur eine innere Kraft gespürt und eine gewisse Bewunderung von den anderen für mich wahrgenommen, zum Beispiel vom Lehrer auf der Kunstschule. Aber ich wusste, dass ich noch viel zu lernen hatte. Eine Art Euphorie über mich selbst, die hatte ich später dann mal. Auf der Kunstschule war eine Energie frei geworden, die ich vorher bei mir noch nicht kannte. Auch wenn die anderen über mich lachten, weil ich mich so verrückt anzog, habe ich das nicht als unangenehm empfunden. Ich wollte lieber ausgeflippt als langweilig sein. Damals auf der Schule habe ich mir ganz enge Hosen machen lassen, so etwas trug damals noch niemand – mit einem Stoff, der sich dehnte, und der war auch noch breit und buntgestreift. Ich war dünn und hatte lange Beine, darunter hatte ich bis dahin immer gelitten. Ich wollte zierlich und klein sein wie die anderen Mädchen und nicht lang und staksig. Aber auf einmal wurde ich für meine superlangen Beine bewundert. Ich habe mir dann Stück für Stück das zurückgeholt, was ich so lange an mir verworfen hatte und von da an sozusagen als Werkzeug für mich wichtig wurde.

Welche Rolle spielte Ihr Vater?

Er hat mir eine große Zärtlichkeit vermittelt. Bei meinem Vater denke ich sofort an Umarmen, nah sein, physische Präsenz, seine Hände, die Wärme. All das war da und plötzlich verschwunden – und kommt doch als ein wohltuendes Gefühl immer wieder zurück, wenn ich an meinen Vater denke.

Hatten Sie Vorbilder?

Als Kind war es meine Schwester Nona, die so anders aussieht als ich. Ich wollte immer so sein wie sie – besonders ihr Aussehen. Wenn sie sich morgens für die Schule vorbereitete und sich im Spiegel anschaute und zurechtmachte, stand ich neben ihr und wünschte mir, so auszusehen wie sie. Ich wollte ihre

Nase haben und ihren Mund, bei mir fand ich immer alles zu groß. Ich fand meine Schwester überhaupt toll, weil sie genau das Gegenteil von mir war – frech. Sie hat sich immer aufgelehnt, hat widersprochen und hatte schon ganz früh *boy friends*. Sie war oft auf Partys eingeladen. Außerdem war sie sehr lieb zu mir und sagte: »Komm doch mit auf die Party!« Das habe ich mich aber damals nicht getraut. Ich fand, dass sie die Starke war, und ich wäre zu gerne auch stark gewesen. Ich trug das Gefühl mit mir rum, ein Schwächling zu sein. Später hatte ich dann Vorbilder, die ich rein äußerlich toll fand, so wie Brigitte Bardot, die ganz anders aussah, als man damals eben aussah.

Haben Sie als Kind Niederlagen erlebt?

Niederlagen gab es eine nach der anderen mit den vielen Schulen, in denen ich war. Auch die Niederlage, dass ich es nicht schaffte, mit anderen Menschen in Beziehung zu treten. Ich hatte meist Angst vor den anderen. Außerdem hätte ich gern diese Leichtigkeit gespürt, die ich bei anderen Kindern sah und selbst nie hatte. Nun war es damals auch anders als heute, die Erwachsenen sind nicht auf die Kinder zugegangen und haben sie nach ihren Problemen und Gefühlen gefragt. Uns Kindern wurde immer nur gesagt: »Das verstehst du noch nicht.« Erwachsene stellten nur selten Kontakte zu Kindern her. Deshalb erinnere ich mich besonders an diesen polnischen Freund meiner Mutter, von dem ich erzählt habe, denn er sprach uns Kinder an, und das war außergewöhnlich. Die größte Niederlage war natürlich, dass ich mit links schrieb, dass ich somit anders war als alle anderen. Ich empfand es als

Schande, Linkshänder zu sein. Mit links schreiben war etwas Böses, von dem ich mich nicht und nie mehr befreien würde – so habe ich es empfunden. Ich dachte, ich sei böse, weil ich als Linkshänderin auf die Welt gekommen war. Zu allem Übel kam noch dazu, dass mein Vater im Scherz nach meiner Geburt die Bemerkung machte: »Das fängt ja gut an, mit einem Hitlergruß kommt meine Tochter auf die Welt.« Bei der Geburt wurde ich vom Arzt im letzten Moment an einem Arm herausgezogen, was wie ein Hitlergruß aussah. Später wurde mir diese Geschichte als lustiger Vorfall erzählt, für mich aber war es ein weiteres Symbol, das auf das Schlechte in mir hindeutete.

Waren Sie gut im Sport?

Nein, ganz schlecht. Ich war nur eine gute Weitspringerin durch meine langen Beine. Auch das war nicht überragend.

Sind Sie als Kind gehänselt worden?

Immer wegen meiner Größe wurde ich gehänselt. Ich wurde langer Lulatsch, Bohnenstange, Storch im Salatblatt genannt. Ich bin nicht gemobbt worden, habe aber häufiger solche Bemerkungen zu hören bekommen.

Haben Sie andere gehänselt?

Das hätte ich toll gefunden, wenn mir das nur einmal gelungen wäre. Aber das habe ich mich nie getraut, das kam mir überhaupt nicht über die Lippen.

*Haben Sie etwas in Erinnerung, das Ihnen als Kind oder Jugend-
liche peinlich war?*

Es war mir natürlich peinlich, wenn ich vor der Klasse aufstehen musste, etwas ausrechnen sollte und mir das dann nicht
gelang. Etwas Peinlicheres gibt es gar nicht, als wenn du wie ein
Doofi dastehst und gar nichts mehr weißt. Das war furchtbar.
Später, zu Beginn meines Jobs, passierte mir etwas sehr Peinli-
ches, als ich meinen ersten bezahlten Job in Paris mit Helmut
Newton hatte und ich mir Haarspray in die Augen sprühte, weil
ich die Haarspraydose falsch hielt. Danach hatte ich natürlich
rote Augen, und Newton machte mich runter: »Mit so einem
blöden Model habe ich noch nie gearbeitet!« Er ging ans Telefon, rief die Agentur an und verlangte ein besseres und profes-
sionelleres Model, und ich konnte nach Hause gehen. Ich war
damals Anfang zwanzig.

Wann haben Sie begonnen, sich mit Modeln zu beschäftigen?

Das kam, als ich diese Hochschule für Gestaltung abgebrochen
hatte und nach Italien fuhr. In meiner Klasse gab es eine Amerikanerin, die nach Italien ging, und ich fuhr ihr hinterher. Wir
wohnten in einer kleinen Wohnung außerhalb von Florenz,
und ein Fotograf sprach mich auf der Straße an. Er war sehr
nett, brachte mich dann zu den Kollektionen in den Palazzo
Pitti und stellte mich dort vor. Da begann alles.
Ich blätterte damals viel in Modezeitschriften und fand die
exzentrischen Mädchen gut, die es bei uns in Deutschland
nicht zu sehen gab. Zum Beispiel das Model Ivy Nicholson,

eine Amerikanerin, die aussah wie eine Katze. Ich stellte fest, dass die Mode ein Bereich war, in dem man sich verwandeln und anders sein konnte. Das gefiel mir. Werbung kannte ich schon von meiner exzentrischen Tante, Analie von Alvensleben, sie hat übrigens die indirekte Werbung erfunden. Sie ging auf berühmte Leute wie Jean Cocteau oder Picasso zu und bekam sie zum Beispiel dazu, etwas auf eine Tasse von Rosenthal zu malen. Dann wurde das fotografiert und zu Werbezwecken genutzt. Und diese Tante sagte immer, ich sei so fotogen und solle mich mal fotografieren lassen. Das arrangierte sie dann auch. Da war ich noch Schülerin der Hochschule für Gestaltung und erschien auf dem Titel der »Constanze«. Da war ich so etwa 18 Jahre alt. Ich hatte schon ein paar Testfotos gemacht, und das gefiel mir gut, weil ich mich gerne fotografieren ließ, aber nur, wenn ich mich verwandeln durfte. Dass das so richtig weitergehen sollte, darüber hatte ich damals noch gar nicht nachgedacht. Das ging dann in Italien los, als ich feststellte, diese Modewelt ist eine ganz andere Welt, die mit der Realität gar nichts zu tun hatte. Das war das Interessante. Es ging Stück für Stück weiter. Ich ging nach Paris und dann nach New York. In New York stellte ich fest, dass ich ungewöhnlich sein musste, damit die Fotografen sich an mich erinnerten. Ich änderte daraufhin meinen Namen in Veruschka, änderte meine Gangart und meine Kleidung. Ich stellte fest, dass man nicht in Erinnerung blieb, wenn man nur hübsch, nett und freundlich war. Also fing ich an, mich zu inszenieren. Und ich machte das spielerisch, total locker. Mit dem Erfolg, der dann irgendwann einsetzte, bekam ich sogar eine Stimme, die du üblicherweise nicht hast als Model. Es wurde erst richtig interessant für mich, als ich meine eigenen Ideen einbringen und kreativ werden konnte.

Wurden Sie als Kind beneidet?

Überhaupt nicht. Wir wurden ja nach dem Krieg erst einmal als Kinder von kriminellen Eltern gesehen. Und vorher, als wir noch die Adligen in Ostpreußen waren, war das kein Thema. Außerdem war ich noch zu klein, um so etwas wie Neid wahrzunehmen. Später habe ich schon verstanden, dass Schulkameraden sahen, dass meine Mutter und der Kreis um sie etwas Beneidenswertes für sie darstellten. Weil meine Mutter adelig war, weil unser Lebensstil anders war als vielleicht der etwas spießigere oder kleinbürgerlichere Lebensstil ihrer Eltern.
Auch wenn wir nichts hatten, war es bei uns nie spießig. Ein Kind beobachtet natürlich, dass bei uns alles etwas großzügiger gehandhabt wurde und meine Mutter anders und souveräner auftrat als andere Eltern. Ich bemerkte, dass Kinder das bei uns zu Hause bewunderten. Aber Neid habe ich nicht wirklich bemerkt.

Waren Sie beliebt?

Als Kind war ich nicht beliebt, denn ich hatte ja nichts, weshalb ich hätte beliebt sein können. Ich war keine Leuchte in irgendeiner Richtung. Um als Kind bei Kindern beliebt zu sein, muss man entweder frech, lustig, sportlich oder mutig sein. Du musst eine Stärke haben, die die anderen bewundern.

Unbeliebt ist man, wenn man zu viele Schwächen zeigt oder ein unsympathisches Verhalten an sich hat. Nicht anders als zwischen den Erwachsenen. Ich erinnere mich an eine Begebenheit, in der ich mich unsympathisch verhielt. Ich hatte wahnsinnige Aggressionen, weil meine Schwester schon wieder mal alles konnte. Wir wohnten damals, nach der Flucht, in einem ausgebauten Schweinestall in Westfalen. In der Scheune stand der Volkswagen meiner Mutter, und meine Schwester holte ihn einfach so raus. Dann wollte sie ihn wieder hineinfahren und fuhr durch die Scheunentür auf der anderen Seite wieder hinaus. Da habe ich etwas sehr Unangenehmes gemacht und das meiner Mutter gepetzt. Meine Schwester fand das sehr gemein, sie hatte noch versucht zu leugnen, dass sie das Auto gefahren hatte. Ich hatte auch ein sehr schlechtes Gewissen. Ein Kind spürt sehr wohl, wenn es etwas Gemeines gemacht hat. Aber gleichzeitig hatte ich eben diese Wut, dass meine Schwester jetzt schon wieder Auto fahren konnte, obwohl sie erst sechzehn war, dass sie sich etwas traute, dass sie freier war als ich.

Hatten Sie Ängste als Kind?

Ständig.
Zum Beispiel, als wir bei einem herannahenden Bombenangriff unter einem Zug durchmussten, um an einem Waldrand in Deckung zu gehen, und ich dabei, mit fünf Jahren, verlorenging. Da hatte ich furchtbare Angst, obwohl ich die ganze Situation nicht als so höchst gefährlich erkannt habe. Ich wusste ja nicht, dass da kurz danach die Bomben fallen werden und einen

töten können. Das alles war mir nicht klar, aber plötzlich allein zu sein unter einem Zug, das war ein Schock. Solche Situationen gab es damals häufig. Obwohl ich das aufregend fand, wenn mitten in der Nacht die Sirenen heulten und alle aufstanden und in den Keller stürzten. Etwas gemeinsam zu machen, das fand ich aufregend. Ein Kind weiß noch nicht, wie gefährlich das sein kann, dass das Haus abbrennt und man sterben kann. Das Sterben ist noch kein Begriff für ein Kind, das noch niemanden hat sterben sehen. Die Angst übertrug sich von den Erwachsenen auf uns Kinder, wenn sie riefen: »Schnell, schnell raus, es brennt«, oder wenn alles drängelte, um noch in den überfüllten Zug zu kommen, und ich mich am Mantel meiner Mutter festhalten musste und die angstverzerrten Gesichter der Erwachsenen sah. Dass es um Leben oder Tod ging, verstand ich noch nicht. Die größten Ängste stellten sich bei mir in Situationen ein, die eigentlich normal sein sollten, beispielsweise, wenn ich morgens zur Schule musste. Ich wachte meist früh um fünf Uhr auf, weil ich es noch genießen wollte, gemütlich im warmen, geschützten Bett zu liegen. Alles, was mit Schule zusammenhing, bereitete mir große Angst, jeden Tag aufs Neue. Ich hatte unbewusst das Gefühl, dass alle gegen mich, ja dass alle meine Feinde waren. Lehrer vermittelten mir zum Teil auch, dass sie mich nicht mochten. Es war diese Feindseligkeit, die mir Angst machte. Und dann natürlich dieses Versagen, dass ich Linkshänderin war. Dann schrieb ich zwar eines Tages mit rechts, aber ich blieb trotz allem ein Linkshänder und deutete es als etwas Böses. Ich war belastet mit schlechten Gedanken gegen mich, die mich runterzogen. Ich fühlte mich als jemand Schlechtes, musste dies aber gleichzeitig vor der Welt verstecken. All das war sehr belastend. Ich fühlte mich immer als ein *Outsider* schlimmster Art. Es war nicht nur so, dass ich nichts konnte, sondern ich war schlecht, weil bei mir alles von Anfang an falsch gelaufen war. Ein Linkshänder zu sein heißt auch, linkisch zu sein, das gehört alles zusammen. Auch meine Großmutter versuchte mir das richtige Halten des Bestecks beizubringen mit der Bemerkung: »Mein Kind, du bist linkisch.« Wenn auch noch die Nächsten so etwas sagen, ist das besonders verletzend. Das Ganze wurde zu einem riesigen Knoten in meinem Kopf, den ich mit mir herumtrug.

Wie war Ihre erste große Liebe?

Erste Liebe? Das war die Erotik, die plötzlich in mir wach wurde. Da ging ich noch zur Schule und hatte privaten Nachhilfeunterricht bei einem Mann, der mich zu einer Party einlud. Da war ich vielleicht fünfzehn Jahre alt. Dort habe ich jemanden getroffen, den ich toll fand. Ich habe mich ganz schön betrunken auf der Party, lag in den Armen dieses jungen Mannes und habe ihn geküsst. Ich fand das herrlich und wollte nicht wieder gehen. Ich wäre am liebsten die ganze Nacht geblieben. Dann kam das aber raus, und meine Mutter erfuhr davon. Ich durfte ihn dann nicht mehr wiedersehen. Meine Mutter war zu der Zeit gerade katholisch geworden und wollte nicht, dass ich ihn noch einmal treffe. Dann habe ich immer wieder versucht, ihn sonntags in der Kirche zu sehen, denn er war auch katholisch. Er hat in der Kirche immer zu mir rübergeschaut, aber die Erwachsenen passten auf – ich durfte keinen Kontakt mehr mit ihm haben.

Hatten Sie als Kind eine Schwäche, etwas, das Ihnen besonders schwerfiel?

Die Tatsache, legasthenisch zu sein, das Problem mit links und rechts, die Angst vor Zahlen und der Mathematik. Und einiges mehr.

Was haben Sie gehasst?

Gehasst habe ich, dass mir vorgeschrieben wurde, wie ich mich anzuziehen hatte. Meine Mutter legte uns einfach irgendeine Bluse und irgendeinen Faltenrock hin, und darüber durfte nicht diskutiert werden. Wenn ich die Sachen nicht anzog, dann sagte meine Mutter: »Gut, dann bleibst du eben zu Hause.« Eitelkeiten duldete meine Mutter nicht. Herumgemeckert habe ich an sich nicht, aber angezogen habe ich es auch nicht, wenn mir etwas überhaupt nicht gefiel.

Haben Sie sich geliebt gefühlt?

Dass meine Mutter mich liebt, daran habe ich als Kind nie gezweifelt. Mein Vater ebenfalls, aber das konnte ich nur für eine sehr kurze Zeit erfahren.

Was haben Sie gelesen?

Ich kann mich nicht an Bücher erinnern, die ich als Kind gelesen habe.

Sind Sie als Kind von jemandem – eindrücklich – schlecht behandelt worden?

Die Behandlung durch Lehrer nach dem Krieg war häufig schlecht. Meine Lehrerin sagte im Unterricht: »Unter uns ist die Tochter eines Mörders.« Wir sahen uns alle neugierg um, um zu entdecken, wer wohl dieses Mädchen sein könnte. Die Lehrerin zeigte dann auf mich und sagte: »Du bist es.« Ich erschrak wahnsinnig und rannte aus dem Klassenzimmer, die anderen Kinder hinterher und verprügelten mich. Das war ein schreckliches Erlebnis. Danach musste ich nicht mehr in diese Schule gehen.

Was war Ihr Lieblingsduft?

Ich habe mich immer sehr auf den Mai gefreut, in dem Monat bin ich ja auch geboren. Ich liebte den Geruch von Maiglöckchen und Veilchen.

Hatten Sie einen Lieblingsort?

Der Wald und die Wiesen. Ich wollte am liebsten am Waldrand auf einer Wiese sein.

Wären Sie gern noch mal Kind?

Nein.

Wollten Sie es irgendjemandem beweisen mit Ihrem Werdegang?

Jemand anderem nicht, nur mir selbst.

Haben Sie sich als Kind vorgestellt, das zu tun, was Sie jetzt machen?

Ich habe nicht gedacht, dass ich mich auf irgendeinem Gebiet einmal so durchsetzen würde, wie ich es getan habe.

Gab es jemanden, der an Sie geglaubt hat in Ihrer Kindheit?

Ich denke, dass meine Mutter an mich geglaubt hat. Nach dem Krieg ist sie mit mir einmal zu einem Kinderarzt gegangen, da war ich acht Jahre. Dieser Arzt erfühlte meinen Kopf mit den Händen und sagte dann zu meiner Mutter, dass ich es als Kind sehr, sehr schwer haben würde, aber danach eine gute Zeit für mich kommen würde und ich künstlerische Begabungen hätte. Das war für meine Mutter wichtig, sonst hätte sie vielleicht des Öfteren Gründe gehabt, an mir zu zweifeln. Später, an der Kunstschule, hat ein Lehrer über mich gesagt, ich sei eine der begabtesten Schülerinnen in der Klasse.

Hatten Sie als Kind oder Jugendliche den Impuls, besser sein zu wollen als die anderen?

Ich wäre schon froh gewesen, wenn ich genauso gut wie die anderen gewesen wäre. Die unterste Mitte hätte mir schon gereicht.

Was wollten Sie werden, als Sie Kind waren?

Ich war als Kind so beschäftigt damit, alles von mir zu schieben, was unangenehm für mich war, damit ich Luft zum Atmen hatte, dass ich über solche Fragen nicht nachgedacht habe. Vorstellungen über meine Zukunft habe ich gar nicht erst entwickelt. Ich habe nur manchmal gemerkt, dass es trotz allem schöne Dinge gab, wenn mal jemand auftauchte und mit uns Kindern etwas unternahm oder Geschichten vorlas, die von einer anderen Welt erzählten, in der es die bleierne Schwere nicht gab. Eigentlich bestand mein Leben als Kind nur aus einem »Herumgetapse« in einer mir unheimlichen Welt und meiner Abwehr dagegen. Hätte ich heute derartige Gefühle, die ich in meiner Kindheit über Jahre empfunden habe – ich würde daran denken, dem Ganzen ein Ende zu machen. Zum Glück kannte ich diesen Gedanken als Kind noch nicht.

Hatten Sie sich als Kind vorgenommen, später einmal berühmt zu werden?

Ich wusste noch nicht einmal, was »berühmt sein« bedeutet als junges Mädchen.
Ich bewunderte die, die besonders gut waren in dem, was sie taten, es zur Meisterschaft gebracht hatten – Pianisten, die Konzerte in großen Sälen gaben, Tänzerinnen, die auf Zehenspitzen über die Bühne wirbelten. Die großen Maler und ihre Bilder. Es war das Können der Künstler, das ich bewunderte, nicht ihre Berühmtheit. Es zeigte mir auch, wie unerreichbar das alles für mich war. Später, mit einundzwanzig Jahren, habe

ich mir vorgenommen, ganz oben, an der Spitze des Erfolges zu landen.

Hat Ihre Erziehung zu Ihrem Erfolg beigetragen?

Mein Erfolg hat kaum etwas mit meiner Erziehung zu tun. Meine Mutter war erst einmal dagegen, als ich mich für eine Modelkarriere entschied. Als eine Psychologin und Freundin sie überzeugte, dass an der Entscheidung von mir nichts Negatives zu finden sei, hat sie ihre Meinung geändert und hat mich von da an unterstützt. Selbst gegen die Empörung älterer Familienangehöriger hat sie meinen Beschluss verteidigt.
Ich bezweifele, dass mein starker Wille, den von mir damals eingeschlagenen Weg bedingungslos zu einem Erfolg zu bringen, etwas mit meiner Erziehung zu tun hat.

Erkennen Sie heute das Kind in sich, das Sie einmal waren?

Ich erkenne viele Dinge, die ich früher genauso empfunden habe wie heute. Ein starkes Gerechtigkeitsempfinden hatte ich früher schon genauso wie heute. Ich erinnere mich an dieses wahnsinnige Ungerechtigkeitsempfinden meiner kleinen Schwester gegenüber, als wir in Sippenhaft kamen, nachdem mein Vater von den Nazis zum Tode verurteilt worden war. Meine Schwester war noch ein Baby, sie konnte kaum laufen. Sie wurde von den Nazi-Frauen aufs Brutalste verprügelt, und ich stand hilflos daneben und konnte ihr nicht helfen.
Auch wenn ich heute auf der Straße oder wo auch immer Ungerechtigkeit beobachte, muss ich mich einmischen. Neulich war

ein Mann am Bahnhof, der kümmerte sich scheinbar überhaupt nicht um seinen kleinen Sohn. Der Kleine verlor dann in dem Gewühl seinen Vater. Eine Frau sprach das Kind an und versuchte mit ihm, den Vater zu finden. Der tauchte plötzlich auf und fauchte die Frau an: »Wollen Sie hier Kinder verschleppen?« Da habe ich mich eingemischt und ihn angebrüllt, was ihm einfiele, so mit der Frau zu sprechen, die nichts anderes getan habe, als sich um seinen Sohn, der verlorengegangen war, zu kümmern.

Was ersehnen Sie am meisten aus Ihrer Kindheit?

Diese paradiesischen Naturerlebnisse, die ich in Steinort haben durfte. Das Wasser, die Bäume, die Gerüche, die Tiere. Auch dieses Gefühl des Aufgehobenseins. Das habe ich nur kurz erlebt, aber das ist tief in mich eingedrungen.

Was macht für Sie eine glückliche Kindheit aus?

Wenn ich heute Kinder beobachte, dann sehe ich, wie Vater und Mutter zusammen das Kind im Wagen spazieren fahren oder es auf den Arm nehmen. Dann denke ich, dass es doch herrlich sein muss, so aus dem Wagen hochzugucken und seine beiden Eltern zu sehen. Meine kleine Schwester wurde nach dem Krieg in einen Wagen gelegt und dann allein in den Garten rausgestellt. Manchmal schrie sie, und es war keiner da. Jedes Mal denke ich, wie schön die Kinder es haben, wenn ihre Eltern für sie da sind und sich mit ihnen beschäftigen. Dass die Mutter mit ihrem Kind zusammen etwas unternimmt, kannte

ich nicht. Für mich war es schon toll, dass meine Mutter mich manchmal an die Hand nahm und wir zusammen spazieren gingen, obwohl sie in Gedanken abwesend und ganz woanders war. Die Welt zusammen mit seinen Eltern zu entdecken, zu erleben, muss sehr schön sein.

Vera von Lehndorff im Alter von 15 Jahren

UDO LINDENBERG

Udo Gerhard Lindenberg wurde am 17. Mai 1946 in Gronau/Westfalen geboren. Er wuchs zusammen mit einem älteren Bruder und zwei jüngeren Zwillingsschwestern auf. Mit fünfzehn Jahren begann er eine Ausbildung zum Kellner im Luxushotel Breidenbacher Hof in Düsseldorf. Über Norddeutschland, Frankreich und Tripolis kam er anschließend nach Münster, wo er die Musikakademie besuchte. Nach dem Wehrdienst als Kanonier bei der Raketenartillerie zog Lindenberg 1968 nach Hamburg.

Udo Lindenberg im Alter von 5 Jahren

Welches ist die erste Erinnerung Ihrer Kindheit?

Ich habe nicht eine spezielle Erinnerung, sondern eher ein Mosaik von Erinnerungsfragmenten, das sich in meinem Kopf zu einem Erinnerungsbild fügt, von einer kleinen grauen Stadt mit ganz viel Grün drum herum. Ein paar Trümmer erinnere ich. Ich bin in den Trümmern des Zweiten Weltkriegs aufgewachsen, in Gronau, einer kleinen Ortschaft an der holländischen Grenze. Gronau hatte ganz viel Textilindustrie. Es befand sich da die größte Textilmanufaktur Europas, und ich habe erste Erinnerungen an endlose Kolonnen von Fahrradfahrern, die zur Schicht hin fuhren und dann wieder zurück nach Hause und dann zur nächsten Schicht wieder hin, vierzigtausend Menschen, Tag für Tag.
Ich bin als Kleinkind durch die Fabrikgelände gestromert. Da kommen jetzt viele, viele Bilder. Die unvergessliche Natur, ganz viel Grün, viele Gärten, viele Parks und ein Flüsschen, da spielte ich dann in einer Blechbadewanne Kapitän – mit einem Autoreifen um die Hüften. Meine Freunde und ich hatten unsere kleine Flotte, die Badewannenflotte. Da spielten wir dann die Kapitänspielchen – wer traut sich da jetzt rein in die Strömung und daran vorbei und so.

Was für ein Kind waren Sie?

Ich musste, glaube ich, sehr auf mich aufmerksam machen. Und wollte auch auf mich aufmerksam machen, weil ich sonst in diesem Kindersegen leicht untergegangen wäre. Es gab einen großen Bruder, ein Vorzeigekind, Erich, schon so in Weiß gedresst, ein sehr schlauer, feiner Junge, und dann sollte ein Mädchen kommen. Dann kam aber ein Knabe, nämlich ich. Meine Eltern waren doch ein bisschen enttäuscht. Ein Jahr nach mir kamen Zwillinge, die eine Sensation waren, zwei so süße Mädchen. Und der Junge dazwischen lief halt so mit. Ich glaube, dass ich mich ab und zu vernachlässigt gefühlt habe. Ich meine zu erinnern, dass ich mich fragte, warum sie wieder Erich in den Vordergrund stellten und sich ohne Ende um die Kleinen kümmerten. Über die Trommelei habe ich auf mich aufmerksam gemacht, vielleicht war das auch wie so ein Ruf: »Hey, ich bin auch hier!« Aber es war auch Leidenschaft. Es war ein tief empfundener Auftrag. Ich habe das gespürt. Ich habe die Trommel mit ins Bett genommen, die Trommel war etwas zum Kuscheln für mich, so wie andere den Teddy nehmen. Die Trommel war mein Ein und Alles. Dann bin ich mit fünfzehn auch schon von zu Hause abgehauen, also richtig weggezogen. Und das zeigt auch, dass ich da in Gronau nicht so die Perspektive für mich sah. Mit fünfzehn bin ich dann nach Düsseldorf in die große Stadt gezogen. Und habe eine Kellnerlehre gemacht. Das war so à la Felix Krull. Es gab einen Schiffs-Steward, der kam immer zu uns nach Gronau und erzählte von seinen Weltreisen, von New York und anderen Orten. Der empfahl mir, wenn ich die weite Welt sehen wollte, sollte ich erst einmal im Breidenbacher Hof in Düsseldorf eine Kellnerlehre machen. Aber nach einem Jahr ging es dann doch gleich als Profimusiker los. Diese Selbständigkeit, dieses Gefühl, dass ich mich mal lieber auf mich selber verlasse, das muss ich ganz früh gespürt haben, als ich immer so mitlief und man mir nicht die richtige Beachtung schenkte, die man sich als Kind wahrscheinlich wünscht.

Wer stand Ihnen in Ihrer Familie als Kind am nächsten?

Meine Mutter Hermine, die lieb, lieb, lieb und super sensibel war. Sie kümmerte sich ganz aufopfernd um die Familie, um die vielen Kinder, um die kranke Oma, um den Mann, der nur sprach, wenn er breit war, und der total pedantisch war und ein Riesentheater machte, wenn die Socken nicht richtig gerade lagen. Er war so militärisch ausgerichtet, wenn eine Socke nur ein bisschen schief lag, wurde gleich der Sonntagnachmittagsausflug mit den Kindern ins Grüne abgesagt. Wir waren dann schon alle gescheitelt und fein angezogen mit der weißen Jacke. Ich habe diese Sonntage gehasst, immer die Gefahr, wenn eine Socke schief liegt, dass der Vater wieder alles absagt. Mein Vater wurde dann eine stille Säge, er strahlte dann so eine bittere Gram aus, so eine Enttäuschung, als hätte man ihm etwas ganz Schreckliches angetan. Dann ging er in eine Kneipe, war anschließend breit – und meine Mutter weinte. Als kleines Kind willst du deine Mutter trösten, aber du weißt nicht, wie du das machen sollst. Manchmal kam er auch drei Tage nicht nach Hause, er schlief dann in der Kneipe. Protest wegen irgendeiner Banalität. Meine Mutter hätte angeblich wegen eines zotigen Witzes eines holländischen Onkels von mir gelacht. Es war bei meinen Eltern totale Prüderie angesagt, hoch geschlossen bis oben hin und nicht tanzen mit anderen Männern, das wäre ein Drama gewesen. Mein Vater war sehr eifersüchtig. Meine Eltern haben mal eine Busreise nach Paris gemacht. Da hat der Busfahrer meiner Mutter aus dem Bus geholfen und dabei ihren Arm berührt. Das hieß für meinen Vater die sofortige Rückfahrt. Diese Art von Nerventerror veranstaltete mein Vater mit meiner Mutter. Und diese Spannungen habe ich als Kind gespürt. Deshalb habe ich mit so einem Stress gar nichts zu tun. Manchmal muss ich aus Dramaturgie ein bisschen Temperament zeigen, aber auch wenn ich schreie, weiß ich, dass es nur Dramaturgie ist: Der Indianer vom Theater schreit jetzt mal kurz, gleich wird es Wirkung zeigen, gleich hat es alle ein bisschen wach gemacht, damit sie etwas aufmerksamer ihren Aufgaben nachgehen können, aber ansonsten bin ich für Stress überhaupt nicht zuständig. Ich bin eher so ein tiefenentspannter Vogel, den so leicht nichts mehr aus der Ruhe bringt. Unter diesem familiären Stress haben wir Kinder gelitten, und ich habe mir vorgenommen, dass ich nicht so werde. Wenn ich mal groß bin, so nicht!

Welche Werte haben Ihre Eltern Ihnen vermittelt?

Für solche Momente, wo eine Mutter mal mit ihrem Kind spricht und ihm dann einen Spruch oder eine Wahrheit für das Leben mitgibt, war keine Zeit. Wenn mein Vater in der Kneipe war, musste meine Mutter sich um die Nachtarbeiter von dem Geschäft kümmern, und sie musste Dachrinnen raussuchen und Schrauben für Heizungen oder irgendwelche Klosetts, das Geschäft war ja ein Installations-Großhandel. Und dann war der Hund wieder krank, und dann war die Oma wieder zwischen Hildesheim und Alzheim, also nichts mehr klar, Demenzia. Deswegen hat meine Mutter eine höchste Sensibilität und Liebe ausgestrahlt, aber eben auch Aufopferung für diese große Familie und für diesen schwierigen Mann und seine komischen Launen. Ganz früh habe ich zu meiner Mutter gesagt, sie soll über den Launen meines Vaters stehen, ihn nicht so ernst nehmen, weil er einfach eine Macke hat. So habe ich mit meiner Mutter gesprochen: »Der hat 'ne Macke!« Gleichwohl wollte ich ihn auch mal gut finden. Ab und zu. Und dann später, als er so tat, als ob er dirigierte oder Entertainer in der Kneipe war, dachte ich: Ist doch cool. Aber das waren eben nur Momente. Meinem Wunsch, dass ich meinen Vater gut finden wollte, dem konnte nicht entsprochen werden. Aber nun, ich glaube ja an so etwas, sitzt er geläutert da oben im Himmel und guckt nach unten und ist auch noch bei meinen Konzerten dabei.

Wurden Sie von den Eltern besonders gefördert?

Es ging ja damals um Existenznöte. Die Firma ging irgendwann pleite, mein Vater hat es eigentlich gehasst, mit Klosetts und Badewannen zu dealen. Er wollte doch eigentlich etwas Großes machen, aber hatte vom Vater die Installationsfirma übernommen. Und er stellte schnell fest, dass seine Söhne auch kein Interesse an dem Geschäft hatten. Mein Bruder wollte Künstler werden, und ich wollte Schlagzeuger werden. Ich war natürlich schon stolz, als ich zwölf Jahre alt war und nach meinem Konzert in der Zeitung stand: »Der kleine Wundertrommler aus Gronau, aus dem wird bestimmt noch mal etwas Großes«. Bei einem Jazz-Jamboree in Osnabrück machte ich mit zwölf Jahren den ersten Preis als Dixieland-Trommler. Und dann habe ich auch in der Schule erzählt, dass ich etwas ganz Großes werde, bestimmt ein Weltstar wie Gene Krupa. Da sagten die anderen natürlich: »Du bist bekloppt, du wirst doch kein Weltstar.« Die fühlten sich geradezu angemacht. Als

ich dann in der Zeitung stand, hatte mein Vater den Zeitungs-
ausschnitt über mich immer in der Tasche. Und später hat er
dann auch miterlebt, dass ich in dem superberühmten Klaus
Doldinger Quartett war. Da war mein Vater dann schon mächtig stolz auf mich. Meine Eltern haben mich einfach machen
lassen.

Waren Sie ein guter Schüler?

Ich war uninteressiert. Ich hatte ein bisschen Interesse an Auf-
sätzen, da wurde ich auffällig und bekam noch eine Drei oder
auch eine Zwei. In Musik auch, aber nicht so, wie die sich das
vorstellten: mit Noten lernen. Die Musiklehrer erkannten
schon mein Talent, klar, es stand ja auch in der Zeitung, dass
ich der »Wundertrommler« sei. Aber vielleicht haben sie mich
gerade auch deshalb nicht so beachtet, damit ich nicht gänzlich
abdrehe – den Klassenkameraden gegenüber.

Welche Rolle hatten Sie in Ihrer Klasse?

Ich war bandenorientiert und -interessiert. Ich war der Jüngste
in der Klasse, und ich war immer ein wenig wie Huckleberry
Finn drauf, habe mir immer Leute gesucht, die gut Mist machten. Das Auto klauen vom Alten und sich ein Kissen auf den
Sitz legen und größer wirken, falls die Bullen mal gucken.
Oder zum Puff zwei Dörfer weiter fahren, Streiche spielen,
Mist bauen, darum ging es in den Banden. Das waren Abenteurer, also Leute, die etwas machten, nicht so Stubenhocker
und Strebertypen, sondern mehr so die Leichten mit einem

Blick für das Rote im Licht, die mit den roten Augen vom frühen Alkoholismus. Ich habe mit dreizehn schon angefangen, Alkohol zu trinken und zu rauchen. Regelmäßig nach der Schule ging ich in die Kneipe und trank drei Bier, war dann schön schwindelig und ging dann nach Hause zu meiner Mutter. Sie war immer wahnsinnig verständnisvoll. Ich erzählte ihr dann, dass ein Bierchen auch Vitamine hätte und Mineralstoffe. Ich habe mit dreizehn auch angefangen zu rauchen. Ich wollte schnell ein Großer sein. In die Kneipen kam gelegentlich Herm, der Schiffs-Steward, der auf der Holland-Amerika-Linie arbeitete. Der kam dann gerade aus New York und zeigte Fotos von seinen Geliebten. Amerika war ja damals das gelobte Land, die brachten alles, was gut war, tolle Filme, James Dean, Elvis, geile Autos.

Später habe ich die amerikanische Kultur etwas näher kennengelernt, als ich mit siebzehn Jahren Trommler bei der US-Air-Force in Libyen war. Von dem *clash of cultures* hatte ich keine Ahnung, mir hatte keiner erzählt, dass Amerika und der Islam nicht so verträglich sind. Das merkte ich dann schnell, als Steine gegen amerikanische Fahrzeuge flogen. Das war 1963, und ich wusste erst gar nicht, was los war. Ich war *all-American* angezogen, mit Klamotten aus dem G.I.-Shop, in dem Laden gab es auch die ganzen guten Platten von Coltrane und so – für ganz wenig Knete. Ein Whiskey kostete fünfzig Cent, Zigaretten einen Dollar. Ich wollte eben immer schon zu den Großen gehören, deshalb war ich häufig derartig verkatert. Nach einem Jahr bei den Amis war ich mit den Nerven echt fertig. Ich kam nach Gronau, und die schickten mich zum Nervenarzt.

Gab es Lehrer, die Sie fasziniert haben?

Wir hatten einen verrückten Chemielehrer, der sagte uns: »Ich mach den Job hier, aber so richtig Bock habe ich darauf auch nicht. Wir müssen den Stoff jetzt halt durchziehen. Ihr müsst den Scheiß jetzt lernen, auch wenn ihr ihn später gar nicht braucht.« Der war so locker. Das fand ich gut. Die anderen Lehrer fand ich langweilig, öde, so wie das ganze Gronau. Außerdem war es das Nachkriegsdeutschland, einen Deutschlehrer hatten wir, der war richtig auf Zack und meinte zu uns, wir sollten uns keinen Mist erzählen lassen, unter Hitler sei nicht alles schlecht gewesen.

Was hat Ihren Ehrgeiz entfacht?

Das war die erste Begegnung mit meinem Schlagzeug. Als ich mich an das Schlagzeug dieser Band setzte und merkte, wie das abging. Als die Musiker der Band dann ins Staunen kamen und mir den Schlagzeugposten anboten. Die dachten natürlich, so ein elfjähriger Junge in kurzer Hose ist auch ein Gag, ist so etwas wie ein Maskottchen. So einen kleinen Joker, den hat nicht jede Band. In dem Moment, als sie mich auswählten, ging für mich eine Welt auf. Da wusste ich, das ist genau die Richtung – und das gibt mir jetzt den Schub. Zur gleichen Zeit gab es im Kino den Film »Jazz-Banditen«, das war auch so ein Glorifizierungsfilm einer Jazzgang, die sich mit einer Band durchschlägt und die dann Stars werden. Da war für mich völlig klar: Ich werde Trommler. Damit die Eltern sich aber keine Sorgen machen, muss man einen ordentlichen Beruf lernen. Und das war dann bei mir eben Kellner im Hotel Breidenbacher Hof. Ich arbeitete dann auch als Page und Liftboy und so etwas. Das war interessant, denn da ging die ganze Welt ein und aus. Das war das beste Hotel von Düsseldorf. Da kamen die großen Koffer rein mit den Schildern drauf: Los Angeles, New York, Istanbul, das war der Hammer, das Schnuppern der Luft der großen weiten Welt. Da dachte ich: Hier liege ich schon mal richtig. Aber das war natürlich einsam und manchmal auch beängstigend. Meine Mutter schickte ihrem Jungen Päckchen aus Gronau mit einem Stückchen Butter aus Holland, mit Schokolade, mit zwanzig Mark, das war so rührend, da kamen mir manchmal die Tränen.

Hatten Sie das Gefühl, besonders begabt zu sein?

Ja, wenn ich ganze Chorusse von Miles Davis und John Coltrane plötzlich auswendig im Kopf hatte oder wenn mir beim Trommeln die geilsten Rhythmen einfach so zugeflogen kamen. Da dachte ich schon, dass ich ein talentiertes Kerlchen bin und dass dieses Talentgeschenk so etwas wie eine hohe Mission, ein heiliger Auftrag ist.

Welche Rolle spielte Ihr Vater?

Er war ein Fremder für mich. Ich habe ihn vielleicht drei Mal im Leben lachen sehen, wenn er mich nach einem Konzert lobte. Oder als er den Artikel in der Zeitung las mit dem »Wundertrommler«, da lächelte er. Sonst blieb er mir ein Fremder.

Er hat sich nie zu erkennen gegeben, hat sich nie geöffnet. Er wäre viel lieber Dirigent geworden, irgend so etwas Besonderes. Oder irgendetwas Kreatives, zum Beispiel Tortenbauer im Sacher. Er sagte immer: »Torten machen, das finde ich toll. Oder dirigieren.« Dann kam er breit aus der Kneipe, stellte sich auf den Tisch, und die Kinder wurden geweckt, der Vater brauchte Publikum. Die Mutter legte »Ave Maria« oder »Dichter und Bauer« auf, dieses ganze Operetten-Zeugs, der Vater bekam einen Kochlöffel in die Hand und stieg mit wehenden Haaren auf den Tisch, gut schwindelig, und dirigierte. Das fand ich zum Teil erschreckend, so fremd. Ich kannte ja meinen Vater immer nur anders. Mein Vater war für mich immer ein Fremder, so wie aus einer anderen Zeit gefallen. Wir haben uns im ganzen Leben vielleicht ein Mal richtig unterhalten, ein Mal! Als wir Stress hatten, um etwas zu klären. Da sind wir ein paar Schritte die Straße runtergegangen, die Dorfstraße entlang, und da haben wir mal gesprochen. Sonst wurde nie gesprochen. Nur in der Kneipe, da erzählte er dann Witze. In der Kneipe war er ein guter Entertainer. Da hat er endlos Witze erzählt, und die Leute bogen sich vor Lachen. Meine Zwillingsschwestern, die ein Jahr jünger sind als ich, kamen dann mit mir in die Kneipe, wir mussten ein Gedicht aufsagen und bekamen dafür eine Tafel Schokolade oder eine Brause. Und wir holten ihn dann ab und gingen nach Hause.

Er blieb ein Fremder, den ich liebhaben wollte, aber das ging nicht. Und meine Mutter tat mir hauptsächlich leid, weil sie all das aushalten musste. In Gronau gibt es ja schon so eine Art von Kastensystem, und mein Vater war aus der gehobenen

Bürgerschicht, und meine Mutter kam aus Malocherkreisen. Die Eltern meines Vaters waren strikt gegen die Hochzeit: So eine heiratet man nicht, so ein Malocherkind. Mein Vater setzte sich aber durch und heiratete sie. Sie kam dann in einen riesigen Haushalt mit den vielen Kindern, den Hunden, den Schwarzarbeitern, sie opferte sich dafür auf. Später, als ich dann Rockstar war, 1970, da habe ich sie dann auch rausgeholt, nach Hamburg und an die Ostsee nach Timmendorf. Als ich meine erste Million gemacht hatte, fuhr ich mit einer langen Limousine nach Gronau, kurbelte das Fenster runter und rief: »Mutter, komm mal runter! Wir sind jetzt Millionäre.« Ich hatte alles dabei, wie es sich gehört: Eierlikör und Rotkäppchen-Sekt, der Chauffeur hatte eine weiße Mütze auf. Dann fuhr ich mit Hermine in der langen Limo nach Hamburg und erklärte ihr, wie ich meinen ersten Millionendeal gemacht hatte. Wir suchten ihr dann in Hamburg eine Villa aus, und dann fuhr ich mit ihr nach Timmendorf. Da packte ich dann dem Concierge des Park-Hotels – das erzählt der heute noch – tausend Mark auf den Tisch und sagte: »Für meine Mutter nur vom Besten, und wenn du mehr Kohle brauchst, ruf mich an, dann bring ich noch mal Geld.« Ich wollte einfach, dass sie dann auch mal lebt und Spaß hat. Sie konnte das dann auch genießen und war superstolz auf ihren Sohn.

Mein Vater war im Krieg gewesen, aber wo genau, das hat er uns nie erzählt. Auch meine Mutter hat es gar nicht so genau gewusst. Ich glaube, darüber haben meine Eltern nicht gesprochen. Sie hatten plötzlich vier Kinder und eine kranke Oma. Und mein Vater hatte dieses Installationsgeschäft, diese Klempnerei. Der wollte das gar nicht.

Hatten Sie Vorbilder?

Ja, es war der Trommler Gene Krupa, in der Jazzwelt war das ein ganz Großer. Der sah auch ganz gut aus, so ein bisschen ölige Haare, auf jeden Fall ein Frauentyp, so starmäßig. Benny Goodman und Glenn Miller fand ich sehr gut, als ich ganz klein war.

Haben Sie als Kind Niederlagen erlebt?

Niederlagen, klar, sicher gab es die auch, zum Beispiel, dass ich mal Krach hatte mit einer Band. Aber das war nie etwas Großes, und ich habe mir dann gesagt, dass ich daraus lernen muss.

Waren Sie gut im Sport?

Nee, eigentlich nicht. Jahrelang war ich hauptberuflich Trinker, trommelte und war in meiner Phantasie damit beschäftigt, Star zu werden. Und getrunken wurde viel, wie das so üblich war in den Kreisen. Ich bin froh, daß ich nicht gekokst habe, das ging bei mir alles noch so.

Sind Sie als Kind gehänselt worden?

Ja, wegen meiner Star-Ansagen. Da haben die anderen gesagt: »Du spinnst, du bist ein Blödmann.« Die haben sich über mich lustig gemacht und gedacht, ich sei ein unrealistischer Spinnkopf. Aber das war mir egal.

Haben Sie andere gehänselt?

Ich habe mich an den üblichen kleinen Lästereien beteiligt, an so einem Kräftemessen, wie das in Klassen so üblich ist. Aber das war nichts Exzessives, keine Schulkriege oder so etwas.

Haben Sie etwas in Erinnerung, das Ihnen als Kind oder Jugendlichem peinlich war?

Dass eine Zimmervermieterin meines möblierten Zimmers mich einmal beim Onanieren erwischt hat. Ich rubbel fröhlich vor mich hin, und dann geht die Tür auf, und sie steht da. Da war ich noch nicht so flexibel zu sagen: Vielleicht ist Poppen doch noch schöner? Sie war eine ziemlich attraktive Frau. Dazu war ich aber noch zu schüchtern. Ich war sowieso manchmal etwas schüchtern. Ich war gar nicht immer der große Power-Maxe. So das Übliche, Zeiten, in denen man sich nicht so gut aussehend findet, Pubertätspickel – ich war ja überall der Jüngste, das verunsichert auch. Ich war in der Jugendlichenzeit auch manchmal leise und still, sensibel, habe viel gehört. Ich war auch mit Mädchen schüchtern. Ich wusste nicht, bin ich der Frauenheld oder kann ich der werden, oder bin ich vielleicht auch ein bisschen schwul. Es gab schon so Zeiten, wo ich nicht so genau wusste, wer ich war. Das waren so die typischen Zeiten des Erwachsenwerdens, wo man auch so über sich selber stolpert.

Wann haben Sie begonnen, sich mit Musik zu beschäftigen?

Irgendwann hörte ich im Radio den ersten Rock'n'Roll. Und dann kam Elvis, und da war es natürlich um mich geschehen. Ich verstand die Texte nicht, aber ich spürte die Power, die Rebellion gegen dieses Schweigen, gegen diese komische graue Welt, wo keiner über den Krieg sprach – keiner war dabei gewesen, über Nacht waren es auf einmal alle Demokraten, über Nazis wurde nicht geredet, es war die Zeit des Schweigens. Mein Vater war der Schweigemeister, er erzählte nur, wenn er breit war. Sonst Zeit des Schweigens. Und dann ging das wahnsinnig früh los mit der Trommelei. Da war ich so sieben oder acht und hörte im Radio Jazz, ganz viel Jazz. Ansonsten liefen im Radio nur Songs wie »Heideröslein« oder »Heimatglocken läuten noch« und diese Nachkriegslieder wie »Zwei kleine Italiener« und solche Heile-Welt-Songs: »Was hat der Hans mit der Gretel getan? Nach dem ersten Kuss kommt der zweite Kuss.« So ein Operetten-Quatsch wurde da gespielt auf so einem Vinyl-Player. Da hat es mich immer magisch hingezogen, zu diesem Plattenspieler und zu diesen alten Schellackplatten. Da war auch ein bisschen Klassik dabei, und dann entdeckte ich sehr schnell den Jazz, die »Benny Goodman Story«, die »Glenn Miller Story«. Es gab in Gronau zwei Kinos, und da war ich schon mit neun Jahren an der Hand meines großen Bruders, der sieben Jahre älter war als ich, in der »Benny Goodman Story«. Mein großer Bruder Erich hat uns immer an die Kultur gebracht, an Jazz, an gute Bücher. Er ist leider 2006 in Berlin verstorben. Er hat mir den Jazz nahegebracht, und die Trommelei hat mich sofort fasziniert. Ich habe auf allem herumgetrommelt, was ich fand. Das war so Wunderknaben-mäßig, so wie Mozart mit seinem ersten Klavier. Als der die Tasten zum ersten Mal sah, sofort Dr. Flinkfinger und so. Und ich war sofort der Randalemacher. Ich habe sofort und total laut mit Kochlöffeln rumgeballert auf allem, was ich fand. Blumenvasen und so weiter. Gegenüber von uns hatten wir so eine Edeka-Firma, und die hatten einige LKWs, da standen Benzinfässer herum, so *steel drums*. Und dann habe ich mir Stöcke geschnitzt aus einem Baum und habe nur noch getrommelt, dddong, ddong, dong, bum. Das fanden meine Eltern irgendwie toll. Und dann war ich auch schon mit elf in einer Band, in einer Dixieland-Band. Da hatte mich mein Bruder mit hingenommen. Ich hatte vorher nur so eine klitzekleine Trommel gehabt, die habe ich mal zu Weihnachten bekommen. So wie Oskar und die Blechtrommel, da lag die unterm Weihnachtsbaum. Und dann saß ich in dieser Band das erste Mal vor einem richtigen Schlagzeug. Und habe losgeballert, die Band sagte dann: »Das ist ja unglaublich, wie der spielt.« Ja, da habe ich gemerkt, Trommeln war mein Ding. Andere Sachen habe ich mal angetestet, Posaune, Saxofon, all so etwas, aber Trommeln, das war mein Ding. Und ich glaube, das habe ich ganz früh gemerkt, mit Trommeln werde ich mal ein King. Ich hatte mit zwölf das erste Konzert mit der »Old Town Band« und der »Bordertown Band« an der holländischen Grenze – deshalb parl ick och een kleenet bisschen Niederlans – und zu dem Konzert waren meine Eltern auch mit, und da waren sie dann richtig stolz. Ich hatte ein Schlagzeugsolo, und die Leute standen auf und riefen: »Unglaublich!«

Ich habe mir alles allein beigebracht, war immer Autodidakt. Die wollten mir dann Noten beibringen, das hat mich nicht so interessiert. Das war so Wunderknaben-mäßig, und dann kam mit dem Jazz auch der Drang in mir nach der großen weiten Welt, nach Star sein, nach New York. Als ich dreizehn war, war die goldene Zeit der Tramperei. Ich bin los an den Vierwaldstätter See in die Schweiz zum Grand Hotel, in dem Hazy Osterwald wohnte, der für mich ein großer Star war mit seinem »Kriminal Tango« – »in der Taverne, da fällt ein Schuss, und sie tanzten einen Tango«. Ich ging am Grand Hotel zum Lieferanteneingang und fragte nach einem Autogramm, und das wurde mir dann gebracht. Das habe ich Hazy Osterwald später einmal erzählt. Das fand er superlustig. Und dann bin ich wieder zurückgetrampt. Ich habe nicht zu Hause angerufen, Telefonieren war ja teuer. Ich habe immer so eine kleine Postkarte geschrieben: »Macht euch keine Sorgen.« Ich hatte meinen Eltern nämlich geschrieben, dass ich nach Düsseldorf fahren würde, und plötzlich war ich in Luzern. Gepennt habe ich in der Jugendherberge oder im Straßengraben, das war egal.

Wurden Sie als Kind beneidet?

Ja, als ich in der Zeitung stand, schon. Das war Neid, das war Bewunderung, aber auch, dass die anderen mich für einen Spinner gehalten haben und mein Talent nicht wirklich ernst genommen haben. Das war kein böser Neid, aber eben die Sprüche von den Spießern, dass aus mir sowieso nichts werden kann.

Waren Sie beliebt?

Ich habe sehr polarisiert. Ich war nie der Nette, der sich mit allen arrangiert. Ich fand mich eigentlich immer ziemlich *easy*, habe es nie auf irgendwelche großen *fights* angelegt. *Fighterei* hatte ich ja schon genug zu Hause. Ich bin immer noch sehr harmoniebedürftig. So Streitereien und Schreiereien, das gibt mir gleich so frühe Erinnerungen. »In einem Land, wo nichts ist als Schweigen und Streit, da will ich nicht hin, das macht mich kaputt.«

Hatten Sie Ängste als Kind?

In diesen komischen, muffigen, möblierten Zimmern, die man so mietete für dreißig Mark, mit der alten Dame, die dann auch noch starb, da fühlte ich mich einsam. Ich saß dann da, nahm ein Buch, dachte: Ach nee, lieber raus, lieber in die Kneipe. Dann trank ich meistens einen Tick zu viel und mir wurde übel und schwindelig. Ich konnte mich dann nicht in mein Zimmer hinlegen, weil mir schwindelig war und ich sonst kotzen würde. Also musste ich die halbe Nacht durch diese kalten, endlosen Großstadtstraßen gehen, bis zu meiner Ernüchterung, bis ich mich endlich hinlegen und schlafen konnte. Klar, ich hatte Ängste, wenn ich an zu Hause dachte, ob da alles gut geht, wie die da klarkommen, wie es meiner Mutter wohl so geht. Um meinen Vater hatte ich Angst, ob der nicht irgendwann einmal wegtickt. Er war auch so wahnsinnig prüde. Ich weiß noch, es lief einmal so ein Film wie »Schulmädchen-Report«, da waren spärlich bekleidete oder ganz nackte Frauen auf dem Plakat im

Kinoschaukasten zu sehen, und zwar einsichtig und auf Sicht-
höhe von Schulkindern. In der Kneipe beklagte er sich darüber,
wie unsittlich es sei, dass die Kinder dieses Plakat sehen könnten. Zu Hause legte er sich ins Bett und sagte dann zu meiner
Mutter: »Hermine, ich stehe jetzt auf und schlage den Kasten
kaputt und hole die Fotos da raus.« Dann rief er vorher bei
den Bullen an und kündigte an, dass er den Kasten einschlagen
würde, weil er es nicht einsehen würde, dass die Kinder solche
nackten Frauen zu sehen bekämen und dass sie ihn gleich fest-
nehmen könnten. Dann ging er dahin und haute den Kinokas-
ten mit seinem Spazierstock kaputt. Er zerriss die Fotos und
schmiss sie auf die Straße und musste dann mit auf die Wache.
Am nächsten Tag stand dann in der Zeitung »Beherzter Gronauer Bürger setzt sich ein für die Moral«. Er wurde auch noch
gefeiert für diese Tat! Aber ich habe mir eben Sorgen gemacht
und gehofft, dass er nicht irgendwann einmal ganz abdreht. So
ein leichter Wahnsinn war ihm schon anzumerken, auch wenn
er dirigierte. Das war der kalte Kuss des Wahnsinns, das war
schon beängstigend für mich.

Wie war Ihre erste große Liebe?

Die erste große Liebe war eine Sportlerin. Ich war vierzehn, sie
war älter als ich und ging auf das Gymnasium. Und ich bat sie, in
Gronau ihr Fahrrad auf dem Schulweg schieben zu dürfen. Das
war eine lange Strecke zu ihr nach Hause und immerhin, sie hat
sich darauf eingelassen. In sie war ich so richtig verliebt, da war
ich vielleicht vierzehn Jahre alt. Eine große Liebe war das. Und
ich habe ihr auch gesagt, dass ich etwas ganz Großes werde. Sie

fand mich zwar ganz nett, aber eigentlich war sie schon vergeben an einen Jungen vom Gymnasium. Das war ja damals so, die Mädchen vom Gymnasium gingen nicht mit einem Jungen von der Realschule. Das war echt ein großer Unterschied. Dann gab es die katholischen und die evangelischen Schulen, was ich schon damals totalen Schwachsinn fand, denn mein bester Freund ging plötzlich auf eine andere Schule. Meine Liebe wurde also nicht erwidert. Ich bin ihr sogar manchmal nachgereist, als sie ihre Auftritte als Sportlerin hatte, sie war Turmspringerin. Und sie war eine Powerfrau, keine Tusse, das fand ich gut. Ich traf sie dann später einmal wieder, da war sie Sportlehrerin. Da stand sie mit ihrer Klasse, den ganzen Teenies, und wirkte so ein bisschen wie eine Oma. Ich war ja damals Teeniestar. Ich habe den Schülerinnen dann erzählt, dass ich ihre Lehrerin früher richtig klasse fand und dass sie mit mir echt eine gute Partie gemacht hätte, aber so dusselig war, nicht darauf einzusteigen. Das war ihr dann richtig peinlich. Vielleicht habe ich deshalb später die großen Love-Songs der Sehnsucht, der unerfüllten Liebe schreiben können – wegen dieser unerfüllten Liebe.

Hatten Sie als Kind eine Schwäche, etwas, das Ihnen besonders schwerfiel?

Ich habe mal eine Zeitlang so ein bisschen gestottert, als ich elf, zwölf Jahre alt war. Außerdem habe ich mich vielleicht manchmal selbst überholen wollen mit dem Großwerden, war ein übereifriger, hektischer kleiner *speedman*, denn ich wollte ja möglichst schnell in die große weite Welt rausziehen. Aber ansonsten? Ich war schon früh pragmatisch und wusste mir immer ganz gut zu helfen. Ich war diplomatisch und konnte gut abwägen ... so bandenmäßig, was bringen die mir, und was kann ich denen bringen.

Was haben Sie gehasst?

Ich habe die Feiertage in diesem Dorf gehasst, an denen man sauber angezogen und gescheitelt wurde und andauernd auf den Friedhof musste, Fronleichnam, Allerseelen, Allerheiligen. An diesen kirchlichen Trauertagen musste man auf seine Klamotten achten und durfte dann auch nicht im Dreck spielen. Man ging dann mit der Mutter und irgendwelchen Tanten auf den Friedhof. Und der Vater saß in der Kneipe und besoff sich. Es war diese Präsenz des Todes, der auf die Stimmung schlug. Es ging um Tod und war grau in Gronau. Es gab ja früher auch diese großen Beerdigungen in Orten wie Gronau, mit einer Pferdekutsche wurde der Sarg transportiert, und alle Bauern liefen hinterher, weil irgendein anderer Bauer gestorben war. Das Geballer von den Kirchenglocken fand ich damals schon ärgerlich, so frühmorgens der ganze Lärm, als gäbe es nichts anderes auf der Welt.
Vor dem Tod habe ich schon damals Angst gehabt. Am besten, man macht sich unsterblich. Diese Sonntage hängen mir immer noch tief in der Seele. Meine Freunde sagen sonntags zu mir: »Du bist heute so komisch, so schlecht gelaunt.« Ich merke es auch selber, ich mag Sonntage einfach nicht. Kirche erlebte ich als Ort von Tod – entweder für eine Beerdigung oder Taufe, dann zwar frisch geboren, aber dem Tod geweiht. Das Leben in einer Stadt wie Gronau war so total vorgeplant –

Taufe, Konfirmation, Heirat, Kinder, man wird dick und fett und säuft, dann wird man alt und hüpft in die Kiste, schon wieder eine Beerdigung. Das Leben war abgepackt und abgefuckt wie aus einem Gronauer Supermarktregal. Ich wollte das Leben als Wundertüte und nicht so ein fertiges Paket.

Haben Sie sich geliebt gefühlt?

Von meiner Mutter habe ich mich geliebt gefühlt, sonst von keinem. Aber sie hat alle ihre Kinder geliebt, die anderen genauso wie mich. Sie war überhaupt sehr fair. Fairness und Toleranz, da habe ich viel von ihr gelernt. Meine Mutter war nicht so bewertend, sondern kam mit allen Leuten irgendwie klar. Sie war sehr fürsorglich und wollte es allen immer irgendwie recht machen. Sie sagte später dann, kurz vor ihrem Tod, dass sie doch einiges anders machen würde, wenn sie noch einmal leben würde, insbesondere, dass sie sich nicht in so eine Dorfmaschinerie einspannen lassen würde. Sie war zwar glücklich mit ihren tollen Kindern, hat aber doch viele Demütigungen und viel Stress abbekommen. Ich habe ihr dann auch gesagt, dass ich dieses Vermächtnis in ihrem Sinne leben würde, nämlich nicht so wie in Gronau, nicht bescheiden und unterwürfig, sondern: Ich werde rausgehen und die Sachen durchziehen. Ich wusste zwar noch nicht genau, wie, aber ich habe es ihr versprochen.

Was haben Sie gelesen?

Zum Lesen hatte ich keine Zeit, da habe ich kurz mal reingeblättert bei Tom Sawyer und Huckleberry Finn, das fand ich so romantisch, eine tolle Freundschaft. Als Jugendlicher las ich dann »Phantastische Nacht« von Stefan Zweig oder »Fabian« von Erich Kästner. Ein paar Bücher haben mich fasziniert. Als Neunzehnjähriger las ich dann Hermann Hesse. Mein Bruder Erich las sehr viel. Er ging lesend am Acker entlang, so am Stadtrand entlang. Da sprachen irgendwelche Leute meinen Vater an: »Mit Ihrem Sohn ist irgendetwas nicht in Ordnung, der geht mit einem Buch über den Acker.« Das hatten die noch nie gesehen, das fanden die Leute in Gronau schon richtig verdächtig.

Mein Bruder hat auch versucht, das Schweigen meines Vaters zu brechen. Er war vielleicht fünfzehn und ich acht Jahre alt. Ich war im Zimmer nebenan und hörte, wie mein Bruder wissen wollte, was für grausame Dinge im Krieg geschehen sind und ob unser Vater daran beteiligt gewesen war. Es gab eine Riesenschreierei, aber mein Vater redete darüber nicht. Das Schweigen war nicht zu brechen, wahrscheinlich war mein Vater viel zu tief traumatisiert.

Sind Sie als Kind von jemandem – eindrücklich – schlecht behandelt worden?

Nein, bin ich nicht.

Was war Ihr Lieblingsduft?

Ich mochte den Duft von Rosen. Damals zu Nachkriegszeiten gab es noch die Kinder-Landverschickung. Ich wurde in einen Rosengarten zu Verwandten nach Schleswig-Holstein verschickt, nämlich nach Wilster, Brockdorf. Dort war die Schwester meines Vaters die Frau des Bürgermeisters. Sie und ihr Mann bewohnten dieses schlossähnliche Anwesen mit einem Park dahinter, in dem es ein Gewächshaus mit Rosen gab. Und diesen Duft fand ich schön. Aus der Zeit kommen auch einige Liedtexte von mir. »The flowers are taller than me.« Da war ich so acht, neun Jahre alt und war dort zwei Monate, das ist ja eine Ewigkeit für ein Kind. Aus der Zeit stammt meine Liebe zu Rosenduft. Und zu Pernod-Cola, ansonsten kenn ich keine Düfte …

Hatten Sie einen Lieblingsort?

In meiner Phantasie immer New York und im echten Leben immer mein Schlagzeug, ganz egal, wo das stand. Und eben-diese großen Benzinfässer hinter dem Edeka-Haus, auf denen ich immer herumtrommelte. Wenn ich das erzähle, dann kom-men wieder die ganzen *emotions* hoch. Das Trommeln war so eine Befreiung für mich.
Ich habe gegen das Schweigen zu Hause angetrommelt, Lärm gemacht. Das war so ein Protest-Getrommel.

Wären Sie gern noch mal Kind?

Für einen Tag vielleicht einmal. Aber ich bin eigentlich noch ein Kind. Ich fühle mich oft so. Ich bin zwar bewusst im Hier und Jetzt, habe aber in meiner Seele eine Rutschbahn und kann auch durch die Zeiten gleiten. Und ich habe das Kind in mir auch nie abgewürgt und beendet, denn es macht mich mit aus.

Wenngleich ich heute die Dinge anders wahrnehme, merke ich trotzdem, dass die *emotions* aus der Kindheit, wenn ich darüber rede, wie zum Beispiel jetzt gerade über das Trommeln, noch ganz lebendig sind. Diese Freude über das Trommeln.

Wollten Sie es irgendjemandem beweisen mit Ihrem Werdegang?

Ja, bestimmt. Mir selber, meinen Eltern und all denen, die mich einen Spinner genannt haben. Als ich mit siebzehn in Tripolis war und bereits 800 Mark verdiente, was für einen Siebzehnjährigen irre viel Geld war, habe ich eine Postkarte nach Hause geschrieben und damit angegeben. Ich schrieb gern Ansichtskarten von den geilen *locations*, an denen ich mich befand. Ich wollte ihnen zeigen: Ich bin der Erste, der tätig ist in der weiten Welt und ordentlich Kohle in der Tasche hat. »Spinner« hatten die mich genannt, denen wollte ich das beweisen. Das hat mich auf jeden Fall angetrieben und die Thermik noch verstärkt.

Haben Sie sich als Kind vorgestellt, das zu tun, was Sie jetzt machen?

Ich habe gedacht, dass ich als Schlagzeuger ein Weltstar werde, und das ist ja schon etwas Großes. Zwölf Jahre habe ich beruflich getrommelt. Und dann habe ich mir gedacht, dass so ein Typ wie ich nicht immer nur hinten am Schlagzeug sitzen sollte, sondern nach vorne an das Mikrofon gehört. Eigentlich müsste ich ein richtiger Popstar werden, denn Jazzstars waren früher groß, aber heute gibt es eigentlich nicht mehr so richtige Jazzstars. Dann wurden irgendwann die Rockstars erfunden, die gab es vorher noch gar nicht, Jimi Hendrix, die Stones und so weiter. Das fand ich dann sehr geil und dachte, dass mir das liegen würde. Ich liebte zwar die Trommelei, aber ich fand dann doch diese ganze *Showtime* und die erste Reihe sehr faszinierend. Eitel musst du sein dafür, ein bisschen narzisstisch musst du sein, sonst kannst du dich nicht nach vorne stellen. Du musst dich auch ganz schön lecker finden. Und dann habe ich das gemacht, und da gab es dann natürlich auch richtig Knete, lange Autos, da gibt es viele Frauen, auch viele Männer, je nach Bedarf. Rockstar ist schon etwas richtig Feines. Aber ob ich das hinkriegen würde, wusste ich nicht. Und dann habe ich mir so einen großen Zettel gemacht, auf den ich schrieb, wie ich als Rockstar aussehen müsste. Rote Haare müsste ich haben, Gamaschen, nicht so normale Schuhe, einen dicken Ring von meinem Vater Gustav, und dann ging ich auf die Bühne und wusste überhaupt nicht, wie man tanzt. Dann musste ich mir Mut antrinken und bin angetrunken und schwindelig auf die Bühne gegangen, habe mich mit dem Oberkörper immer so bewegt wie ein Trommler, mit den Beinen so schwankend – und das war dann mein neuer Style, das war *unique*. Das war nicht so, wie ein Popstar normalerweise tanzt, sondern das war alles Udo-Style. Und erst einmal war das alles reine Unbeholfenheit. Später wurde es Kult. Aber ob ich wirklich Popstar werden würde, wusste ich natürlich nicht. Irgendwann war mir klar: Ich will das und ich pack das. Aber als Kind habe ich davon noch nicht geträumt, sondern nur davon, ein Trommler-Weltstar zu werden.

Gab es jemanden, der an Sie geglaubt hat in Ihrer Kindheit?

Die Musiker haben an mich geglaubt. Die meinten, so wie ich trommelte, das sei etwas ganz Eigenes, das hätten sie noch nie gehört. Ich hätte so einen speziellen Stil. Ich habe die Trommeln mit Luftpumpen, mit denen man Luftmatratzen aufpumpt, aufgeblasen, dann gingen die Felle immer so rauf und runter. Ich war erfinderisch am Schlagzeug. Ich habe nicht nur so rumgetrommelt, ich habe auch experimentiert.

Hatten Sie als Kind oder Jugendlicher den Impuls, besser sein zu wollen als die anderen?

Schon. Ich sah ja die anderen, und die waren alle so normal. Das kam für mich nicht in Frage. Ich wollte etwas Großes machen, ich war für etwas Großes geboren.

Was wollten Sie werden, als Sie Kind waren?

Trommler.

Hatten Sie sich als Kind vorgenommen, später einmal berühmt zu werden?

Das wollte ich – schon ganz früh. Ich wollte in New York eine große Nummer machen. Ich hatte so ein Englischbuch in der Schule, das handelte von zwei Jungs, die immer an den New Yorker Hochhäusern rumkletterten, am Empire State Building und so. Und unten in den Hotels residieren die Stars und geben

Autogramme. So stellte ich mir das vor. Und meine Eltern haben mich auch nicht gehindert. Als ich mit fünfzehn sagte, dass ich nach Düsseldorf in die große Stadt wollte, um meine Lehre zu machen, konnte ich bei einem Kriegskameraden von meinem Vater – so nannte man das ja früher – unterkommen, kannte aber ansonsten keinen Menschen. Nach einem halben Jahr Kellnerlehre bin ich aber als Profimusiker eingestiegen. In der Düsseldorfer Altstadt gab es Jazzkneipen, und da bin ich jeden Abend hingegangen und habe getrommelt. Die haben mich dann schnell als Profi eingestellt – mit sechzehn Jahren. Und dann habe ich ein bisschen Musik studiert, das war aber alles so nebenbei. Das habe ich zur Beruhigung meiner Eltern gemacht, da wurde auch klassische Musik unterrichtet, Orchesterpauken und so. Aber das hat mich eigentlich nicht so gejuckt, ich war nur selten da. Ich hatte dann auch immer gleich Jobs und habe in ganz unterschiedlichen Bands getrommelt für dreißig Mark, fünfzig Mark, hundert Mark. Das war viel Geld damals. Ich hatte immer gut Knete und immer »hoch die Tassen«. Aber ich war natürlich, wie gesagt, auch viel einsam in den großen Städten und hatte Ängste in diesen komischen kleinen möblierten Zimmern. Vor Geistern, und irgendwann einmal starb dann auch eine alte Zimmervermieterin. Für sie war ich so ein Sohnersatz gewesen, sie sagte immer, dass ich sie an ihren Sohn erinnerte, der im Krieg gefallen war. Das war etwas gruselig.

Hat Ihre Erziehung zu Ihrem Erfolg beigetragen?

Ich wurde gar nicht erzogen, meine Eltern hatten gar keine Zeit, sich um mich zu kümmern, und deswegen konnte ich immer machen, was ich wollte. Ich konnte mit dreizehn in der Kneipe rumhängen, ich konnte rauchen, ich konnte mir ein Moped klauen und damit rumfahren. Das Vorbild meiner Eltern und der Gesellschaft in Gronau war für mich eine Aufmunterung, es ganz anders zu machen. Das habe ich bereits früh gemerkt.

Erkennen Sie heute das Kind in sich, das Sie einmal waren?

Ja, das erkenne ich in meiner Leidenschaft für die großen Trommeln, für ganz viel Krach, ganz viel Show und ganz viel Wahnsinn – und in dem Wunsch, nie mehr zurückzukehren in das Leben von Gronau, wo alles so grau und begrenzt war. Und in dem Blick, den man als Kind auf die Welt hatte. Man hat als Erwachsener so einen Filter, mit dem man das Grauen, das es in der Welt gibt, ausblendet, sonst kann man ja schnell verrückt werden. Es gibt ein Lied von mir, »Kleiner Junge«, in dem ich beschreibe, was ich selbst erlebt habe: »Als ich ein kleiner Junge war und mal nichts essen wollte, sagte Ma, dass viele Kinder hungrig sind und sterben. Ich war so geschockt und dachte, so'n Wahnsinn, und rannte zu meinem Sparschwein hin, da war mein ganzer Reichtum drin. Mutter, wir müssen was tun … Mit deinen paar Groschen, sagte Ma, kriegst du diese Welt leider auch nicht klar. Das ist hier nun mal so'n bekloppter Planet, auf dem die Menschheit schon immer total durchdreht. Daran wirst du dich gewöhnen, damit muss man leben, auch wenn es manchmal traurig macht. Doch ich beschloss, wenn ich groß bin, werde ich das ändern, und heulte die ganze Nacht. Doch kleine Jungs werden größer, und wenn's dann immer mehr um das Ego geht, ist ein palästinensisches Flüchtlingsghetto bald

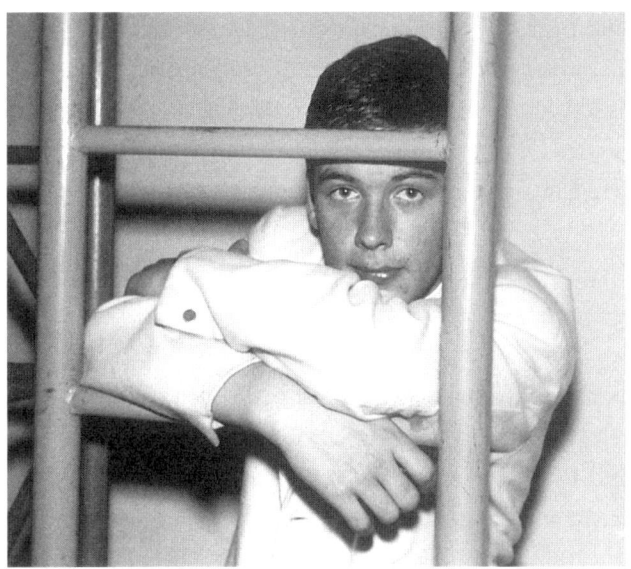

so weit wie der fernste Planet. Doch bei ihm war das anders, er wurde groß, doch sein Gewissen wurde nicht kleiner, und wenn er mal schrie und weinte im Büro, einfach so, irgendwo, lachten sie ihn aus, sperrten ihn weg ins Irrenhaus.« Der Mann in dem Text hat den Filter nicht auf, und er sieht das Leid – die ganze Zeit. Und Kinder, in einer gewissen Phase von neun bis zwölf Jahren, gucken so in die Welt und nehmen alles ungefiltert auf, auch mit der Frage: Wenn es einen Gott gibt, wie kann der das alles zulassen? So habe ich das auch erlebt. Später kommt dann die Pubertät, wo man sich auch irgendwie mit sich selbst arrangieren muss und so sehr mit sich beschäftigt ist. Dann rutscht so vieles in weite Ferne. Und viele Sachen, die echt Schwachsinn sind, bekommen auf einmal so eine enorme

Udo Lindenberg im Alter von 15 Jahren

Bedeutung. Die grausamen Sachen, die auf der Welt passieren, rutschen irgendwie zu weit weg. Diese Weltsicht eines Kindes darf nie verlorengehen. Deshalb möchte ich mir auch diesen Anteil des Kindes in mir ewig erhalten. Ich möchte mich nicht verlieren in Sachen, die man kaufen kann und die unwichtig sind.

Was ersehnen Sie am meisten aus Ihrer Kindheit?

Diese Erlebnisfähigkeit. Eine Reise um den nächsten Block ist so weit wie nach China, sag ich in einem Song. Diese Intensität und Radikalität, mit der man alles zum ersten Mal erlebt. Später ist man abgeklärter. Deshalb suche ich heute gern Ausnahmesituationen, Ausnahmezustände auch, manchmal habe ich die dann eben auch mit Alkohol oder aber auch mit Reisen an Orte, an denen ich noch nie war. Das Empfinden des großen Abenteuers hatte ich in meiner Kindheit mehr als jetzt. Ich möchte mich nie entspannt zurücklehnen und auf mein Lebenswerk blicken. Ich lebe das Leben als Abenteurer und Entdecker.

Was macht für Sie eine glückliche Kindheit aus?

Eine glückliche Kindheit wäre für mich, wie es das hier in Berlin wohl auch schon an manchen Ecken gibt, wo Kinder befreundet sein können, egal, ob sie jüdischer Armenier oder türkischer Mohammedaner sind. In einer glücklichen Kindheit ist es egal, wo einer herkommt. Hauptsache, ich mag den, ich kann mich auf ihn verlassen und kann gut mit ihm spielen.

MADJID SAMII

Madjid Samii, geboren am 19. Juni 1937 in Teheran, Iran, ist Neurochirurg. Samii studierte von 1957 bis 1963 Medizin an der Johannes-Gutenberg-Universität Mainz, wo er parallel ein Zweitstudium in Zoologie und Botanik absolvierte. 1964 promovierte er. Er ist verheiratet mit Maschid Samii und Vater von zwei Kindern.

Welches ist die erste Erinnerung Ihrer Kindheit?

Die allerwichtigste Erinnerung – ich war damals fünf Jahre alt – ist, dass mein Vater krank wurde, von seinem Cousin bei

Madjid Samii im Alter von 12 Jahren

uns zu Hause abgeholt und ins Krankenhaus gebracht wurde. Mein Vater hatte plötzlich einen Magendurchbruch mit einer Blutung erlitten. Er wurde operiert, und dann ist er an einer Infektion durch die Operation gestorben. Damals gab es noch kein Penicillin. An diesen Tag, an dem ich ihn zum letzten Mal gesehen habe, gehen meine Gedanken immer wieder zurück. Als Fünfjähriger habe ich es natürlich sehr vermisst, dass mein Vater nicht zurückkam, aber meine Mutter hat das kompensiert, und ich hatte nicht einen Tag lang das Gefühl, ich sei verloren ohne meinen Vater. Der Haushalt lief genauso weiter wie vorher. Die Gäste kamen genauso ins Haus wie vor dem Tod meines Vaters. Unangenehm war mir nur, wenn ich nach meinem Vater gefragt wurde und ich dann sagen musste, dass er verstorben sei. Aber ansonsten habe ich keinerlei negative Erinnerung, und ich glaube, es ist ganz wichtig für Kinder, die einen Elternteil verlieren, dass das Leben ansonsten normal weiterläuft und es so die Chance gibt, dass das Kind diesen Elternteil nicht so sehr vermissen wird. Meine Mutter war eine sehr intelligente Frau, aber das Besondere an ihr war, dass sie in der Lage war, Liebe zu geben. Wir Kinder spürten jeden Tag die Liebe, die von ihr ausging. Meine Mutter war auch kein rachsüchtiger Mensch, eher umgekehrt – sie war in der Lage, Leuten zu verzeihen, auch wenn sie Fehler gemacht hatten. Über diesen beiden Qualitäten stand ihr Verzicht. Sie konnte auf viele Dinge verzichten, die andere Menschen für wichtig halten. Sie war noch relativ jung, als mein Vater starb, und hat uns Kindern zuliebe auf alles verzichtet. Man muss sich mal vorstellen: Meine Mutter hat dafür gesorgt, dass alle Kinder zum Studium ins Ausland gingen. Meine Schwester wurde 1951 zum

Medizinstudium nach Paris geschickt. Sie hat dort die Aufnahmeprüfung für die Pariser Universität, die sehr schwierig war, problemlos bestanden. Mein anderer Bruder ging auch zum Medizinstudium nach Frankreich, dann kam ich dran, das war schon bemerkenswert. Mich hat ein Cousin im ersten Jahr zur Schule begleitet, und im zweiten Jahr bin ich dann allein gelaufen. Ab dann bis zum Abitur habe ich alles alleinverantwortlich gemacht. Ich brauchte auch keine weitere Unterstützung.

Eine andere wichtige Erinnerung war folgende: Mein Vater war Experte auf dem Gebiet der Statistik, er machte die erste statistische Auswertung im Iran. Ich saß in seinem Auto und war dabei. Keiner durfte aus dem Haus, überall waren Kontrollfahrzeuge, und an jeder Straßenecke standen Soldaten und passten auf, dass niemand aus dem Haus ging. Mein Vater ging von Haus zu Haus und kontrollierte verschiedene Stellen – und ich war dabei. Das war etwas ganz Besonderes für mich. Mein Vater hatte politische Wissenschaften studiert und sich danach in Statistik spezialisiert. Er hat das Amt für Statistik im Iran gegründet und sogar eine Hochschule für Statistik, die er geleitet und an der er unterrichtet hat.

Was für ein Kind waren Sie?

Ich war keine aggressive Person, darum bin ich allen Kämpfen, die Kinder so miteinander ausfechten, ausgewichen. Stattdessen habe ich versucht, im Sport Erfolg zu haben, im Tischtennis oder beim Radfahren. Außerdem war mir wichtig, mich darum zu bemühen, das Gelernte denen beizubringen, die es nicht verstanden hatten. Ich habe mitbekommen, wenn jemand den Unterrichtsstoff nicht verstanden hat, und es diesen Schülern unaufgefordert erklärt. Dabei habe ich immer noch mehr gelernt, weil mir beim Erklären noch einiges zusätzlich bewusst wurde, das ich vorher nicht beachtet hatte. Mir taten die Schüler immer leid, die das doch so Offensichtliche nicht verstanden, und deshalb wollte ich ihnen helfen. In jeder Klasse gab es einige Kinder, die aggressiv waren und mich schlagen wollten. Ich habe mich immer sehr schnell von diesen Kindern distanziert, damit ich mit ihnen überhaupt nicht in Berührung kam. Sie haben mich dann ebenfalls in Ruhe gelassen, weil sie gesehen haben, dass ich nichts gegen sie sagte.

Wer stand Ihnen in Ihrer Familie als Kind am nächsten?

Natürlich meine Mutter, da gibt es gar keine Frage. Ich verdanke meiner Mutter durch ihren Verzicht eigentlich alles. Die meisten Mütter, ich muss hier von Müttern sprechen, da ich meinen Vater nur relativ kurz erlebt habe, haben ihre eigenen Interessen, ihren eigenen Willen, ihre eigenen Bedürfnisse und auch Erwartungen an ihre Kinder. Was mein Wesen sehr geprägt hat, war, dass meine Mutter ihre Aufgabe darin sah, uns sorgenlos aufwachsen zu lassen. Ohne Erwartung, ohne Druck. Sie hat immer gefragt: »Was möchtest du?« Meine Mutter war absolut liberal. Es hat mir eine unglaubliche Verantwortung vermittelt, wenn sie mir die Entscheidung für gewisse Dinge überließ. Das war natürlich immer im Rahmen dessen, was ein Kind entscheiden kann, wenn ich zum Beispiel einen Anzug kaufen wollte, dann hat sie mir die Entscheidung überlassen, welcher es werden sollte. Und aufgrund dieser liberalen

Haltung meiner Mutter hatte ich nie eine Auseinandersetzung mit ihr. Ich kenne sonst keine Familie, in der die Mutter und die Kinder keine Auseinandersetzung gehabt hätten. Als ich mit achtzehn Jahren den Iran verließ, hat meine Mutter immer positiv von mir gesprochen. Selbst als ich Student war und meine Mutter manchmal sechs Monate lang nicht anrufen konnte, wofür ich mich dann, wenn ich sie anrief, furchtbar entschuldigte, beruhigte sie mich und meinte, ich solle mir überhaupt keine Sorgen machen, die Leute würden ihr alle über mich berichten, und sie kenne alle meine Neuigkeiten. Ich weiß keine Mutter, die ihrem Sohn in so einer Situation nicht sagen würde: »Schäm dich, ich habe dich so viele Jahre aufgezogen, ich habe so viel für dich getan – und jetzt lässt du deine arme Mutter sechs Monate lang ohne Nachricht.« Das war wirklich großartig. Ich wünsche allen Kindern so eine Mutter, die Freiheit und gleichzeitig Liebe gibt und dafür sorgt, dass man Verantwortung wahrnimmt. Ich wusste schon in der ersten Klasse, dass ich die Verantwortung dafür trug, meine Schulaufgaben rechtzeitig zu machen und in der Schule alles gut zu erledigen. Als ich sagte, dass ich nicht im Iran an die Uni gehen wollte, sondern in Amerika, hat sie überhaupt nicht mit mir diskutiert, sondern gesagt, wenn das mein Wille und Wunsch sei, solle ich das tun. Sie hat nie versucht, mich zu bremsen oder in irgendeine Richtung zu lenken. Das hat sie auch bei meinen Geschwistern so gemacht. Wir waren alle sehr unterschiedlich, meine Geschwister waren drei, sechs und acht Jahre älter als ich, und dann hatte mein Vater auch noch zwei Söhne aus einer ersten Ehe, die schon aus dem Haus waren. Als mein Vater starb, war ich fünf, ein Bruder war acht, meine Schwester elf und mein ältester Bruder war dreizehn Jahre alt. Mein ältester Bruder wurde Schriftsteller, ein ganz großer Dichter. Er hat schon mit sechzehn Jahren täglich eine Zeitung herausgegeben und darin die meisten Artikel selbst geschrieben. Er kannte bereits als Kind alle iranischen Dichter auswendig und dichtete selbst phantastisch. Er war ein Genie der Literatur und hat dann später viele Preise gewonnen.

Wir waren alle unterschiedliche Charaktere. Nach meinem ältesten Bruder kam meine Schwester, und ich muss sagen, sie war die Klügste in unserer Familie. Sie ist immer noch eine große Persönlichkeit und hätte jede Position auf der Welt übernehmen können. Sie wurde eine phantastische Kinderärztin und Präsidentin der Nationalen Universität für die Schwesternhochschule.

Welche Werte haben Ihre Eltern Ihnen vermittelt?

Dass Liebe das Wichtigste ist, was man im Leben bekommt, und wenn man Liebe bekommt, kann man sie auch weitergeben. Bekommt man keine Liebe, gibt man sie auch nicht weiter. Da bin ich sicher, und deshalb ist die Liebe, die man in der Kindheit erhält, so wichtig. Das Zweite ist: verzeihen. Viele Leute können nicht verzeihen und entwickeln Rachegefühle, durch die sie sich dann innerlich selbst zerstören. Sie denken, sie können die anderen zerstören, aber tatsächlich zerstören sie nur sich selbst. Wenn meiner Mutter etwas Unrechtes widerfahren war, dann hat sie nur gesagt: »Ach, lass doch, die Arme. Gott ist oben, und er sieht die Wahrheit.« Ein weiterer Wert war natürlich Verzicht. Wir können auf vieles verzichten, ohne Schaden zu nehmen. Wenn man lernt zu verzichten, dann ist die Welt plötzlich anders. Wenn du nicht davon abhängig bist, in einem Schloss zu leben, bist du in einem kleinen, bescheidenen Raum im Paradies. Meine Mutter hat sich selbst keine luxuriösen Dinge gegönnt, damit wir Kinder es gut hatten. Wir hatten zum Beispiel ein großes Stück Land am Kaspischen Meer, geerbt vom Großvater zu einer Zeit, bevor die Reformen kamen, die der Schah »Weiße Revolution« nannte. Meine Schwester wollte irgendwann zum Studium nach Europa, und meine Mutter musste Mittel haben, um meine Schwester dort hinschicken zu können. Meine Mutter entschied sich, dieses geerbte Land zu verkaufen, und das Geld, das sie dafür erhielt, setzte sie für das Studium ihrer Kinder ein. Jeder andere hätte mehr Land dazugekauft, um das Vermögen zu vergrößern. Und dann ist ein Cousin von uns gekommen und riet meiner Mutter, das Land nicht zu verkaufen, da es wichtig für die Zukunft ihrer Kinder sei, die später ihr Leben damit finanzieren könnten. Daraufhin sagte meine Mutter: »Mein lieber Cousin, was ist denn schlecht daran, wenn ich jetzt ein Blech gegen Diamanten tausche? Dieses Land ist Blech für mich, aber meine Kinder werden, wenn sie die höchsten Ausbildungen haben, zu Diamanten.« Das zeigt, was für eine Frau meine Mutter war. Solche Frauen habe ich weder im Iran noch in Deutschland erlebt. Der Schah hat später in der sogenannten »Weißen Revolution« alle Ländereien von allen Eigentümern kassiert, und meine Mutter hat darüber gelacht.

Wurden Sie von den Eltern besonders gefördert?

Meine Mutter hat mich indirekt gefördert, ohne dass ich das kapiert habe, aber sie hat das klugerweise gemacht. Wir haben ja in unserem Haus in Teheran gelebt, und als mein Großvater verstarb, hinterließ er uns am Kaspischen Meer dieses riesige Stück Land mit einem Haus und einem Gästehaus an der Innenseite und einem zweiten an der Außenseite und mit einer so großen Küche, dass man darin jeden Tag hundert Leute hätte versorgen können. Dieser Besitz wurde zwischen den Kindern des Großvaters aufgeteilt, und einen Teil haben wir bekommen. Ich war damals vierzehn Jahre alt, und meine Mutter bot mir an, dass ich ein Jahr in dem Haus leben und dort zur Schule gehen könnte. Ich wollte das gern, denn viele Verwandte von uns lebten dort – Onkel, Tanten, Cousinen, Cousins. Ich kannte alle gut, da wir jedes Jahr den Sommer dort verbrachten, schwammen und Boot fuhren. Meine Mutter wusste, dass ich sehr gern dort war, denn sobald das Schuljahr zu Ende war, fuhr ich am nächsten Tag schon an das Kaspische Meer. Ohne Übertreibung gab es Hunderte von Cousinen und Cousins, die Familie Samii bestand damals aus etwa fünftausend Familienmitgliedern, die alle miteinander verwandt waren. Das war vielleicht auch ein Grund, warum ich den Verlust meines Vaters nicht so gespürt habe, denn die Onkel und Tanten haben uns alle wie ihre eigenen Kinder behandelt. Also bin ich gern für ein Jahr in dieses Haus am Kaspischen Meer gegangen, eine Bäuerin kam mit ihrem Sohn und lebte mit mir in dem Haus, kochte und führte den Haushalt. Dann habe ich das Haus renoviert. In Teheran hatten wir unser Haus einmal streichen lassen, als ich noch jünger gewesen war, und ich habe mir von den Malern alles abgeschaut. Ich hatte mir aufgeschrieben, wie sie beispielsweise Farbe machten, und kannte auch alle Materialien. Ich habe dort dann alles allein gekauft und gemeinsam mit einem Jungen, den ich aus unserem Dorf geholt hatte, das ganze Haus renoviert. Für den großen Garten habe ich Pläne gezeichnet und ihn wunderschön gemacht. Anschließend war es wie ein Museum, denn jeden Tag kam jemand von der Familie Samii, um das Haus anzusehen. Die ganze Familie kam, und ich erhielt Aufträge, auch ihre Häuser zu renovieren. Das habe ich aber nicht gemacht. So hat meine Mutter mich indirekt gefördert, denn sie hatte gemerkt, dass ich an dem Haus Interesse hatte. Aber das habe ich erst Jahre später kapiert.

Waren Sie ein guter Schüler?

Ja, das kann ich nicht verheimlichen. Ich war kein Streber, ich habe nicht viel gelernt. Nur für die Prüfungen habe ich gelernt, da habe ich mich diszipliniert, und deshalb waren meine Noten immer besser als die aller anderen.

Welche Rolle hatten Sie in Ihrer Klasse?

Ich habe immer versucht, sehr schnell herauszufinden, welches die Kinder waren, die ähnlich dachten wie ich, die relativ schnell die Dinge begriffen und anständig in ihrem Verhalten waren. Ich habe immer versucht, die Koordination dieser Gruppe zu übernehmen. Wir haben dann Initiative ergriffen, zum Beispiel haben wir, als wir in der Schule anfingen, Fremdsprachen zu lernen, beschlossen, in der Pause miteinander Englisch zu sprechen. Natürlich waren wir gar nicht in der Lage dazu, weil wir noch nicht viel gelernt hatten, aber wir haben es mit Gewalt versucht, und wenn wir ein Wort nicht wussten, habe ich es im Wörterbuch nachgeschlagen. Manchmal wurde ich gebeten, das Amt des Klassensprechers oder Schulsprechers zu übernehmen, aber ich habe das nicht so gern gemacht, denn ich wollte nicht mit denen, die aggressiv waren, in Konfrontation geraten.

Gab es Lehrer, die Sie fasziniert haben?

Also, wenn ich ehrlich bin – nein. Ich mochte irgendwie alle Lehrer, die waren alle lieb, alle nett. Ich habe nicht einen besonders gern gehabt und dann alle anderen vernachlässigt. Jeder hat irgendetwas beigetragen, ich habe alle respektiert, alle akzeptiert, und ich habe mit jedem irgendeinen Dialog geschafft. Wenn man als Kind zu dieser Erkenntnis gelangt, dass man versuchen sollte, mit allen um einen herum eine gute Verbindung aufzubauen, ist das schon eine sehr gute Basis für die Zukunft. Mich hat es immer beunruhigt, wenn Lehrer – oder aber auch Schüler – schlecht behandelt wurden. Ungerechtigkeit hat mich immer gekränkt. Für mich war Harmonie das oberste Gut.

Was hat Ihren Ehrgeiz entfacht?

Mein Ehrgeiz war Neugier, aber ich kann das nicht als Ehrgeiz bezeichnen. Ich habe alles erreicht, ohne ehrgeizig zu sein. Meine Philosophie heute ist, dass derjenige, der ehrgeizig ist, scheitert. Neugier und Ehrgeiz sind wirklich zwei Wörter, die man voneinander trennen soll. Leute, die ehrgeizig sind, kommen in ein Spannungsfeld. Und dieses Spannungsfeld hindert sie daran, sich richtig zu entfalten. Denn sie übersehen viele Dinge. Ehrgeizige Leute können manchmal die wichtigsten, einfachsten Dinge nicht sehen. Das beobachte ich auch bei meinen Schülern – sind sie ehrgeizig, werden sie zu angespannt. Menschen, die durch Ehrgeiz erfolgreich geworden sind, sind dadurch im Inneren gescheitert, im Inneren sind sie nicht zufrieden, sie erreichen nie das Ziel, das sie sich vorgenommen haben, und durch ihren Ehrgeiz wollen sie immer mehr und mehr. Bei mir ist es genau umgekehrt gewesen, durch meine Neugier und besondere Einfälle, die ich habe und umsetze, ist alles auf mich zugekommen, ohne dass ich das unbedingt wollte. Eine Sache, die nie in meinem Leben eine Rolle spielte: Ich bin nie jemandem hinterhergelaufen. Alle Menschen, die mit mir in Verbindung stehen, sind auf mich zugekommen. Aber wenn die Menschen auf mich zukommen, umarme ich sie. Auch als Kind habe ich nicht die Nähe zu irgendjemandem gesucht, aber wenn jemand kam und nett zu mir war, habe ich mich mit ihm hingesetzt. Ich habe mit Kindern, die ähnlich gedacht haben, gesprochen, mit zwanzig Jahre älteren und mit Achtzigjährigen habe ich gesprochen. Die standen plötzlich vor mir und haben sich zu mir hingesetzt und sich lange mit mir unterhalten. Aber jetzt in meinem Alter sind Kinder meine großen Fans. Es hat sich bis zum heutigen Tag nichts geändert: In allen Altersklassen finde ich Leute, die mich interessieren. Plötzlich sehe ich einen Sechzehnjährigen, der Achtzigjährige in die Tasche stecken kann. Ich interessiere mich für das, was in den Menschen steckt. Wenn ich mit dem Sechzehnjährigen rede, denke ich: Donnerwetter, was kann ich von dem Jungen noch alles lernen!

Hatten Sie das Gefühl, besonders begabt zu sein?

Nein, ich habe mich immer als einen durchschnittlich normalen Menschen gesehen. Es war mir nicht klar, dass es vielleicht
etwas Besonderes sein könnte, die Dinge schnell zu verstehen.
Ich dachte, das ist normal, und eigentlich kann das jeder. Ich
habe mich als Kind nicht über die anderen gestellt.
Natürlich freute ich mich, wenn ich in der Schule bessere
Noten hatte als andere, aber das habe ich nicht so ernst genommen. Ich war wie vermutlich alle Kinder froh, wenn die Schule
vorüber war, die Ferien begannen und ich mit anderen Kindern
Unsinn machen konnte – schwimmen und spielen, das war in
meinem Kopf.

Welche Rolle spielte Ihr Vater?

Das ist sehr schwierig zu sagen, weil ich meinen Vater ja nur
bis zum Alter von fünf Jahren erlebt habe. Mit fünf Jahren war
ich schon sehr, sehr wach. Ich kann mich erinnern, dass mein
Vater jeden Monat so eine Männerrunde hatte, die Karten
gespielt hat. Ich habe dieses Kartenspiel mit einer unglaublichen Geschwindigkeit gelernt, nebst allen Tricks, die es gab.
Mein Vater als Gastgeber dieser Runde musste oft vom Spiel
aufstehen und manche anderen Dinge tun. In diesen Momenten nahm ich seinen Platz als Kartenspieler ein und spielte
für ihn weiter – ich erinnere das wie heute, anwesend waren
Persönlichkeiten des Landes, die befreundet waren und sich
einmal im Monat zusammenfanden, um sich auszutauschen.
Wenn mein Vater zurückkam, sagten ihm die Freunde immer,

er solle lieber wegbleiben, denn wenn ich spiele, sei er besser dran. Eine andere Erinnerung an meinen Vater ist, dass er immer Französisch sprach, denn seine erste Sprache war Französisch.

Hatten Sie Vorbilder?

Ja, der Cousin meines Vaters, Ebrahim Samii, war derjenige, der 1948 als erster Neurochirurg den ersten Lehrstuhl für Neurochirurgie in Teheran gegründet hat. Ich war elf Jahre alt. Sein Vater war Außenminister gewesen und vor dem Krieg als Botschafter in Deutschland gewesen. Zunächst ist mein Cousin in Beirut zur Schule gegangen, weil sein Vater in jungen Jahren Botschafter im Libanon war, danach ging die Familie nach Deutschland, und mein Cousin hat das Abitur in Berlin gemacht. Nach der Schule studierte er Medizin in München. Als ich 1937 geboren wurde, hat er gerade sein Examen gemacht und dann fünf Jahre als Chirurg praktiziert. 1942, während des Krieges, wurde er Chef des Krankenhauses Bad Aibling in der Nähe von München. Dort hat er bis zum Kriegsende Tag und Nacht operiert. Damals gab es ja praktisch noch keine Neurochirurgie, aber durch die Kriegsverletzten, die er dort operierte, hat er zur Neurochirurgie gefunden. Ab 1945 baute er in Zürich mit Professor Krayenbühl drei Jahre lang die Abteilung für Neurochirurgie auf. 1948 ging er nach Teheran. Er war wirklich ein Genie. Unter nicht optimalen Bedingungen hat er die Neurochirurgie dann in Teheran angefangen. Ich habe gesehen, welche Erfolge er durch seine Operationen erreichte, und das hat mich fasziniert. Er war das einzige Vorbild für mich innerhalb der Familie. Es gab andere Verwandte, die wichtige Politiker waren oder in anderen Bereichen einflussreiche Positionen innehatten, aber das alles hat mich nie interessiert. Meine Familie war sehr groß, und viele der Familienmitglieder haben sich regelmäßig am Wochenende getroffen. Ich hatte keine Neigung zu diesen »*social events*«, die ich damals miterlebte, während derer Englisch und Französisch gesprochen wurde und bei denen immer Prominente zugegen waren. Zum Teil waren das kaiserliche Einladungen, zu denen auch meine Mutter gehen musste. Ich habe damals gemerkt: Das ist nicht mein Leben. Wenn ich hingehen musste, bin ich zum Mittagessen hin und danach schnell wieder verschwunden. Ich habe lieber Sport gemacht oder ein bisschen auf der Târ gespielt, einer Art persischer Laute. Ich war auch darauf bedacht, dass ich die Schule durch solche sozialen Begegnungen nicht vernachlässige, ich ließ mich nicht ablenken durch solche schönen Seiten des Lebens.

Haben Sie als Kind Niederlagen erlebt?

Eigentlich war ich immer frohsinnig, ich habe immer alles positiv gesehen. Wenn es eine Niederlage gab, dann war sie vielleicht von kurzer Dauer, so dass ich sie nicht in Erinnerung behalten habe. Bis heute sehe ich alles positiv. Es gibt ja viele Niederlagen, aber eine Niederlage, von der ich sagen müsste, dass sie mein Leben beeinträchtigt hat, hat es nicht gegeben. Ich habe jedes Jahr meine Schule mit guten Noten abgeschlossen, und jeden Sommer haben wir Kinder fröhlich miteinander gespielt. Eine persönliche Niederlage habe ich nie gehabt. Was kann bei einem Jungen eine Niederlage sein? Liebeskummer zum Beispiel. Den habe ich nicht gehabt. Meine erste Liebe war Maschid, meine Frau. Sie ist ja meine Cousine, sie ist eine von den mehreren Hundert Cousinen. Meine Mutter war immer da, wenn ich sie brauchte, sie war meine »Festung«. Wir hatten eine glückliche Kindheit, was bei mir, der mit fünf Jahren seinen Vater verloren hat, schon etwas ganz Besonderes war. Ich schließe daraus, dass ich sage, wenn eine Familie einen Teil der Eltern verliert, aber intakt bleibt und nicht auseinandergerissen wird, dann kann das Aufwachsen der Kinder gut funktionieren. Und deshalb komme ich immer wieder auf meine Mutter zurück: Sie war der entscheidende Faktor.

Waren Sie gut im Sport?

Ja, aber ich muss eines sagen, ich war im Sport nie die Nummer eins. Ich war überdurchschnittlich gut, aber manche waren besser als ich. Ich habe manches geübt und geübt, bin aber nie der Erste geworden. Bei all diesen Wettkämpfen war ich meist eher der Dritte. Die anderen waren eben doch ein bisschen athletischer als ich, das hat mich aber nie gestört. Ich hatte Spaß am Sport, das hat für mich gezählt. Und der liebe Gott hat mir die Fähigkeit gegeben, mich über die Erfolge der anderen zu freuen.

Sind Sie als Kind gehänselt worden?

Eigentlich nicht.

Haben Sie andere gehänselt?

Nein, niemals.

*Haben Sie etwas in Erinnerung, das Ihnen als Kind oder Jugend-
lichem peinlich war?*

Vielleicht wenn andere Kinder mit ihrem Vater unterwegs
waren und ich nicht. Aber es war so, dass mein Vater wirklich
einen unglaublichen Namen gehabt hat.
Und wenn ich zu den Leuten sagte, dass mein Vater gestorben
sei, und ich dann sagte, wer mein Vater gewesen war, dann fin-
gen die Leute an, positiv von ihm zu sprechen, ihn zu loben. Es
war dann fast so, als ob er dabei gewesen wäre. Sein guter Name
lebte weiter.

Wann haben Sie begonnen, sich mit Medizin zu beschäftigen?

Mit elf Jahren, als der Cousin meines Vaters den Lehrstuhl für
Neurochirurgie in Teheran gründete. Sowohl meine Schwester als auch mein nächstälterer Bruder wurden beide Medizi-
ner, sie haben sicher auch etwas zu meinem Interesse beigetragen. Aber entscheidend war tatsächlich dieser Cousin meines
Vaters. Ich habe auch gleich das Interesse für Neurochirurgie
entwickelt, so war es auch bei meinem Sohn Amir, der bereits
früh wusste, dass er Neurochirurg werden wollte.

Wurden Sie als Kind beneidet?

Ja, manchmal schon. Wenn wir Kinder zusammen waren, habe ich immer etwas komponiert, einen Gesang zum Beispiel, und dann habe ich das allen beigebracht, und wir haben im Bus gemeinsam gesungen. Ich war dabei der Anführer. Natürlich haben die anderen Kinder gesehen, dass ich als Anführer alle glücklich mache. Einmal war ich in Nordpersien, und plötzlich hörte ich, dass die Leute nach mir suchten. Alle Teenagermädchen der Familie waren im Sommer eingeladen bei einer älteren Dame, die immer die Mädchen betreut hat. Und diese Gruppe hatte beschlossen, auf die Farm einer Cousine an das Kaspische Meer zu fahren. Dann haben alle Mädchen gesagt: Wir gehen, wenn Madjid kommt. Ich war damals in dem gleichen Alter wie die Mädchen. Man stelle sich vor: keine Jungen, nur zwanzig oder dreißig Mädchen …
Sie haben mich also gesucht und gefunden, ich bin mitgefahren und habe alle mobilisiert, gemeinsam etwas zu unternehmen, über Gesang, über Witze oder über Kartenspiele; aber mir war es peinlich, denn ich war ja der einzige Junge. Ich war sozusagen das Unterhaltungsprogramm. Das bleibt mir immer in Erinnerung, und da waren die anderen Jungen natürlich neidisch.

Waren Sie beliebt?

Als Kind hatte ich immer den Eindruck, bei den Menschen, die mich persönlich kannten, beliebt zu sein.

Hatten Sie Ängste als Kind?

Ich hatte immer Ängste vor Prüfungen. Ich hatte Angst, dass ich mich nicht gut vorbereitet hatte. Das war eine positive Angst, die mich immer dazu animiert hat, meine Dinge gut zu erledigen. Ansonsten war ich überhaupt nicht ängstlich und bin es auch heute nicht. Sonst hätte ich nicht all die schweren Operationen entwickelt und durchgeführt.

Wie war Ihre erste große Liebe?

Ich habe meine Frau, die ja, wie gesagt, meine Cousine ist, schon als Kind gekannt. Als ich achtzehn war, kam sie aus Deutschland zurück und wir haben uns wiedergesehen. Dann haben wir uns entschlossen, dass wir beide gemeinsam nach Deutschland gehen.

Hatten Sie als Kind eine Schwäche, etwas, das Ihnen besonders schwerfiel?

Das kann ich sagen: Bei mir war es so, dass ich sprachlich souverän war und das, was ich sagen wollte, wunderbar ausdrücken konnte. Aber im Geschriebenen konnte ich das Gesagte nicht so niederschreiben, wie man es normalerweise beim Schreiben formulieren würde. Meine sprachliche Befähigung, etwas darzustellen und zu vermitteln, und zwar in einer eleganten Form, war immer akzeptabel. Aber das Gleiche aufzuschreiben hat mich Zeit gekostet, weil ich niemals etwas rausgegeben habe, was ich nicht selbst zu hundert Prozent akzeptieren konnte. Ich habe mich gequält, wenn ich Aufsätze schreiben musste, weil ich sehr hohe Ansprüche hatte. Wenn sie geschrieben waren, waren sie besser als die anderen, aber bis sie standen, hatte ich Probleme. Das war meine Schwäche, und diese Schwäche hat mich in meinem Leben sehr viel Zeit gekostet. Ich beneide meinen ältesten Bruder, den Schriftsteller, dessen Geschriebenes man direkt drucken und publizieren konnte.

Was haben Sie gehasst?

Hass gab und gibt es in meinem Leben nicht.

Haben Sie sich geliebt gefühlt?

Auf jeden Fall von meiner Familie. Außerdem während der Schulzeit habe ich mich immer bemüht, anderen Kindern zu helfen, mit den Schulaufgaben zurechtzukommen. Auch da zeigten mir die Kinder ihre Zuneigung und Freundschaft.

Was haben Sie gelesen?

Ich habe als Kind keinen Zugang zu internationalen Büchern gehabt. Ich lernte in der Schule Englisch, aber mein Englisch war nicht so stark, dass ich kompliziertere Bücher hätte lesen können. Deswegen habe ich mich mit der persischen Literatur beschäftigt, mit Omar Khayyām und all den großen Dichtern und Schriftstellern meiner Heimat. Diese Bücher haben mich fasziniert, es waren vor allem Gedichtsammlungen. Romane habe ich weniger gelesen, weil Romane sind Romane und keine Wahrheiten. Mit einem Roman versetzt man mich in eine Welt, die es nicht gibt. Mich haben Realitäten interessiert und nicht Unterhaltung. Lieber wollte ich über Fakten lesen und daraus etwas lernen. Philosophische Bücher, die vom Leben handelten und darüber, wie das Leben ist, interessierten mich. Eines bezog sich zum Beispiel darauf, dass man Zweifel, die man hat, sofort beheben soll, um das Gehirn frei zu halten. Das ging auch so ein bisschen in die psychologische Richtung. Wenn du zum Beispiel von zu Hause weggehst und dich ins Auto setzt und du dich fragst, ob du in der Küche den Herd ausgemacht hast, solltest du nicht losfahren, denn dann bist du den ganzen Tag damit beschäftigt, daran zu denken, dass der Herd vielleicht noch an ist. Das Beste ist, du gehst zurück und siehst gleich nach. Das habe ich als Kind in einem von diesen Büchern gelesen, und es hat mich mein ganzes Leben lang begleitet.

Sind Sie als Kind von jemandem – eindrücklich – schlecht behandelt worden?

Es ist ja so: Man wird schon hier und da schlecht behandelt, da gibt es gar keine Frage. Vielleicht nicht schlecht, aber ungerecht. Man hat vielleicht mehr erwartet, zum Beispiel bei einer Benotung. Als ich in der neunten Klasse dieses eine Jahr am Kaspischen Meer verbracht habe, habe ich eine gute Note in irgendeinem Fach bekommen, das ein Cousin unterrichtete. Es gab ja so viele Samiis, da war einer auch mal Lehrer. Es gab ein paar Mitschüler, die das zum Thema gemacht haben, und es ist mir in Erinnerung geblieben, weil ich dachte, dass es doch keinen Sinn ergäbe, mir daraus einen Vorwurf zu machen, da ich in allen Fächern so gut war. Es gab einen kleinen Eklat, und mein Cousin hat alle Kinder beruhigt. Das fällt mir ein als Beispiel für eine ungerechte Behandlung.

Was war Ihr Lieblingsduft?

Der Duft der Teeplantagen am Kaspischen Meer. Deswegen trinke ich immer gern Tee, um diesen Duft zurückzubekommen. Ich bekomme bis heute aus Persien die erste Ernte dieses Tees geschickt, und sein natürlicher, nicht künstlich parfümierter Duft ist immer noch mein Lieblingsduft.

Hatten Sie einen Lieblingsort?

Dort am Kaspischen Meer, wo wir fast jedes Jahr während des Sommers waren und wo wir schwimmen konnten.

Wären Sie gern noch mal Kind?

Ich habe mich nicht verändert, ich bin immer noch derselbe. Ich habe mich null verändert! Ich fühle genauso wie damals, ich habe mehr Erfahrung und inzwischen vieles erlebt, aber das hat meine Gefühle zu Menschen und zu Fakten nicht verändert. Es ist alles so, wie es damals war.

Wollten Sie es irgendjemandem beweisen mit Ihrem Werdegang?

Eigentlich nicht. Mein Werdegang ist von selbst entstanden, und das ist, glaube ich, ein absolut natürlicher, biologischer, physiologischer Vorgang, der nicht vorprogrammiert ist.

Haben Sie sich als Kind vorgestellt, das zu tun, was Sie jetzt machen?

Als Kind wollte ich Neurochirugie betreiben. Ich wollte operieren und Menschen helfen. Alles andere ist eine Evolution auf meinem Lebensweg, die sich entwickelt hat. Das war nie programmiert. Ich wollte nie ein INI (International Neuroscience Institute) in Peking gründen – oder dass dieses INI hier in Hannover entsteht, das war alles nicht geplant. Wenn jemand zu mir sagt, dass ich meinen Traum mit dem INI hier in Hannover verwirklicht habe, dann erwidere ich, dass das nicht stimmt, denn das ist niemals mein Traum gewesen. Mein Traum war es, ein guter Neurochirurg zu sein und Menschen zu helfen. Da habe ich meinen Traum verwirklicht, denn ich operiere Menschen heute so, dass sie sicher unter meinen Händen sind.

Gab es jemanden, der an Sie geglaubt hat in Ihrer Kindheit?

Ja, viele Menschen. Das war das, was mich immer gestärkt hat und mir Kraft gegeben hat: dass andere an mich geglaubt haben.

Hatten Sie als Kind oder Jugendlicher den Impuls, besser sein zu wollen als die anderen?

Man muss definieren, was man unter »besser sein« versteht. Es ist ja so, dass man sich bemüht, korrekt zu sein, gut zu sein und gut zu liefern, aber wenn man dann hinterher erfährt, dass man besser ist, dann freut man sich. Vorher weiß man es nicht. Wenn man es vorher einplant, kommt der Ehrgeiz, kommen

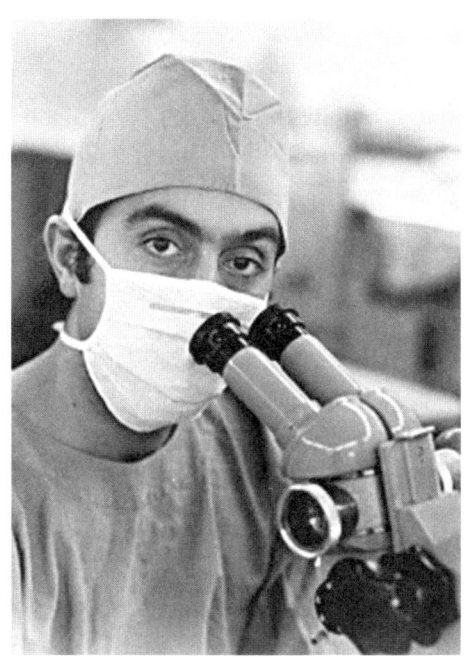

Spannungen – und dann scheitert man. Bei mir war das nicht der Fall. Ich wollte etwas Gutes abliefern.

Was wollten Sie werden, als Sie Kind waren?

Neurochirurg.

Hatten Sie sich als Kind vorgenommen, später einmal berühmt zu werden?

Nein, ich wollte anerkannt sein.

Madjid Samii im Alter von 33 Jahren

Hat Ihre Erziehung zu Ihrem Erfolg beigetragen?

Sicherlich. Ich zweifele nicht daran. Wenn ich nicht diese Erziehung gehabt hätte, hätte ich das nicht überlebt. Drei Komponenten in der Erziehung meiner Mutter waren dabei wichtig: Liebe, Verzeihen und Verzicht.

Erkennen Sie heute das Kind in sich, das Sie einmal waren?

Absolut. Meine Gefühle Menschen gegenüber und zu allem, was ich erlebe, haben sich nicht verändert.

Was ersehnen Sie am meisten aus Ihrer Kindheit?

Natürlich ersehne ich diese Zeit ohne Belastungen und ohne Sorgen, angefüllt mit Spielen und Singen. Jeder Mensch, der eine tolle Kindheit hatte, muss sich danach sehnen. Das würde ich gern noch einmal erleben. Heute versuche ich, das noch einmal mit den Enkelkindern zu erleben. Mit meinen Enkelkindern spiele ich genauso, wie ich damals gespielt habe.

Was macht für Sie eine glückliche Kindheit aus?

Ich bin der Ansicht, dass eine glückliche Kindheit aus verschiedenen Aspekten besteht. Wenn beispielsweise ein Kind anfängt, Dinge wahrzunehmen – das geht schon mit einein-halb Jahren los, wir wissen, dass die Gehirnzellen sich dann miteinander zu verbinden beginnen, Eindrücke zu registrieren und auch zu speichern –, Informationen bekommt, die wirklich mit Liebe in Verbindung stehen. Man muss die Liebe an die erste Stelle setzen, damit das Kind diese Wärme und diesen Schutz, den es braucht, erleben kann. Wenn ein Kind noch nicht reden und noch nicht handeln kann, klammert es sich in dem Moment an seine Mutter, in dem es sich nicht wohl fühlt. Es sucht dann Schutz. Liebevolle Reaktionen der Mutter beruhigen das Kind. Also an erster Stelle für eine glückliche Kindheit steht für mich die Liebe, die dem Kind Schutz gibt. Der zweite Aspekt ist die soziale Lebensweise, die die Eltern oder die für die Kinder Verantwortlichen dem Kind vorleben, dieses Umfeld der Aktionen und Reaktionen innerhalb der Familie beeinflusst ein Kind sehr. Dies ist eine ganz wichtige Prägung. Und der dritte Aspekt, den ich sehe, ist das weitere soziale Umfeld des Kindes, die Freunde, der Umgang, den es hat, ob das aggressive oder liebevolle Kinder sind. Man muss darauf achten, mit welchen anderen Kindern ein Kind in Berührung kommt. Diese Freunde können enormen Einfluss ausüben und unter Umständen auch Schaden zufügen, sie haben somit eine wichtige Rolle für die Entwicklung eines Kindes.

TIL SCHWEIGER

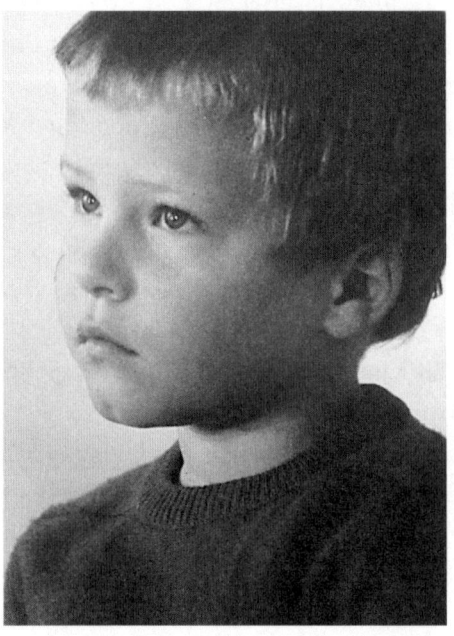

Tilman Valentin Schweiger wurde am 19. Dezember 1963 in Freiburg im Breisgau geboren. Er wuchs als mittlerer von drei Brüdern auf und besuchte die Herderschule Gießen, an der sein Vater Oberschullehrer war. Seine Mutter unterrichtete als Geschichtslehrerin an der Gesamtschule Gießen Ost. Nach dem Abitur leistete er seinen Wehrdienst ab und war unter anderem in den Niederlanden stationiert. Zwischenzeitlich nahm Schweiger das Recht auf Kriegsdienstverweigerung wahr und wurde nach seiner Anerkennung als Zivildienstleistender in

258

Til Schweiger im Alter von 5 Jahren

einem Krankenhaus eingesetzt. **Er nahm anschließend ein Medizinstudium auf, das er jedoch ebenso abbrach wie ein darauf folgendes Lehramtsstudium der Germanistik. Ab 1986 absolvierte Schweiger eine dreieinhalbjährige Schauspielausbildung in Köln. Til Schweiger hat einen Sohn und drei Töchter.**

Welches ist die erste Erinnerung Ihrer Kindheit?

Ich bin nicht sehr gut mit Erinnerungen. Ich habe wohl sehr viel vergessen. Aber ich erinnere mich noch, wie ich immer im Arbeitszimmer meines Vaters war, der noch studierte. Da war ich vielleicht zwei, drei Jahre alt, und das Zimmer hatte so eine Glastür mit Riffelglas. Ich stand vor der Glastür und habe mit einem Spielzeugauto entlanggeriffelt, bis er mich reingelassen hat. Er war sehr fokussiert auf sein Studium. In seinem Arbeitszimmer gab es ein Bett, da hat er mich draufgesetzt, hat sich kurz mit mir beschäftigt – für mich viel zu kurz – und hat dann weiter auf seiner Schreibmaschine getippt. Ich lag dann auf dem Bett und habe darauf gewartet, dass er wieder Zeit für mich hat. Und dann kann ich mich noch an etwas anderes erinnern – damals lief im Fernsehen eine Werbung für eine Uhr, Timex, die war »unkaputtbar«, behauptete der Werbeslogan. In der Werbung wurde die Uhr um ein Motorrad gewickelt, also mit dem Glas nach unten, und dann sind sie mit diesem Motorcross-Rad durch die Gegend gefahren. Die Uhr blieb ganz. Das hat mein älterer Bruder mit dem Fahrrad nachgestellt und seine Uhr, seine erste Armbanduhr, war sofort kaputt.

Das war lustig. Also ... das war nicht lustig, denn meine Eltern waren tierisch sauer.

Ich habe auch eine traumatische Kindheitserinnerung, als ich vielleicht so fünf oder sechs war. Wir sind im Sommer ja immer in die Berge nach Südtirol gefahren, weil meine Eltern beide studiert haben und keine Kohle, aber drei Kinder hatten. Deshalb sind wir immer in die Berge nach Südtirol gefahren, im Sommer wie im Winter, und waren dort immer wandern. Ein Freund meines Vaters nahm mich an den Beinen, hielt mich über so einen reißenden Gebirgsbach und tat so, als würde er mich da reinwerfen wollen. Das fanden alle superlustig, außer mir. Ich hatte echt Angst. Das werde ich nie vergessen.

Was für ein Kind waren Sie?

Ich war sehr verträumt, damals schon sehr kreativ. Ich habe wahnsinnig viel gemalt. Und zwar habe ich Western-Comics gemalt, Geschichten von Cowboys und Indianern. Richtig als Buch, das ich dann selbst gebunden habe. Und die Bücher habe ich dann meinen Eltern verkauft – für eine Mark oder so. Ich habe sehr viel geträumt und war als Kind eher schüchtern. Ich war eigentlich der Liebste von uns dreien. Sowohl der Ältere als auch der Jüngere waren viel forscher und hatten viel mehr Probleme. Ich war eigentlich von uns Kindern das liebste, angepassteste.

Mein erstes Selbstbewusstsein kam so mit fünfzehn, sechzehn Jahren, als ich anfing, sehr viel Sport zu machen, und plötzlich feststellte, dass die Mädchen mich gut fanden. Ich weiß noch, mit zwölf Jahren bin ich mal abends mit der

Nachbarstochter von der Kirmes nach Hause gelaufen und dann habe ich die ganze Zeit gequatscht, weil ich so unsicher war. Und sie hat die ganze Zeit gelacht. Und dann lag ich zu Hause im Bett und dachte: »Hey, die hat ja die ganze Zeit gelacht. Vielleicht bin ich ja lustig.« Das war ein wichtiges Erlebnis für mich, daran erinnere ich mich noch.

Wer stand Ihnen in Ihrer Familie als Kind am nächsten?

Ich würde sagen mein jüngerer Bruder. Mit meinem großen Bruder hatte ich sehr viele Probleme. Er hat mich immer verprügelt. Das ging erst später besser, so mit sechzehn, siebzehn, als ich angefangen habe zurückzuschlagen. Da hat er von mir abgelassen. Aber vorher hat er eigentlich alles, was so bei ihm schieflief, an mir abgelassen. Das engere Verhältnis hatte ich zu meinem jüngeren Bruder.

Welche Werte haben Ihre Eltern Ihnen vermittelt?

Sicherlich Leistung. Belohnung gab es bei guten Noten. Nun waren beide Eltern Lehrer, sehr gewissenhafte Lehrer. Es gibt Lehrer, die machen Dienst nach Vorschrift und bereiten den Unterricht nicht vor. Meine Eltern waren sehr engagiert in ihrem Beruf. Mein Vater hat mir Großzügigkeit vermittelt, würde ich sagen. Er ist ein sehr großzügiger Mensch, und das habe ich wohl von ihm. Emotional war das eher eine andere Zeit. Meinen Vater, den ich bis zum heutigen Tag immer unendlich geliebt habe und liebe, habe ich nicht in emotionale Dinge eingeweiht. Wenn ich zum Beispiel ein Problem mit einem Mädchen hatte, habe ich darüber nicht mit ihm gesprochen. Mein Vater war eine Respektsperson. Er ist erst im Laufe seines Lebens, ähnlich wie sein Vater, der eine noch viel größere Respektsperson war, immer weicher geworden. Und gütiger, auch lässiger. Aus meiner Sicht war er unheimlich verklemmt. Als wir dann sechzehn, siebzehn waren und offen zu Hause über Sex geredet haben, da ist er vom Tisch aufgestanden und gegangen. Mit meiner Mutter konnte man darüber schon eher reden. Wir haben mit ihr nicht über unsere Beziehung geredet, aber sie war da schon lockerer.

Wurden Sie von den Eltern besonders gefördert?

Nein, das würde ich nicht sagen. Mein Vater hat schon bei den Hausaufgaben geholfen, was von uns nie erwünscht war, weil er relativ ungeduldig war. Wir haben uns immer damit gerettet, dass wir sagten, wir hätten nur Mathe auf. Mathe konnte er überhaupt nicht, denn er konnte nur Deutsch, Sozialkunde und Politik. Ansonsten haben meine Eltern gesagt, dass wir ein Instrument lernen sollen. Ich bin damals aber völlig in Fußball aufgegangen, und danach habe ich viel Kickboxen gemacht. Der Sport war mir viel wichtiger als ein Instrument. Rückblickend, das werfe ich ihnen nicht vor, hätte ich mir gewünscht, dass sie gesagt hätten: »Nein, du machst das jetzt!« Das ist etwas, was ich mir am meisten in meinem Leben vorwerfe, dass ich nie Klavierspielen gelernt habe. Ich bin mit meinen Kindern so tolerant und versuche, sie zu nichts zu zwingen, aber bei Instrumenten sage ich ihnen einfach, das ist das Schönste, was sie in ihrem Leben machen können.

Waren Sie ein guter Schüler?

Ja, ich habe Abitur gemacht mit 1,7. Ich war ziemlich gut. In der elften Klasse hatte ich sogar einen Notendurchschnitt von 1,1. Ich habe auch viel gemacht für die Schule. Mein jüngerer Bruder hat zum Beispiel überhaupt nichts gemacht. Den habe ich abgefragt vor seiner mündlichen Abiturprüfung zum Thema Weimarer Republik/Nationalsozialismus, das war auch mein Thema gewesen, deshalb kannte ich mich sehr gut aus. Und mein Bruder wusste so gut wie gar nichts. Und ich habe ihm gesagt, dass er so untergeht. Und dann ist er mit dreizehn Punkten nach Hause gekommen.

Welche Rolle hatten Sie in Ihrer Klasse?

Das hat sich im Laufe der Jahre dramatisch geändert, denn ich bin mit fünf eingeschult worden und war immer der Kleinste – und sehr schüchtern. Die Schüchternheit hatte sicherlich damit zu tun, dass ich der Kleinste war. Ich hatte drei wirklich gute Freunde, die dann alle sitzengeblieben sind. Plötzlich war ich in einem Jahrgang, in dem ich überhaupt keine Freunde mehr hatte beziehungsweise auch keine wollte, weil ich die anderen Typen alle doof fand. Dann kam mir irgendwann die Eingebung: Ich hatte damals einen Notendurchschnitt von 2,9 in der neunten Klasse, und da habe ich entschieden, die neunte Klasse freiwillig zu wiederholen. Alle haben gesagt, ich sei bescheuert. Die Lehrer haben das für eine doofe Idee gehalten, meine Eltern auch, aber ich habe das durchgezogen. Der Hauptgrund war, dass ich nicht mehr der

Kleinste sein wollte. Außerdem wollte ich mit meinen Jungs wieder zusammen sein. Die sind ja dann aufgerückt, allerdings nur für ein Jahr, denn die haben alle Mittlere Reife gemacht. Dann ist in der zehnten Klasse mein Notendurchschnitt richtig nach oben explodiert, und ich war nicht mehr der Kleinste. Da habe ich dann ein ganz neues Selbstbewusstsein entwickelt.

Ich werde nie vergessen, wie mein Kunstlehrer, der mich sehr mochte, mir in der zwölften oder dreizehnten Klasse sagte: »Til, mit deiner Art wirst du im Leben scheitern. Mit deiner *Laissez-faire*-Haltung und deiner Ist-mir-doch-scheißegal-Haltung kommst du nicht durch.« Und das traf mich, weil ich wusste, dass er mich sehr mochte und mich nicht runtermachen wollte. Aber er hat ja nicht recht gehabt. Auf der einen Seite war ich sehr fleißig und habe mich auf die Schule vorbereitet, auf der anderen Seite habe ich versucht, so viel Spaß wie möglich zu haben in der Schule. Zum Beispiel hatten wir als Kunstprojekt das Neue Evangelische Krankenhaus zu fotografieren und die Architektur auseinanderzunehmen. Wir haben am Ende aber nur Portraitaufnahmen von uns geschossen – mit dem Krankenhaus im Hintergrund. Ich habe dann eine große Rede gehalten, und daraufhin hat er das gesagt. Es war ein Riesen-lacherfolg in der Klasse, es haben sich alle totgelacht, aber eine gute Note gab es nicht.

Gab es Lehrer, die Sie fasziniert haben?

Nein, »fasziniert« würde ich nicht sagen. Es gab welche, die habe ich gemocht. Und es gab welche, die habe ich nicht gemocht.

Ich habe mir damals schon überlegt: »Mensch, warum sind die denn Lehrer geworden? Das ist doch ein Desaster, dass die Lehrer sind.« Da entstand der Wunsch, der sicherlich auch damit zusammenhing, dass meine Eltern Lehrer waren, ein guter Lehrer zu werden, denn ich habe damals schon gespürt, dass ich ein sehr gutes didaktisches Talent habe und auch beim Lehren sehr viel Geduld aufbringe, obwohl ich eigentlich eher ein ungeduldiger Mensch bin. Aber dass ich zu einem Lehrer aufgeblickt habe, nein – es war eher umgekehrt, dass ich gedacht habe: »Was ist denn das für ein Depp …« Dass ich so überhaupt kein Interesse für Musik entwickelt habe, lag an meinem Musiklehrer, denn der hat einem den Spaß an der Musik genommen. Das hat sich ja später total gewandelt, denn ich war lange DJ, und Musik ist heute ein ganz wichtiger Bestandteil meiner Filme. Ich arbeite wirklich mit dem Komponisten zusammen. Ich kann zwar nicht die Tasten bedienen, aber ich sage dann: »Bleib auf dem Ton!« Genau wie die Englischlehrerin. In der zehnten Klasse konntest du eine Fremdsprache abwählen, und ich habe sofort Englisch abgewählt und Französisch genommen, weil ich einfach keinen Bock mehr hatte auf diese Lehrerin.

Was hat Ihren Ehrgeiz entfacht?

Ich weiß es nicht. Vielleicht lag das an diesem Leistungsprinzip bei uns zu Hause. Es gab nicht diesen einen entscheidenden Punkt, an dem ich sagte: »Das ist jetzt mein Ehrgeiz.« Ich wusste auch lange nicht, wo ich hingehe, nachdem klar war, dass ich nicht Lehrer werden kann und keinen Plan B hatte. Aber ich wollte immer gewinnen, ob das beim Fußball war oder beim Kickboxen.

Einmal war ich wahnsinnig stolz auf mich. Da war Silvester, ich war siebzehn oder achtzehn Jahre alt, und alle haben Party gemacht. Ich habe gesagt: »Nein, ich bleibe zu Hause – alleine – und trainiere, mache mein Muskeltraining, mein Boxtraining. Und ich weiß genau, um Mitternacht, wenn ich da trainiere, trainiert kein anderer auf der Welt. Das Training kann mir keiner wegnehmen!« Das fand ich supercool. Im Endeffekt dachte ich wenige Zeit später: »Wie behämmert!«, als die anderen erzählten, welche Party ich verpasst hatte. Aber wenn ich etwas machte, machte ich es richtig, und dann war ich diszipliniert.

Hatten Sie das Gefühl, besonders begabt zu sein?

Das hatte ich nicht. Aber, ganz komisch – das habe ich noch nie jemandem erzählt – es gab so einen Moment, da war ich fünfzehn oder sechzehn, da hatte ich so etwas wie eine Eingebung und habe gedacht, ich bin etwas Besonderes. Mein Leben wird irgendwie etwas Besonderes werden. »Besonders« – nicht in dem Sinn, dass ich besser bin als all die anderen, aber dass es irgendwie etwas wird, das nicht der Norm entspricht. Dann habe ich sofort überlegt, was für ein Schwachsinnsgedanke das wäre – etwas Besonderes zu werden. Mit fünf Milliarden Menschen damals auf der Welt: »Wie kannst du das denken?« Das Gefühl hatte ich dann auch nicht mehr. Es ist mir später wieder eingefallen, als ich einen anderen Weg gegangen bin als viele andere. Da ist mir das wieder eingefallen, dass es damals in Heuchelheim diesen Moment gegeben hatte, als ich dachte: »Irgendwie bin ich nicht ganz normal.«

Welche Rolle spielte Ihr Vater?

Wie für jedes Kind eine immanent wichtige, würde ich sagen. Ich habe zu meinem Vater aufgesehen. Ich war unheimlich stolz auf ihn, dass er Lehrer war, später Schulleiter, zum Glück nicht an meiner Schule. Eine Zeitlang war er zwar Lehrer an der Schule, auf die ich ging, aber er hat mich nie unterrichtet. Ich war in der Sekundarstufe I, und er war Oberstufe. Ich habe ihn wahnsinnig geliebt und habe mich von ihm auch beschützt gefühlt. Ich wusste auch, dass er mich beziehungsweise alle seine Kinder wahnsinnig liebte. Das hat er uns nicht so vermittelt, wie ich das meinen Kindern vermittle. Ich sage ihnen hundert Mal am Tag, dass ich sie liebe, worauf sie nur sagen: »Papa, das hast du mir jetzt schon zwanzig Mal gesagt.« Ich sage dann: »Sei froh, dass ich es dir sage! Weil mein Papa hat das nie zu mir gesagt.« Aber ich habe die Liebe meines Vaters auch ohne Worte gespürt.

Hatten Sie Vorbilder?

Bruce Lee, die Kung-Fu-Legende. Karl Heinz Förster im Fußball, der war für mich der Verteidiger. Ich war Verteidiger und Förster war für mich das Nonplusultra des Fußballs.

Haben Sie als Kind Niederlagen erlebt?

Ich werde nie vergessen, wie ich mich mit meinem damaligen besten Freund – da war ich vielleicht so zehn Jahre alt – gestritten habe in großer Runde beim Fußball. Da haben wir uns geprügelt, und er hat mir ohne Vorwarnung ins Gesicht geschlagen. Immer wieder. Das hat mich so schockiert, ich konnte mich überhaupt nicht wehren. Das war undenkbar damals, und ich empfand das als eine sehr schlimme Demütigung und Niederlage vor den Augen aller anderen.

Waren Sie gut im Sport?

Ja, hauptsächlich im Ballsport. Da war ich gut.

Sind Sie als Kind gehänselt worden?

Nein. Ich bin zwar gehänselt worden, das habe ich aber nie als Hänselei empfunden, darunter habe ich auch nicht gelitten. Damals gab es eine Werbung mit einer älteren Frau, die hat für ein Spülmittel geworben und die hieß Tilli. Und dann haben die Mädels mich alle Tilli genannt. Aber das hat mich nicht gestört. Es war dann sowieso so, dass ich, als ich meine Jungs nach der Mittleren Reife verloren habe, viel mehr Zeit mit den Mädels verbracht habe. Ich hatte einen besten Freund in der Oberstufe, und ansonsten hing ich nur mit den Mädels ab.

Haben Sie andere gehänselt?

Nein. Das habe ich auch in meiner Erziehung mitbekommen, dass man andere nicht hänselt. Und dass man sich nicht über andere erhebt. Ich habe eher die angegriffen, die andere gehänselt haben.

Haben Sie etwas in Erinnerung, das Ihnen als Kind oder Jugendlichem peinlich war?

Ja, dieser Moment, als mein bester Freund mir vor allen anderen wiederholt ins Gesicht geschlagen hat. Da bin ich nach Hause gegangen und dachte, dass mir das nie wieder passieren darf.

Wann haben Sie begonnen, sich mit Film zu beschäftigen?

Eigentlich schon sehr früh. Aber nicht als Berufsziel, sondern mehr als Hobby. Mein erstes Kinoerlebnis war »Ruf der Wildnis« von Walt Disney, also eine Naturdokumentation. Mein zweiter Film war »Pippi Langstrumpf«, mein dritter Film war »Mein Name ist Nobody« mit Terence Hill. Ich habe im Endeffekt mein ganzes Geld ins Kino getragen. Es gab dann auch immer wieder Filme, die ich so besonders fand, dass ich sie mehrfach geschaut habe. Mit sechzehn war ich beispielsweise fünfmal hintereinander montags bis freitags in »Der Profi« mit Jean Paul Belmondo. Zum Film selbst kam ich erst spät. Die Idee, auf eine Schauspielschule zu gehen, hatte ich mit einundzwanzig. Als ich es dann endlich geschafft hatte, aufgenommen zu werden, war ich zweiundzwanzig. Ich war ein Spätzünder.

Anfangs habe ich aus Verlegenheit Medizin studiert, dann jedoch ganz schnell gemerkt, dass das nicht das Richtige für mich war. Als ich meinen Eltern dann sagte, dass ich versuchen wollte, Schauspieler zu werden, meinten sie, ich hätte noch nicht einmal in der Theater AG mitgespielt. Aber das war nur so, weil die Lehrerin so doof war. Ich hatte tatsächlich vorher keine Ambitionen gehabt, was die Schauspielerei betraf. Das war viel zu weit weg – Tilli aus Gießen träumt jetzt davon, Filme zu machen …

Wurden Sie als Kind beneidet?

Das weiß ich jetzt nicht so. Aber was einigen Leuten auf die Nerven ging, war, dass ich so einen Schlag bei den Mädels hatte, und später, als ich dann das Selbstbewusstsein hatte, Sprüche gemacht habe und trotzdem gut in der Schule war. Und dann auch noch gut im Sport war – das hat damals schon viele Leute gestört. Damit habe ich früh Bekanntschaft gemacht.

Waren Sie beliebt?

Ja, bei den Mädchen war ich total beliebt. Bei einigen Lehrern auch. Meine Französischlehrerin mochte mich sehr, mein Deutschlehrer auch. Im Fußballverein auch. Ich hatte jetzt nicht das Gefühl, ein Außenseiter zu sein.

Hatten Sie Ängste als Kind?

Ich hatte schon damals ein feindseliges Verhältnis zu Höhen. Solche Ängste, die man später entwickelt, hatte ich nicht. Ich hatte keine Zukunftsangst, weil ich mir gar nichts darunter vorstellen konnte. Bevor ich auf die Idee gekommen bin, es als Schauspieler zu versuchen, habe ich gedacht, ich würde sterben, bevor ich dreißig bin. Ich hatte überhaupt keinen Plan von der Zukunft. Ich konnte mich nicht sehen mit dreißig, weil das so unendlich weit weg war. Dreißig war so stein-alt, dass ich einfach keine Vorstellungskraft hatte, wie mein Leben einmal aussehen würde. Mein Plan war ja, Lehrer zu werden. Als ich 1983 Abitur machte, war Lehrerschwemme. Es war klar, selbst wenn man studiert und den Abschluss macht, kriegt man keinen Job. Auf Magister zu studieren, hatte ich keine Lust. Dann kam die große Frage – Bundeswehr oder Zivildienst. Mein bester Freund damals, der hatte die Bundes-wehr schon abgerissen. Der hatte aber auch das Glück, dass er heimatnah stationiert war. Er konnte jeden Abend nach der Grundausbildung zu Hause schlafen. Deshalb entschied ich, auch die Bundeswehr zu machen, weil das drei Monate kür-zer war. Mich hat es dann voll erwischt. Ich bin nach Hol-land gekommen und konnte immer nur am Wochenende nach Hause, wenn überhaupt. Denn das war das große Druckmit-tel: »Wenn ihr nicht spurt, dann bleibt ihr am Wochenende hier und schiebt Wache.« Und das Wochenende ist das Ein-zige, wofür du in dieser Zeit lebst. Dann habe ich verschiedene Anträge gestellt, nach der Grundausbildung heimatnah statio-niert zu werden. So kam ich nach Siegburg zu den Wachbatal-lionen und hatte noch einmal eine Grundausbildung. Danach ist mir die Lust vergangen, und ich habe verweigert. Das war das erste Mal, dass ich etwas begonnen und dann abgebrochen habe. Meine Eltern meinten, ich hätte den Wehrdienst ange-fangen und müsste ihn auch durchziehen. Aber wo steht das denn geschrieben? Dann habe ich mich für Medizin bewor-ben, einfach, um meine Eltern ruhigzustellen. Ich lag im Bun-deswehrkrankenhaus, das weiß ich noch, und mein Vater kam freudestrahlend rein mit der Studienplatzbestätigung. Ich habe das zwei Semester lang studiert, und im dritten Semester wusste ich, dass Medizin nicht mein Ding war, und habe abgebrochen. Das war der zweite Abbruch, mit dem meine Eltern nicht einverstanden waren. Dann habe ich angefangen, Germanistik und Geschichte auf Magister zu studieren, weil ich das meinen Eltern nicht antun wollte, Medizin abzubrechen und nichts zu machen. Also habe ich ein Semester studiert und mich parallel bei den ganzen Schauspielschulen beworben. Nachdem es dann geklappt hat, habe ich das meinen Eltern gesagt – das war dann Abbruch Nummer drei. Meine Eltern haben sich wahnsinnige Sorgen gemacht, dass ich nichts zu Ende bringe. Ich finde nicht, dass man von einem Zwanzigjährigen erwarten sollte, dass er irgendetwas studiert, nur um zu studieren. Ich finde, das ist das Fatalste, was man einem jungen Erwachsenen antun kann.

Wie war Ihre erste große Liebe?

Also, am Anfang wunderschön. Da war ich achtzehn und bin gerade noch zur Schule gegangen, und sie war dreiundzwanzig, also deutlich älter, und sie hatte auch schon ein Auto. Mit ihr bin ich auch zusammengezogen, mit Dagmar, so hieß sie. Wir waren drei Jahre zusammen. Am Ende war es nicht mehr so doll, aber am Anfang war es klasse. Kurz vor meinem achtzehnten Geburtstag bin ich von zu Hause ausgezogen.
Meine Eltern hätten es lieber gehabt, wenn ich zu Hause geblieben wäre, zumal Dagmar ja deutlich älter war. Aber sie mochten sie dann auch sehr. Wir haben uns immer sonntags

mit meinen Eltern zum Frühstück getroffen, jahrelang war das ein festes Ritual, sonntags zum Brunch bei meinen Eltern. Mit oder ohne Freundin, je nachdem.

Hatten Sie als Kind eine Schwäche, etwas, das Ihnen besonders schwerfiel?

Naturwissenschaften. Die konnte ich dann zum Abitur abwählen. Mathe ging, da hatte ich dieses Talent, die Formel, die gesucht war, zu erkennen, sie anzuwenden und dann voll zu punkten. Da hat mir ein Fußballkollege, der bei mir in der Straße wohnte und mit mir Abi gemacht hat, geholfen. Der hatte einen Schnitt von 0,9, überall fünfzehn Punkte gemacht, auch in Sport. Er war ein super Fußballer und sah sogar ganz gut aus. Bei dem habe ich echt gedacht, der erfindet mal einen Impfstoff gegen AIDS. Heute leitet er ein Krankenhaus in Bremen, das finde ich bei dem, was der draufhatte, eine totale Verschwendung von Talent. Aber er war eben in der Lage, sich auf meine Gedankengänge herabzulassen und mir Mathe ganz logisch zu erklären. Deshalb habe ich in Mathe immer vierzehn Punkte geschrieben. Für fünfzehn Punkte brauchte man den Beweis, den ich nie verstanden habe. Ich wusste nicht, was eine Nullstelle ist oder ein Integral oder sonst etwas, aber ich konnte es berechnen. Auch meinen Physikschein im Medizinstudium habe ich nur geschafft durch den mathematischen Anteil und damit gerade die Mindestpunktzahl erreicht. Diese ganzen anderen Physiksachen habe ich gar nicht erst angefangen, weil ich einfach nichts verstanden habe.

Was haben Sie gehasst?

Dasselbe wie heute: Ungerechtigkeit. Wenn Leute ungerecht behandelt worden sind. Fisch mochte ich nicht, mittlerweile liebe ich Fisch. Damals war es halt so eine tiefgefrorene Scholle in der Pfanne, das roch schon von weitem nach Fisch.

Haben Sie sich geliebt gefühlt?

Ja, von meiner Freundin habe ich mich geliebt gefühlt, von den Mädels, mit denen ich in der Schule war. Und es gab öfters mal ein Mädchen, das in mich verliebt war und ich dann nicht in sie. Ich war auch mal unglücklich verliebt, da habe ich mich natürlich nicht geliebt gefühlt. Und von meinen Eltern habe ich mich absolut geliebt gefühlt. Aber wahrscheinlich nicht genug, weil sie wahnsinnig in ihrer Arbeit aufgegangen sind und das sehr ernst genommen haben. Ich hatte, wenn ich so zurückblicke, öfter das Gefühl, mir gewünscht zu haben, dass sie mehr Zeit gehabt hätten. Meine Eltern haben es geschafft, sogar in den Ferien zu arbeiten.

Was haben Sie gelesen?

Als Kind war ich ein Bücherwurm und habe wahnsinnig viel gelesen. Im Gegensatz zu heute. Mein Lieblingsbuch damals war von Sten Nadolny »Die Entdeckung der Langsamkeit«. Da war ich etwa vierzehn. Das habe ich, glaube ich, drei Mal gelesen. Ein Buch, das ich zwei Mal gelesen habe, war »Das Parfum«. Mein absolutes Lieblingsbuch aber war Márquez' »Die

Liebe in den Zeiten der Cholera«. Das habe ich wohl auch drei
Mal gelesen.

Sind Sie als Kind von jemandem – eindrücklich – schlecht behandelt worden?

Von meinem älteren Bruder des Öfteren. Er war sehr jähzornig,
und er war mir körperlich überlegen. Erst als ich angefangen
habe, mich zu wehren und zurückzuschlagen, und als ich ihm
einmal seine Brille ins Auge gedrückt habe, hörte das auf.

Was war Ihr Lieblingsduft?

Es gibt einen Duft, den habe ich in meiner Kindheit gehasst
wie die Pest, denn das war so ein In-Duft Ende der siebziger,
Anfang der achtziger Jahre, Patschuli. Das gab es als Räucher-
stäbchen oder auch als Öl. Die ganzen, die in Lila rumge-
laufen sind, rochen nach Patschuli. Wenn ich Patschuli gerochen habe, habe ich Aggressionen bekommen. Geliebt habe
ich immer den Duft von Vanille. Ich habe deshalb auch nie
Männerparfums getragen, denn die waren mir alle zu herb und
zu aufdringlich. Ich mochte eher liebliche Gerüche wie von
Lavendel und Vanille.

Hatten Sie einen Lieblingsort?

Der Ort in Südtirol, wohin wir immer in den Urlaub gefahren sind: Das war ein 150 Jahre altes Holzhaus, wo jede Treppe
und jeder Boden geknirscht haben – ein wunderschöner und

ein ganz bedeutender Ort für mich, weil ich dort so viel Zeit verbracht habe.

Wären Sie gern noch mal Kind?

Ja. Ich habe immer gesagt, es müsste eine Zeitmaschine geben, für die man so eine Rolle mit hundert Tickets bekommt, die man abreißen kann, und sagt: »Heute reise ich in die Vergangenheit zum 17. Juni 1974, als ich mit meinen Eltern in Südfrankreich war.« Dann kann ich diesen Tag noch mal ganz bewusst erleben. Oder als ich achtzehn war und zum ersten Mal verliebt war. Das würde ich auch gern noch einmal erleben. Aber das geht leider nicht.

Wollten Sie es irgendjemandem beweisen mit Ihrem Werdegang?

Das glaube ich schon. Ja. Ich wollte es sicherlich meinen Eltern beweisen, die nicht wirklich daran geglaubt haben. Auch dem einen oder anderen Kumpel. Aber »beweisen« klingt so verkrampft, so nach »Teufel komm raus«. So war es nicht. Eher wie ein »Schau'n wir mal – abgerechnet wird am Schluss«. Ein Kollege und ich, wir waren eigentlich immer die *»looser«* in der Schauspielklasse – es gab andere, die Lieblinge, die immer gelobt worden sind –, wir haben immer auf die Fresse gekriegt, aus unterschiedlichen Gründen. Bei mir hieß es, ich dächte wohl, weil ich so gut aussähe, müsste ich das und das nicht machen. Das habe ich aber nie gedacht. Das haben sie mir immer an den Kopf geworfen. Ich habe dann immer zu meinem Kollegen gesagt: »Wir rollen das Feld von hinten auf.«

Haben Sie sich als Kind vorgestellt, das zu tun, was Sie jetzt machen?

Null. Ich habe noch nicht einmal einen Gedanken daran verschwendet.

Gab es jemanden, der an Sie geglaubt hat in Ihrer Kindheit?

Also, mein Kunstlehrer nicht. Als Kind kann ich mich jetzt nicht erinnern, dass irgendjemand gesagt hätte, dass er an mich glaubt. Aber ich kann mich jetzt auch nicht an das Gegenteil erinnern – außer dieser einen Anekdote mit dem Kunstlehrer. Und dann, als ich mich vorbereitet habe auf die Schauspielschulen-Tour – denn du wirst ja nicht gleich bei der ersten angenommen, es sei denn, du bist extrem glücklich dran –, da gab es die beiden Schauspieler, mit denen ich zusammengearbeitet habe und mit denen ich mich vorbereitet habe, die an mich geglaubt haben. Die haben immer gesagt: »Til, das wird super!«

Hatten Sie als Kind oder Jugendlicher den Impuls, besser sein zu wollen als die anderen?

Ja, aber nicht besser zu sein als die anderen, sondern vielmehr das Optimum aus meinen Fähigkeiten herauszuholen. Über das Verhältnis zwischen Talent und Arbeit habe ich schon recht früh als Jugendlicher nachgedacht. Ich kam darauf, dass man nur ganz nach oben kommen kann, wenn man das meiste Talent hat. Dass man für sein Talent aber gar nichts kann, sondern so geboren ist, und dass man vieles, worin man kein Talent hat, durch Arbeit ausgleichen kann. Ich habe eben darüber nachgedacht, warum welche Personen welche Positionen erreichen.

Was wollten Sie werden, als Sie Kind waren?

Lehrer.

Hatten Sie sich als Kind vorgenommen, später einmal berühmt zu werden?

Nein, wie gesagt, als Kind habe ich überhaupt nicht daran gedacht. Zum ersten Mal kam mir der Gedanke mit einundzwanzig, und da war das noch ganz anders als heute. Da wurdest du nicht berühmt als Schauspieler, da gab es noch keine Kinolandschaft so wie heute. Es gab nur Fernsehen, nicht einmal Privatfernsehen. Als ich auf die Schauspielschule ging, begann das gerade. Da haben die noch keine eigenen Filme gemacht, sondern Sachen wie »Tutti Frutti« und so etwas. Berühmt zu werden, war für mich nicht der Motor, es war eher so eine Notnagel-Entscheidung. BWL wollte ich nicht studieren, Medizin wollte ich auch nicht, Lehrer konnte ich nicht.

Hat Ihre Erziehung zu Ihrem Erfolg beigetragen?

Denke ich schon, auf jeden Fall. Auch wenn ich nicht aus einem Künstlerhaushalt komme wie viele andere Schauspieler, wo sie früh gefördert wurden und früh in so eine Welt hineinwuchsen. Ich war ja völlig weltfremd, sozusagen. Aber das

Leistungsprinzip, die Überzeugung, dass man nur etwas erreichen kann, wenn man hart dafür arbeitet, das hatte ich früh verinnerlicht. Seit der Zeit, in der ich begonnen habe, meinen ersten Film selber zu schreiben und zu produzieren, könnte ich zehn Schauspieler nennen, die behaupten, dass sie das auch tun. Sie haben es aber bis heute nicht getan.

Erkennen Sie heute das Kind in sich, das Sie einmal waren?

Das erkenne ich immer. Man sagt ja, der Mann trägt das Kind in sich. Ich habe bis heute nicht das Gefühl, dass ich erwachsen bin. Nicht, weil ich Angst davor habe, erwachsen zu sein, sondern weil ich immer so gefühlt habe. Es gibt eine Religion, ich glaube, es sind die Buddhisten, die sagt, man kommt mit einem bestimmten Alter auf die Welt. Dieses Alter hat man. Und daran glaube ich irgendwie. Obwohl ich in keinster Weise religiös bin. Mein älterer Bruder zum Beispiel, der war mit zwanzig schon unendlich erwachsen. Aber der ist heute genauso. Ich bin eigentlich immer jung geblieben. Ich fühle mich nicht wie Ende vierzig. Nicht, weil ich vor dem Alter weglaufen will. Als ich Vater wurde, habe ich mich gefragt, wie ich diese Verantwortung übernehmen soll. Davor hatte ich wahnsinnige Angst. Ich hatte ein Schlüsselerlebnis, als ich mit Heiner Lauterbach und einem älteren Türken, einem Fotografen, in der Türkei die

Til Schweiger im Alter von 18 Jahren

Ägäis mit so einem alten Fischerboot runtergeschippert bin. Wir saßen von morgens bis abends zusammen, haben die ganze Zeit geredet und wahnsinnig viel gelacht. Da dachte ich, hier sitzen drei Generationen, die reden alle auf einem Level und haben denselben Humor, obwohl wir alle völlig unterschiedlich waren. Wenn ich jemanden treffe und ich kann mir vorstellen, wie derjenige als Kind war – also, ich schaue dem ins Gesicht und kann mir vorstellen, wie er mit acht Jahren war –, dann ist er mir sympathisch. Treffe ich jemanden, der völlig zeitlos ist und ich das Kind nicht in der Person erkennen kann, ist er mir suspekt.

Was ersehnen Sie am meisten aus Ihrer Kindheit?

Meine Kindheit war – mit allen Enttäuschungen – relativ unbeschwert. Zumindest ich als Kind habe mich relativ sicher gefühlt, beschützt und hatte viel Zeit. Ich führe immer diese Diskussion mit meinen Kindern. Mein Sohn sagte kürzlich zu mir: »*I don't have a social life, Dad.*« Weil er so lange Schule hat, anschließend Gitarrenunterricht und Nachhilfe, bleibt ihm keine Zeit mehr. Da habe ich ihm geantwortet – natürlich nicht besonders einfühlsam: »*It doesn't get better.* Das ist eigentlich noch eine coole Zeit, in der du lebst. Ich will dir keine Angst machen, aber dein Leben ist noch verhältnismäßig frei.«

Was macht für Sie eine glückliche Kindheit aus?

Ich glaube, eine glückliche Kindheit macht aus, dass du in einem gewissen Wohlstand und in Sicherheit leben kannst. Und dass du das Gefühl hast, dass du geliebt wirst und man dir vertraut.

FRIEDE SPRINGER

Friede Springer wurde als Friede Riewerts am 15. August 1942 in Oldsum auf der Insel Föhr als zweites von fünf Kindern geboren. Die Tochter eines Gärtnermeisters und einer Hauswirtschaftsleiterin, in deren Elternhaus Friesisch gesprochen wurde, brach eine Lehre als Hotelkauffrau ab, bevor sie 1965 als Kindermädchen im Hause des Verlegers Axel Springer in Hamburg Anstellung fand.

Friede Springer im Alter von 7 Jahren (rechts)

Welches ist die erste Erinnerung Ihrer Kindheit?

Ich kann mich nur an gewisse Momente erinnern. Aber ich erinnere ganz schwach, wie die ganze Familie für ein Foto fertig gemacht wurde. Meine Mutter flocht mir Schleifen in die Zöpfe, und ich war ganz unwillig, weil wir uns vor der Haustür auf eine Bank setzen mussten. Da war ich sehr, sehr klein. Ich muss so drei, vier Jahre alt gewesen sein.
Es sind immer nur Momente, die ich erinnere.

Was für ein Kind waren Sie?

Ich war ein stilles, schüchternes Kind. Artig und lieb. Ich habe versucht, nichts falsch zu machen.

Wer stand Ihnen in Ihrer Familie als Kind am nächsten?

Meine Mutter, die uns wirklich über alles geliebt hat. Da fühlte man sich immer wohl – in ihren Armen. Und wenn ich nicht schlafen konnte, hat sie mich zu sich ins Bett genommen. Wenn meine Eltern nicht da waren, war es mein älterer Bruder. Ich war ja ängstlich und schüchtern. Wenn meine Eltern also nicht da waren und ich nicht schlafen konnte, ging ich ins Bett zu meinem älteren Bruder. Er war dann der Ersatzvater oder die Ersatzmutter.
Später wurde ich ein richtiges Papa-Kind. Wenn wir Geschwister irgendetwas haben wollten, dann musste ich meinen Vater danach fragen. Ich konnte ihn am besten um den Finger wickeln. Wenn wir zum Beispiel sein Auto haben oder wir irgendwohin

reisen wollten, dann fragte ich ihn, denn ich konnte das am besten regeln mit meinem Vater. Mein Vater hatte das Sagen zu Hause. Meine Eltern führten noch so eine altmodische Ehe, in der meine Mutter alles machte, was mein Vater sagte. Es gab eine ganz klare Aufteilung, und die haben wir respektiert. Wenn es etwas zu entscheiden gab, dann tat das der Vater.

Welche Werte haben Ihre Eltern Ihnen vermittelt?

Meine Eltern legten ganz großen Wert auf gute Tischmanieren. Wir mussten früh lernen, mit Messer und Gabel zu essen, uns am Tisch gut zu benehmen und die Erwachsenen nicht zu unterbrechen. Mein Vater hat mir noch etwas anderes mitgegeben, worauf ich auch bei anderen sehr achte: Wenn man mit jemandem spricht, sollte man die Sonnenbrille absetzen. Man muss dem Gegenüber in die Augen schauen können. Mein Vater legte darauf großen Wert. Das erlebe ich beispielsweise bei Empfängen – wenn die Leute einem die Hand geben, aber schon nach dem nächsten Ausschau halten. Sich einzulassen auf sein Gegenüber, das ist wichtig.

Mein Vater war streng. Meine Mutter war die Liebe in Person. Sie hat alles ausgeglichen. Meinen Vater haben wir aber aufgrund seiner Strenge mehr respektiert. Es war ihm wichtig, dass wir unserer Mutter halfen, auch in der Gärtnerei. Dort habe ich geholfen, Bäume zu pflanzen und habe Lieferungen weggebracht. Als ich den Führerschein hatte – ich habe ihn mit siebzehn gemacht und mit achtzehn zum Geburtstag bekommen –, bin ich mit einem großen Lieferwagen nach Holstein gefahren und habe die bestellten Bäume abgeholt. Das war schon eine

Verantwortung, und das hat mir Spaß gemacht. Ich musste mit dem großen Lieferwagen auf das Schiff fahren, keine moderne Fähre wie heute. Da wurden zwei Bretter hingelegt, die musstest du genau treffen und darüber auf das Schiff fahren. Das war ein Abenteuer, aber so hat man Autofahren gelernt.

Auch der Zusammenhalt war meinem Vater wichtig. Wenn wir krank waren, dann hat unser Vater alles für uns gemacht. Da vergaß er seine Strenge und hat sich rührend um uns gekümmert. Da war er genau das Gegenteil, ein richtiger Kümmerer. Meine Eltern waren sehr unterschiedlich, aber es war eine glückliche Ehe. Sie wurde mit den Jahren immer glücklicher. Als wir Kinder alle aus dem Haus waren, hatten meine Eltern eigentlich ihre glücklichste Zeit. Da haben sie jedes Jahr Reisen gemacht. Am schönsten hatten es die beiden allein.

Wurden Sie von den Eltern besonders gefördert?

Nein, wir Geschwister wurden alle gleich behandelt, da gab es keinen Unterschied.

Waren Sie eine gute Schülerin?

Mittelmäßig. Ich hatte ein mittelmäßiges Zeugnis. Erdkunde war mein Lieblingsfach, da hatte ich eine Eins oder eine Zwei, ansonsten alles Zweien oder Dreien. Meistens eine Drei.

Welche Rolle hatten Sie in Ihrer Klasse?

Gar keine. Ich fiel nicht auf.

Ich war eine Spätentwicklerin. In jeder Beziehung. Ich fing sehr spät an zu laufen zum Beispiel.

Gab es Lehrer, die Sie fasziniert haben?

Nein, eigentlich nicht. Ich habe die alle gemocht. Ich wurde auch gemocht, weil ich ein stilles, artiges Kind war und mitmachte, aber auch nie herausstach mit irgendetwas Besonderem.

Was hat Ihren Ehrgeiz entfacht?

Ich hatte anfangs keinen Ehrgeiz. Ich habe viel später gern Herausforderungen angenommen. Als Kind wollte ich nie hintendran sein, aber auch nicht die Erste. Ich wollte immer gut mitkommen, diesen Ehrgeiz habe ich entwickelt, aber mehr auch nicht. Ich wollte als Kind nicht auffallen. Ich war schüchtern und wollte lieber in der Masse untertauchen.

Hatten Sie das Gefühl, besonders begabt zu sein?

Nein, das glaube ich nicht.

Welche Rolle spielte Ihr Vater?

Eine große Rolle. Er war die Respektsperson zu Hause, und das haben wir Kinder auch ernstgenommen. Er war die Nummer eins, wir mussten uns nach ihm richten. Ich erinnere mich, dass ich irgendwann mal mit meinem Vater irgendwohin gehen musste, und ich rannte mit meinen kleinen Schritten immer neben ihm her, weil er so schnell ging. Er hat sich nicht meiner Gangart angepasst. Das war typisch.

Hatten Sie Vorbilder?

Nein.

Haben Sie als Kind Niederlagen erlebt?

Daran kann ich mich nicht erinnern. Ich habe mich bemüht, immer mitzuhalten, ohne je allzu weit hinten oder ganz vorne zu sein. Ich war immer in der Mitte, in der sicheren Zone.

Waren Sie gut im Sport?

Auch wieder Durchschnitt. Ich konnte gut laufen, war da aber auch wieder nicht die Allerbeste.

Sind Sie als Kind gehänselt worden?

Nein, auch nicht.

Haben Sie andere gehänselt?

Nein, das fiel mir gar nicht ein.

*Haben Sie etwas in Erinnerung, das Ihnen als Kind oder Jugend-
licher peinlich war?*

Daran kann ich mich nicht erinnern.

*Wann haben Sie begonnen, sich mit dem Verlagswesen zu
beschäftigen?*

Nicht als Kind. Das hätte ich mir nicht träumen lassen. Ich
habe mich immer für fremde Länder interessiert, für Geografie,
für Politik. Und wenn jemand in unserem kleinen Dorf Besuch
von außerhalb hatte, dann musste ich den gleich kennenlernen.
Ich war immer interessiert an allem Neuen, an allem Unbe-
kannten. Da machte ich Ohren und Augen auf, da wollte ich
alles wissen. Das war die große Welt und für mich interessant.
Es passierte ja nichts auf der Insel. Und deshalb war das ganz
wichtig, wenn irgendjemand Besuch bekam. Und wenn es nur
ein Mädchen aus Frankfurt war, das den Pastor besuchte, dann
musste ich gleich dorthin und wissen, was das für ein Mädchen
war. Nach dem Krieg, als ich aufwuchs, gab es ja noch keine
Kurgäste so wie heute. Es gab nur die Dorfbevölkerung und die
Flüchtlinge. Darum war alles Neue für mich aufregend.
Es hat mich schon früh von der Insel weggezogen. Allein aus
der Klasse meines älteren Bruders sind neunzig Prozent der
Schüler ausgewandert in die Vereinigten Staaten. In meiner
Klasse dann nicht mehr so viele, aber die Schulabgänger fanden
einfach keine Arbeit auf der Insel. Meine Eltern haben gut ver-
standen, dass ich von der Insel wegwollte. Ich komme aus einer
Seefahrerfamilie. Unsere Vorfahren waren Walfischfänger vor

Grönland gewesen, zwei Onkel von mir Kapitäne. Ich habe dieses Fernweh im Blut gehabt, und deshalb war es für meine Eltern auch keine große Aufregung, als ich erklärte, dass ich wegwollte. Sie haben es sofort verstanden.

Wurden Sie als Kind beneidet?

Nein, warum sollte ich? Ich war ja nichts Außergewöhnliches.

Waren Sie beliebt?

Ja, ich hatte viele Freunde. Und ich habe mich auch immer um die Freunde bemüht. Wir haben viel zusammen unternommen – mit nackten Beinen durch die Felder gelaufen, gemeinsam an den Strand gegangen, zu Fuß nach Amrum gelaufen, zur nächsten Insel durch das Wattenmeer, das war ein Riesenabenteuer.
Ich habe immer Kontakt zu meinen Freundinnen gehalten. Das sind Freundschaften, die über sechzig Jahre halten. Meine älteste Freundin Tattje kenne ich seit fünfundsechzig Jahren, Manje auch.

Hatten Sie Ängste als Kind?

Ja, ich hatte Heimweh. Ich wollte immer weg, etwas Neues kennenlernen, aber wenn ich weg war, dann hatte ich Heimweh. Ich habe mich zu Hause natürlich am wohlsten gefühlt, trotzdem hatte ich immer diese Sehnsucht, wegzugehen. Und wenn ich weg war, dann wollte ich wieder nach Hause. Ich litt unter der ständigen Angst, nicht zurück nach Hause zu können. Auf den Schulreisen zum Beispiel. Wenn ich nicht mit meinen Freunden unterwegs war, habe ich mich in den Schlaf geweint. Ich habe das nie gezeigt, aber fühlte mich alleine und verlassen.

Wie war Ihre erste große Liebe?

Das war, glaube ich, mehr eine Schwärmerei. Es war natürlich auch irgendjemand, der weit weg war. Ich glaube heute, das war tatsächlich keine Liebe. Er war von der Insel, und wenn ich heute auf Föhr bin, frage ich immer noch nach, was derjenige macht. Das interessiert mich bis heute. Das vergisst man nicht. Aber es war Verliebtheit. Man malt sich da etwas aus, man ist einfach ein junges Ding, das sich ein Bild zurechtlegt.

Hatten Sie als Kind eine Schwäche, etwas, das Ihnen besonders schwerfiel?

Etwas alleine zu machen, fiel mir schwer, dazu war ich zu schüchtern. Deshalb habe ich mir selbst Mutproben auferlegt. Wir waren alle in der Tanzschule, und auf der einen Seite saßen die Mädchen, auf der anderen Seite die Jungs. Und nun sagte ich mir: »Friede, geh einmal quer allein durch den Saal.« So etwas fiel mir schwer. Von allen angesehen zu werden. Ich fühlte mich nicht wohl, wenn die Blicke auf mich gerichtet waren.
Und ich dachte mir, das geht so nicht weiter, ich muss das üben. Und dann war ich insgeheim sehr stolz, wenn ich diese »Mutproben«, die ich mir selbst auferlegte, geschafft hatte.

Heute ist da keine Scheu mehr, aber das hat wirklich Jahre gedauert.

Ich habe als Kind alle bewundert, die so frei waren, die sicher waren.

Was haben Sie gehasst?

Ich kann mich an nichts erinnern.

Haben Sie sich geliebt gefühlt?

Ja, ich habe mich geborgen und geliebt gefühlt – von der Familie und von meinen Freunden. Von meinen Tanten, die mich verwöhnten, und ganz besonders von meinen Großeltern. Die waren so lieb. Wenn ich zum Beispiel zu Hause etwas nicht essen mochte, dann ging ich einfach zur Oma. Die hat dann das schönste Essen, das ich liebte, nur für mich gekocht. Die Großeltern wohnten in der Nähe und spielten eine ganz große Rolle. Das waren die Eltern meines Vaters. Den Großvater mütterlicherseits habe ich nicht kennengelernt, der ist im Ersten Weltkrieg gefallen, und die Mutter meiner Mutter ist mit sechsundfünfzig Jahren an einer Lungenkrankheit gestorben. Die habe ich nur ein oder zwei Mal gesehen und erinnere sie kaum. Auch meine Tanten wohnten alle in der Nähe. Da war ich gern. Das war so eine richtige Großfamilie. Mein Vater hatte vier Geschwister. Der erste, Friedrich, ist allerdings in dem Jahr, in dem ich geboren wurde, bei Stalingrad gefallen. Darum wurde ich Friede genannt, nach diesem gefallenen Onkel Friedrich.

Was haben Sie gelesen?

Ich habe alles gelesen, was ich nur in die Finger bekam. Meine
Eltern hatten eine große Bibliothek, darin habe ich natürlich
sehr viel geschmökert. Und wenn ich bei meiner Tante in Hamburg war, gab es wieder ganz andere Bücher, die ich heimlich
unter der Bettdecke gelesen habe. Wir hatten komischerweise
zu Hause alle Springer-Produkte. Mein Vater las die »Welt«,
meine Tante gegenüber las das »Hamburger Abendblatt«, und
wir hatten die »HÖRZU«. Wegen des Fortsetzungsromans in
der »HÖRZU« habe ich den Postboten abgefangen, bin bei
meinen Nachbarn auf einen Heuboden geklettert und habe
dort in aller Ruhe den Roman gelesen, bevor irgendjemand sich
die Zeitschrift schnappen konnte. Es gab auch eine gute Bibliothek, die an die Schule angeschlossen war, und dort war ich
wirklich ständig zu Gast. Ich habe gelesen, was es nur gab – das
liebte ich.

Sind Sie als Kind von jemandem – eindrücklich – schlecht behan-
delt worden?

Nein, das wüsste ich nicht.

Was war Ihr Lieblingsduft?

Rosenduft. Wir hatten große Rosenfelder. Mein Vater hat die
Rosen noch selbst veredelt. Ich war in vielen Baum- und Rosen-
gärtnereien in Holstein, wo ich Pflanzen für unsere Gärtnerei
abholen musste. Die berühmtesten sind die Kordes-Rosen, die

in alle Welt verschickt werden. Die hatte ich sogar in meinem Garten auf der griechischen Insel Patmos. Leider verblühten sie immer schnell bei großer Hitze.

Hatten Sie einen Lieblingsort?

Der Garten und der Strand gleichermaßen. Wenn wir frei hatten, fuhren wir mit dem Fahrrad an den Strand und haben dann die Flut abgeholt. Föhr liegt ja im Nordfriesischen Wattenmeer, die Flut geht sechs Stunden weg und sechs Stunden kommt sie. Wenn das Wattenmeer leer ist – also Hohlebbe –, kann man auf das Watt hinausgehen und mit der Flut wieder hineinlaufen. Das war unser Schönstes. Sylt und Amrum liegen vor Föhr und halten das schlechte Wetter ab. Föhr hat deshalb ein viel besseres Klima, nicht so extrem und nicht so windig, etwas geschützter. Es war sehr schön, auf der Insel aufzuwachsen.

Wären Sie gern noch mal Kind?

Vielleicht eine Zeitreise zurück in die Kindheit – für einen Tag –, aber dann genauso wie damals mit meinen Geschwistern, wir alle klein – vielleicht einen Tag vor Weihnachten oder an Weihnachten. Das war so schön. Da war mein Vater auch die Liebe in Person. Das Weihnachtszimmer war verschlossen, und wir gingen vorher in die Kirche. Wieder zu Hause, klingelte ein Glöckchen und wir durften in das Zimmer. Wir blieben an der Tür stehen und guckten schon nach den Geschenken, während wir noch ein Weihnachtslied singen mussten. Wahnsinnig aufgeregt waren wir. Das war unvergesslich schön!

Wollten Sie es irgendjemandem beweisen mit Ihrem Werdegang?

Daran habe ich nie gedacht. Wem sollte ich etwas beweisen wollen? Ich habe es einfach angepackt. Ich habe meine Pflicht getan. Axel Springer hat einmal gesagt: »Jeden Morgen steht ein Mann im grauen Anzug vor meinem Bett, der heißt Pflicht und der jagt mich raus.« Diesen Satz habe ich nie vergessen, und so ähnlich fühle ich auch. Ich fühle mich verpflichtet, das Beste zu leisten, und dann macht es letzten Endes auch wieder Freude. Und wenn man etwas erledigt hat, etwas geschafft hat und ein Problem gelöst hat, dann ist man innerlich auch zufrieden.

Haben Sie sich als Kind vorgestellt, das zu tun, was Sie jetzt machen?

Nie und nimmer! Ich habe so einen ungewöhnlichen Weg gemacht, das kann man nicht vorher planen. Das ist so außergewöhnlich – nie hätte ich daran gedacht.

Gab es jemanden, der an Sie geglaubt hat in Ihrer Kindheit?

Schon. Meine Eltern – wir waren ja eine intakte Familie, und jeder hat dem anderen etwas zugetraut. Wir hatten alle kleine Aufgaben und haben uns bemüht, die richtig und gut zu erfüllen. Und darum – gezweifelt haben meine Eltern nicht an uns. Sie haben uns schon das Rückgrat gestärkt.

Hatten Sie als Kind oder Jugendliche den Impuls, besser sein zu wollen als die anderen?

Nein, ich wollte nie hervorstechen, ich wollte immer in der Masse verschwinden. Ich wollte bloß nicht auffallen! Das Mittelmaß, der Durchschnitt, die Drei plus reichten mir immer. Wie ich schon sagte, bin ich im Leben immer eine Spätentwicklerin gewesen.

Friede Springer im Alter von 18 Jahren

Was wollten Sie werden, als Sie Kind waren?

Ich wollte auf alle Fälle raus. Ich kannte eine entfernte Verwandte, die war Empfangschefin im Hotel »Vier Jahreszeiten« in Hamburg. Die begrüßte aus meiner Sicht die interessantesten Leute, die in das Hotel kamen. So etwas habe ich mir in meinen kühnsten Träumen gerade noch vorgestellt. – Empfangsdame in einem Luxushotel. Auf alle Fälle wollte ich raus aus der Kleinheit des Dorfes und der Insel – raus in die große Welt.
Da hatte ich dann auch den Ehrgeiz entwickelt. Darum habe ich mir ja auch selbst diese Mutproben gestellt – aber es fiel mir so schwer. Es war ein langer Weg.

Hatten Sie sich als Kind vorgenommen, später einmal berühmt zu werden?

Nein, das war nie mein Ziel.

Hat Ihre Erziehung zu Ihrem Erfolg beigetragen?

Geschadet hat sie sicher nicht. Weil ich aus so einer normalen, intakten Familie komme, habe ich eine Stabilität für das Leben mitbekommen. In unserer Familie gab es keine Scheidungen, keine extremen Konflikte, und diese Stabilität, glaube ich, ist immer gut als Basis – egal, welchen Weg man geht. Man hat sicheren Boden unter den Füßen. Und das hat mir auch eine Erdung gegeben. In meiner Familie ist niemand abgehoben.

Erkennen Sie heute das Kind in sich, das Sie einmal waren?

Ja, manchmal schon. Manchmal habe ich dann doch noch diese Schüchternheit, diese innere Unsicherheit, die ich dann mühsam versuche zu überwinden.

Was ersehnen Sie am meisten aus Ihrer Kindheit?

Diesen Zusammenhalt einer Familie – das wünsche ich eigentlich jedem. Ich erinnere mich gern daran. Ich freue mich auch, wenn meine Geschwister bei mir sind, obwohl wir alle so unterschiedlich sind. Wir halten zusammen. Diese Stabilität tut einem gut.

Was macht für Sie eine glückliche Kindheit aus?

Eben dass man sich gern daran zurückerinnert. Dass man kein schlechtes Gefühl hat, wenn man daran zurückdenkt, sondern das Zusammengehörigkeitsgefühl einer Familie empfindet. Das ist die beste Sache, die es gibt. Hier bin ich zu Hause, hier gehöre ich hin. *»My home is my castle«*, wie der Engländer sagt. Ich finde, das vergisst man ein Leben lang nicht – und schöner geht es eigentlich nicht. Von diesem Zusammenhalt profitiert man ein Leben lang.

CHRISTIAN
THIELEMANN

Christian Thielemann wurde am 1. April 1959 in Berlin-
Wilmersdorf geboren. Seine musikliebende Mutter führte das Einzelkind früh an klassische Musik und Klavierunterricht heran. Die Mutter war als Apothekerin tätig, der
Vater als Geschäftsführer. Thielemann legte sein Abitur
am altsprachlichen Humanistischen Gymnasium Steglitz
ab und begann seine berufliche Laufbahn 1978 als Ko-
repetitor an der Deutschen Oper Berlin.

Christian Thielemann im Alter von ca. 7–8 Jahren

Welches ist die erste Erinnerung Ihrer Kindheit?

Ich glaube, ich kann mich ganz dunkel daran erinnern, dass ich im Kinderwagen draußen auf dem Balkon lag. Meine Eltern haben mir später erzählt, dass dies in unserer alten Wohnung in der Mecklenburgischen Straße war, als ich da eingepackt in der Sonne lag. Ich muss sehr klein gewesen sein. Ich kann mich daran erinnern, dass Erwachsene von oben auf mich hinunterblickten und an ganz helles Sonnenlicht, und auch wie ich in einer kleinen Kinderbadewanne auf der Terrasse unseres Hauses in Schlachtensee bade. Diese Plastik-Kinderbadewanne existiert noch heute.

Was für ein Kind waren Sie?

Ich war schnell laut. Meine Mutter hat mir erzählt, dass ich im Kreißsaal nach der Entbindung sehr laut gebrüllt habe und die Hebammen zu ihr gesagt hätten: »Mit dem werden Sie noch etwas erleben!« Und so war es denn auch … Ich war lebhaft und habe mich viel bewegt, viel geredet. Ich war extrovertiert. Aber ich glaube, das war nicht unangenehm. Ich bin sehr auf die Leute zugegangen, ich war sehr sozial und ich wurde auch immer gemocht. Als Einzelkind war ich natürlich sehr verwöhnt. Ich weiß, dass meine Eltern gern noch ein oder zwei Kinder gehabt hätten, das war aber schwierig wegen einer Blutgeschichte. Ende der fünfziger Jahre war ja diese Rhesus-Faktor-Zeit. Da hieß es, dass die Mutter Antikörper gegen das Kind hätte, so eine Blutunverträglichkeit. Und es war auch die Contergan-Zeit. Ich habe da sehr viel Glück gehabt. Meine

Mutter hatte von diesem scheinbar tollen Mittel gehört und den Arzt danach gefragt. Er aber hat ihr davon abgeraten und empfohlen, jeden Abend vor dem Schlafen lieber ein Glas Bier zu trinken. Und bis heute trinkt meine Mutter oft am Abend ein Bier.

Wer stand Ihnen in Ihrer Familie als Kind am nächsten?

Mehr zusammen war ich natürlich mit meiner Mutter. Sie hat mit mir gesungen.
Und doch habe ich es als Belastung empfunden, als Einzelkind aufzuwachsen. Die Nachbarsfamilie hatte drei Kinder, und zwei weitere Familien in unserer Straße hatten ebenfalls drei Kinder – alle hatten Geschwister, nur ich nicht. Das habe ich meinen Eltern öfter vorgehalten. Dann hat mir meine Mutter irgendwann erklärt, warum sie keine weiteren Kinder haben konnte. Geschwister haben mir dennoch gefehlt. Wenn es mal hieß, dass die Nachbarskinder bei sich bleiben müssen und ich nicht zu ihnen konnte aus irgendeinem Grund, hörte ich sie nebenan gemeinsam kreischen. Ich spielte dann zwar Klavier und war beschäftigt, aber ich war eben doch einsam.

Welche Werte haben Ihre Eltern Ihnen vermittelt?

Ganz normale, glaube ich. Sie haben auf jeden Fall darauf geachtet, dass ich nicht zu viel fernsah. Was dazu führte, dass ich den Fernseher anmachte, sobald sie aus dem Haus waren. Mit unserer Haushälterin hatte ich vereinbart, dass sie mir Bescheid sagte, sobald sie das Auto meiner Mutter hörte. Sie arbeitete damals noch halbtags als Apothekerin. Schläge habe ich als Kind nie bekommen. Ich glaube, es war schon so, dass, wenn bestimmte Dinge passiert wären, meine Eltern sehr aufgebracht gewesen wären. Wie in jeder anderen Familie auch, gab es Grenzen bei uns. Aber irgendwie habe ich die gar nicht groß überschreiten wollen. Meine Eltern haben mir normale bürgerliche Werte vermittelt wie zum Beispiel Tischmanieren. Man schnitt Kartoffeln nicht mit dem Messer und auch nicht einen Klops, sondern zerlegte beides mit der Gabel. Darauf wurde geachtet. Auch auf richtiges Benehmen legten meine Eltern Wert. Als ich etwas älter war, wurde mir beigebracht, dass man einer Dame in den Mantel hilft, dass im Restaurant komischerweise der Mann vorgeht. Das brachte mein Vater mir bei. Als ich etwa zehn Jahre alt war, durfte ich bei einem Essen mit Geschäftsfreunden meines Vaters dabei sein. Da war ich schön angezogen, so mit Hemd und Fliege, und ich weiß noch, wie der Kellner einen Hummer am Tisch zerlegte und gleich daraus Hummer-Cocktails zubereitete. Zu Weihnachten habe ich immer ein Gedicht aufgesagt – das hat mir keinen Spaß gemacht. Ich wurde auch gezielt mit ins Konzert genommen. Es war alles gut geordnet zu Hause, so wie ein normaler bürgerlicher Haushalt eben ist. Diese Werte habe ich vermittelt bekommen. Es muss eine gewisse Ordnung geben und es muss sauber sein. Schlamperei hat es bei uns nicht gegeben. Meine Eltern waren morgens beim Frühstück auch immer ordentlich angezogen. Sie waren aber weder übermäßig streng noch obsessiv. Ich kann mich an ein Erlebnis erinnern, als ich gerade auf dem Gymnasium war, das mich ziemlich schockiert hat. Ich bin mit zu einem Schulkameraden nach Hause gegangen, irgendwo in Steglitz am Ostpreußendamm, das weiß ich noch genau. Wir waren zu mehreren, wollten ins Kino gehen und haben uns aus irgendeinem Grund bei diesem Jungen getroffen. Da kamen wir nachmittags hin, und seine Mutter saß rauchend und mit wirren Haaren im Morgenmantel am Tisch. Ich sehe das noch heute vor mir. Da ahnte ich, dass ich gewisse Dinge von zu Hause nicht kenne.

Bei uns gab es Familienrituale. Die Weihnachtszeit war ganz wichtig. Früher habe ich an den Adventssonntagen mit meinen Eltern gebastelt. Am ersten Advent ging das los mit einer bestimmten Musik, das waren zwei Stücke von Telemann. Das eine Konzert mit den drei Trompeten begleitet mich seit meiner frühesten Kindheit. Das konnte ich damals schon auswendig auf dem Klavier spielen. Und damit begann die Adventszeit. Wir saßen nachmittags zusammen und haben Strohsterne und Weihnachtsbaumschmuck entweder repariert oder neu gebastelt. Der Baum wurde in jedem Jahr anders geschmückt – entweder nur Strohsterne oder nur anderer Schmuck. Er war nie zu bunt, und es gab immer Bienenwachskerzen. Im Kamin stand immer eine Vase mit Kiefernzweigen, an denen Weihnachtsgebinde aus dem Erzgebirge hingen. Das bedeutete für mich Geborgenheit. Wir sind immer in die Kirche gegangen, Jahr für Jahr folgten die gleichen Abläufe. Es gab auch immer, mit kleinen Variationen, das gleiche Essen. Und es gab schöne Geschenke. In den Tagen nach Weihnachten trafen wir die Verwandtschaft. Ich fand das alles normal. Weihnachten war bei uns immer besonders schön.

Es gab natürlich auch Dinge, das habe ich den Kommentaren meiner Eltern entnommen, die sie nicht gut fanden. Aber das deckte sich mit meinen Ansichten – oder anders gesagt, ich hatte nicht den Wunsch, etwas zu tun, von dem ich wusste, dass meine Eltern es ganz schrecklich fänden. Ich bin in Harmonie mit meinen Eltern aufgewachsen.

Das Einfache, Klare und Bodenständige – das habe ich von meinen Eltern mitbekommen. Ich mag es nicht gezwirbelt und aufgedreht – ich mag es einfach und klar. Natürlich nicht holzschnittartig einfach, aber eben auch nicht aufgezwirbelt.

Ich bin auch an die Religion herangeführt worden. Wir sind immer in die Kirche gegangen, auch bei Familienfesten. Das war ein normales protestantisches Familienleben.

Wurden Sie von den Eltern besonders gefördert?

Ich bekam schöne Instrumente, einen Bechstein-Flügel. Ein wunderbares Instrument aus den 1920er-Jahren. Ich bekam eine sehr schöne Bratsche. Und dann wurde sehr schön verreist. Dadurch, dass zu Hause sehr viel Kunstinteresse herrschte, sowohl bei meiner Mutter als auch bei meinem Vater, fuhren wir nach Sizilien, nach Sorrent, nach Kreta. Ich wurde durch diese Anregungen sehr gefesselt und erwarb Sinn für Kunst. Meine Eltern hatten wunderbare alte Möbel, eine schöne Einrichtung – und ich habe festgestellt, dass es bei den meisten anderen nicht so war. Mein Elternhaus war ein normales wertkonservatives Bürgerhaus. Man nimmt das als Kind nicht als besonders wahr – es war einfach so. Und es war auch nicht arrogant – dafür war es wiederum nicht genug, aber es war immer das Beste und in genau der richtigen Menge.

Waren Sie ein guter Schüler?

Bei den Dingen, die mich interessiert haben, war ich exzellent. Bei denen, die mich nicht interessierten, war ich katastrophal. Mich interessierten Musik, Sprachen, Kunst, ich habe Mathe, Physik, Chemie und Sport gehasst. Ich war dementsprechend in diesen Fächern grottenschlecht, und vor allem habe ich mich auch furchtbar schlecht benommen. Ich habe furchtbar viel geredet, war auffällig in der Klasse. Ich habe Kopfnoten bekommen wie beispielsweise: »Bemüht sich überhaupt nicht, seine Egozentrik zu bekämpfen«. Das kam zu Hause dann allerdings nicht gut an.

Ich bin mal aus dem Religionsunterricht geflogen. Ich hatte einen Achtundsechziger-Lehrer und wir sollten ein Spiel spielen, bei dem alle im Kreis saßen. Ein Schuh lag in der Mitte, und derjenige, dem der Schuh gehörte, sollte von jedem in der Klasse einen Schuh nehmen. Die Schuhe derer, die man mochte, legte man neben seinen, und die Schuhe der Klassenkameraden, die man nicht mochte, legte man weiter weg. Und hinterher wollte der Lehrer darüber reden. Von einer Freundin meiner Mutter wusste ich, dass deren Kinder, die in meine Parallelklasse gingen, mal völlig verstört von einer Freizeit im Landschulheim mit diesem Lehrer zurückgekommen waren, in der sie auch über alle möglichen Dinge hatten reden sollen – ob ihre Eltern sich gut verstehen und ob die immer nett zueinander sind und solche Dinge. Und ich habe mich dann letztendlich zum Anwalt meiner Klasse gemacht und diesem Lehrer das Leben zur Hölle gemacht. Ich habe ihm gesagt, dass ich das nicht gut fände, was er da mache, und dass ihn das überhaupt nichts anginge. Und als typischer wei-cher, protestantischer Achtundsechziger-Super-Gutmensch wollte er dann wiederum mit mir darüber reden. Ich habe den Unterricht so lange gestört – ich habe mich selten so schlecht benommen –, bis der Lehrer schrie: »Ich halte es hier nicht mehr aus«, aus der Klasse rannte und die Tür zuknallte. Dann wurde meine Mutter in die Schule bestellt. Mir wurde nahe-gelegt, den Religionsunterricht, der ja sowieso fakultativ war, zu verlassen.

Welche Rolle hatten Sie in Ihrer Klasse?

Ich war einer von drei Rädelsführern. Gemeinsam hatten wir die Klasse im Griff. Die beiden anderen waren die Sportler-fraktion, und ich hatte die, die Kunst und Musik mochten, auf meiner Seite. Untereinander haben wir uns gut verstan-den. Die anderen haben in Mathe gestört, ich nicht. Ich habe dort gestört, wo ich besonders gut war. Im Deutschunterricht habe ich gestört – und trotzdem immer die besten Aufsätze geschrieben. Das fiel mir zu. Im Musikunterricht war ich völ-lig unbrauchbar und habe nur gelacht, wenn der Lehrer etwas vom »Freischütz« erzählt hat. Wir waren etwa sechs Schüler, die Instrumente spielten, und waren natürlich viel weiter als die, die C von D nicht zu unterscheiden wussten. So haben wir aus Langeweile gestört und den Musiklehrer ständig lächerlich gemacht. Er sang übrigens auch – und gar nicht mal schlecht –, aber er kritisierte leider immer an allen herum. Also tauften wir ihn Beckmesser. Dann kam der Moment der Rache, aber wirklich rein zufällig. Irgendwann in der Oberstufe haben wir über Lieder gesprochen. Und Beckmesser hat sich selbst am Klavier begleitet und uns etwas vorgesungen. Er war furchtbar überzeugt von sich, wie toll er doch ist – und er war auch nicht schlecht. Er hat wirklich ziemlich gut gesungen. Dennoch fing irgendeiner neben mir an, leise zu lachen, der nächste kicherte mit, dann prustete einer und schließlich lachte die gesamte erste Reihe. Beckmesser unterbrach und drehte sich wütend um – wir hatten ihn in seinem Innersten getroffen. Er hat nie wieder im Musikunterricht gesungen. Wir konnten es nicht unterdrücken und fühlten uns einfach überlegen. Kinder sind grausam.

In meiner Abitur-Musikarbeit bekam ich ein Lied zur Analyse, das sehr einfach war, Schumanns »Eingeschlafen auf der Lauer« aus dem Lieder-Kreis, das bei mir schon fünf Jahre vorher zum Repertoire gehört hatte. Da habe ich eine Glosse über den Musikunterricht geschrieben und erst ganz zum Schluss auf den letzten beiden Seiten das Lied analysiert. Das war arrogant, aber in diesem Alter war das Überlegenheitsgefühl groß. Der Musiklehrer hatte allerdings Humor, er hat die Arbeit dann – anonym, aber ich habe dann natürlich gesagt, dass ich es war – den Mitschülern vorgelesen, und die haben sich gebogen vor Lachen.

Gab es Lehrer, die Sie fasziniert haben?

Der Griechischlehrer war eine Kapazität. Er hat mich fasziniert, hatte immer alles parat und konnte rasend schnell übersetzen. Dazu fehlte mir der Überblick.

Was hat Ihren Ehrgeiz entfacht?

Das war die Musik. Mit vier oder fünf habe ich mit dem Klavier begonnen, mit sieben Jahren mit der Geige. Das hat mein Leben bestimmt. Ich hatte ja schon mit vierzehn diesen wahnsinnigen Unterricht mit Roloff an der Hochschule für Musik, was schon sehr ungewöhnlich war – parallel zum altsprachlichen Gymnasium, für das ich ja nichts getan habe. Morgens in der S-Bahn habe ich entweder Skat gespielt oder mir noch ganz schnell zwei Spalten Vokabeln eingeprägt für einen Test. Das konnte ich. Kam ich nach Hause, habe ich sofort Bratsche oder Klavier geübt. Ich lernte zu jeder Woche nicht nur die Etüden auf der Bratsche auswendig, sondern auch die Fugen auf dem Klavier. Das ist mir alles in einer unglaublichen Art und Weise zugeflogen. Die Mitschüler in der S-Bahn klagten über den ganzen Schulstress, und ich dachte nur: »Wenn ihr wüsstet …« Nachmittags, nach dem Unterricht, hat mir meine Mutter Rührei auf ein Brot gemacht, und während wir zur Philharmonie fuhren, aß ich das. Dann hörten wir uns ein Konzert an – das hat Spaß gemacht. Anschließend nach Hause, todmüde ins Bett gefallen und am nächsten Morgen wieder in die Schule. Da hatte ich keine Zeit, etwas für den Unterricht zu tun.

Hatten Sie das Gefühl, besonders begabt zu sein?

Es gibt Dinge, das ist heute noch so, die fliegen mir einfach so zu, und andere, da stehe ich davor, die kann ich immer wieder angucken und verstehe sie trotzdem nicht.

Welche Rolle spielte Ihr Vater?

Mein Vater war wegen seines Berufs nicht viel zu Hause, hatte aber komischerweise, wenn er denn da war, einen sehr großen Einfluss auf mich. Ich habe ihm dann meine ganze Aufmerksamkeit zugewendet, und er hat sich auch mir sehr gewidmet. Er freute sich immer, mich zu sehen, wenn er nach Hause kam. Mein Vater machte nach seiner regulären Arbeit die Hausverwaltung für ein paar Häuser von uns, ich saß dann auf seinem Schoß, und er malte mit mir.

Er war ebenfalls ein starker Mensch, deshalb haben wir uns auch furchtbar gestritten, wenn wir allein waren. Als meine Mutter einmal zur Kur fuhr, blieb ich mit meinem Vater allein zu Hause. Da bin ich ihm furchtbar auf der Nase herumgetanzt und habe mich mit ihm unglaublich gestritten. Meine Mutter sagte dann immer wieder, wir seien beide gleich. Beide Widder – er am 12. April geboren, ich am 1. April und meine Mutter im März – als Fisch.

Hatten Sie Vorbilder?

Zunächst die großen Alten, die möglichst schon tot waren, an die sich meine Eltern aber noch erinnerten. Die hatte ich nicht alle gehört. Beispielsweise Furtwängler, von dem immer nur geraunt wurde, dass das offenbar ein Gott gewesen sei. Mein Zuhause war ein Vorbild, das finde ich bis heute. Meine Eltern haben sich um mich gekümmert. Als ich älter wurde, stellte ich fest – das machen ja alle Kinder –, dass ich ein paar Sachen heimlich machen musste, die die Eltern nicht mitbekommen durften, weil sie sich sonst zu sehr aufregten. Reiner Schutz – man ist ja den Eltern gegenüber nett. Es gab aber nie größere Differenzen zwischen meinen Eltern und mir. Ich habe nie ein Haus besetzen wollen – ich habe das immer als lächerlich empfunden. Einige aus meiner Klasse haben das gemacht. Ich habe es immer schön und gut bei meinen Eltern gehabt, habe nie eine Notwendigkeit zur Revolte gesehen. Eine grundsätzliche, ernsthafte Auseinandersetzung habe ich mit ihnen nie gehabt.

Haben Sie als Kind Niederlagen erlebt?

Ja, klar. Ich kann mich an eine Zwischenprüfung erinnern – Brahms »Intermezzi«. Obwohl ich alles immer auswendig konnte, habe ich total versagt. Ich habe da einen Schock bekommen, Klavier auswendig vor Publikum zu spielen. Da war ich so dreizehn oder vierzehn. Das geht mir bis heute nach. Ich kann dirigieren und mir alle möglichen Dinge merken. Beim Klavierspiel habe ich aber irgendwann die Angst bekommen, dass die Finger nicht das spielen, was ich spielen will.
Ich bin auch bei der ersten Fahrprüfung durchgefallen. Der Fahrlehrer hat mit dem jungen Mädchen, das vor mir an der Reihe war, geflirtet. Sie durfte rechts rückwärts einparken, bekam ihren Führerschein und saß hinten, als ich dran war. Ich musste dann links rückwärts einparken, und das habe ich nicht geschafft. Außerdem habe ich die Theoriebögen nicht gelernt. Ich war der Auffassung, dass das auch ohne Lernen ginge, und nicht geahnt, dass es diese *Multiple-Choice*-Bögen gibt. Das war eine Niederlage.

Bei mir gab es immer Extreme – wahnsinniger Erfolg und totaler Absturz. Das war schon in der Schule so, und das ist bis heute so geblieben. Es gab immer Leute, die mich wahnsinnig mochten, und Leute, die mich abgrundtief hassten. Es gibt Kritiker, die mich so hassen, da kann ich »piep« sagen, und dann ist das schon falsch, und es gibt andere, da kann ich »piep« sagen und die finden das ganz toll. Ich verstehe es nicht.

Waren Sie gut im Sport?

Ich hatte in Sport immer eine Drei. Im Schwimmen war ich allerdings der Beste, wir gingen nur leider nicht so oft schwimmen. Mit meinen Klassenkameraden Eduard und Oliver stand ich immer hinten auf dem Fußballplatz. Wir strengten uns nicht so an, dann waren wir nach dem Sport auch nicht verschwitzt und brauchten nicht zu duschen. Wir waren die Schöngeister in der Klasse, ließen die anderen schreien und schwitzen und hielten uns vornehm zurück.
Diese Spaltung zwischen Sportlern und Schöngeistern gab es so im Alter von vierzehn, fünfzehn – die Sportler waren auch in Mathe gut, wir waren in Mathe eine Null. Wenn es aber darum ging, im Griechischunterricht den Hexameter *prima vista* abzulesen, dann ist mir das immer sofort gelungen. Da half ein bisschen Musikalität. Im Klassenverband habe ich stark polarisiert. Einige Klassenkameraden folgten mir bedingungslos, andere waren sauer. Ich galt als Rädelsführer. Ich wurde so von den Lehrern bezeichnet, und meine Eltern erhielten dazu auch Briefe aus der Schule. Sie waren natürlich ein wenig beunruhigt, aber ich glaube, sie fanden das auch gut und dachten,

dass später einmal etwas aus mir werden könnte. Sie sagten mir schon, dass mein Benehmen nicht akzeptabel wäre. Vermutlich haben meine Eltern schon gedacht, dass es ein bisschen viel war, was sich ihr Sohn da erlaubte, aber sie fanden es auch nicht schlecht, dass ich frühzeitig eine eigene Persönlichkeit entwickelte und nicht so ein Laschikowsky war.

Sind Sie als Kind gehänselt worden?

Ja, die anderen haben manchmal gesagt, ich hätte einen »Klavierhintern«. Ich war nicht besonders sportlich. Ich bewegte mich nicht schnell und hatte auch keine Lust darauf. Beim Fußball waren die Sportlichen vorne im Feld und schrien »Abseits« und »Du Sau«. Ich stand hinten, einer im Tor hinter mir und zwei Verteidiger vor mir. Wir drei schoben eine ruhige Kugel. Das bekamen die Sportler natürlich mit und beschimpften mich dann: »Lauf doch mal, du mit deinem Klavierarsch. Du kommst gar nicht hoch!« Oder irgend so etwas. Dann rannten wir natürlich los, denn der Lehrer, der mit den Mädels geturnt hatte, war hinzugekommen und beschimpfte uns auch.

Haben Sie andere gehänselt?

Das habe ich. Mein Vater hat auch gern Leute geärgert. Wenn ich bei mir eine Überlegenheit bemerkte, habe ich das gezeigt. Auch ohne Angriff. Böse Bemerkungen mache ich heute noch gern. Spitze, gemeine Bemerkungen entschlüpfen mir manchmal. Ich war jung und blasiert und hatte sofort raus, dass es andere gab, die man leicht aufregen konnte. Später, wenn man länger im Geschäft ist, bekommt man so viele Nackenschläge, dass man das dann lässt. Es gibt auch viele Politiker, die kraft ihrer Intelligenz andere kleinmachen können – so wie früher Strauß oder jetzt Steinbrück und Joseph Fischer. Die haben das einfach raus, dass die anderen ihnen nicht gewachsen sind, und dann zeigen sie das. Was nicht nett ist.

Haben Sie etwas in Erinnerung, das Ihnen als Kind oder Jugendlichem peinlich war?

Meine Eltern haben einmal Besuch bekommen, und ich wollte eine Vorabendsendung sehen, »Flipper« oder so etwas. Mein Vater hatte gar nicht verstanden, dass ich das wollte, und so saßen wir mit dem Besuch im Wohnzimmer, ich starrte pausenlos auf den abgeschalteten Fernseher und machte schließlich irgendeine Bemerkung. Die Frau, die zu Besuch war, fragte, ob ich fernsehen wollte. Und ich habe dann so unbedarft, wie man als Kind ist, »Ja« gesagt und gefragt, ob unser Besuch nicht gehen müsste … Mein Vater hat das komischerweise mit Humor genommen, aber als meine Mutter schließlich nach Hause kam, war es aus. Sie hatte kein Verständnis und fand, dass ich zu weit gegangen war. Und diese ganze Geschichte war mir – allerdings erst im Nachhinein – sehr peinlich. Letztlich bekam ich auch noch Fernsehverbot.

Wann haben Sie begonnen, sich mit dem Dirigieren zu beschäftigen?

Ich wollte ja immer Orgel spielen und habe versucht, mir das Orgelspielen selbst beizubringen, weil ich dachte: Klavier und

Orgel mit diesen Pedalen, das wirst du machen. Ich stellte fest, dass ich es nicht machte, dass ich irgendwie nicht weiterkam mit der Orgel und dass mein Klavierspiel schlechter wurde. Meine Klavierlehrerin sagte schließlich den schönen Satz zu mir: »Du spielst doch nicht etwa Orgel?« Man muss nämlich bei der Orgel eine ganz bestimmte Fingertechnik anders anwenden als beim Klavier. Also habe ich mir überlegt, womit macht man noch so viel Klang, wie man mit der Orgel erzeugen kann? Ein Orchester! Und wer nimmt ein Orchester in Betrieb? Ein Dirigent. Und so dachte ich mir, dass ich vielleicht dies tun sollte, und habe mich damit durch Konzerte, die ich besucht habe, beschäftigt. Ich fand das zuerst etwas befremdend, dass sich da jemand so verbeugt und Bewegungen macht, bis ich verstand, dass die Bewegungen dazu da sind, das Orchester zum Klingen zu bringen. Ich habe aber nie diese Initialzündung erlebt, einen Dirigenten gesehen zu haben und zu wissen: Das muss ich machen! Es war eher so, dass ich ganz früh Opern von Wagner oder Beethoven gehört und mich gefragt habe: Wer macht das? Der Dirigent! Da war ich so um die zehn Jahre alt. Das Interesse kam also ursprünglich nur daher, weil es mit der Orgel nicht geklappt hat.

Wurden Sie als Kind beneidet?

Ja, generell als Typ.

Waren Sie beliebt?

Entweder haben mich Leute sehr gemocht oder überhaupt nicht gemocht. Das hat sich auf eine merkwürdige Art mein ganzes Leben lang fortgesetzt. Leute sagten immer, ich polarisiere, aber darauf habe ich es nie angelegt. Ich weiß, dass ich mich sehr oft in der Schule schlecht benommen habe, das geschah aber aus Langeweile. Bei einigen in der Klasse war ich sehr beliebt, aber bei denen, die gut im Sport waren, und das waren leider viele, war ich unbeliebt, weil ich nicht gut Fußball spielte. Das war halt so in der Schule: Wer im Sport gut war, war toll. Musik zählte nicht.

Hatten Sie Ängste als Kind?

Ich habe Angst gehabt, dass meine Eltern mich nicht aus dem Ferienlager abholen würden. Meine Eltern fanden nämlich, ich müsste in den Ferien unter Kindern sein, und so fuhr ich – ich war noch klein, vielleicht sieben, acht Jahre alt – in so ein Ferienlager. Und ich hatte starkes Heimweh. Komischerweise habe ich sonst ganz wenige Ängste gehabt, weil ich immer wusste, dass ich mich auf meine Eltern verlassen kann. Zu Hause hatte ich vor nichts Angst. Eigentlich war es so: Wenn ich zu Hause bin, ist alles gut. Ich kann mich erinnern, dass ich einmal nach Hause gekommen bin, und es war furchtbar kalt draußen gewesen. Ich hatte eiskalte Füße und das Gefühl, sie waren erfroren. In der Diele hatten wir Heizkammern, deren Türen man öffnen konnte und die ganz romantisch waren. Meine Mutter hat also einen Stuhl geholt und mich direkt an die heiße Heizung gesetzt. Anfangs waren die Füße weiß, dann kam das Blut wieder rein und sie wurden rot. Alles war wieder gut.

Ich hatte nachts manchmal intensive Angstträume, die so abstrus waren, dass ich mich schon morgens nicht mehr daran erinnern konnte.

Ich habe oft das Gefühl, dass mir viele Dinge sehr leichtgefallen sind, und dann hoffe ich einfach, dass das alles so bleibt. Auch dass ich gesund bin. Ich versuche mehr und mehr, diesen Zustand bewusst zu genießen.

Mein Vater ist früh gestorben, auch den Tod meiner Großmutter habe ich erlebt. Diese Atmosphäre des Todes ängstigt mich immer. Damit komme ich überhaupt nicht zurecht. Ich fühle mich auch auf Beerdigungen von fremden, nicht zur Familie gehörigen Menschen unwohl. Das hat für mich so etwas Voyeuristisches. Ich war nach der Beerdigung meines Vaters nicht mehr an seinem Grab. Ich halte das nicht aus. Das Grab wird gepflegt, auch das meiner Großeltern, aber ich kann da nicht hin. Mein Vater hingegen ging manchmal an das Grab seiner Eltern. Messen mag ich gern, weil sie so abstrakt sind. Eine »Missa Solemnis« oder das Brahms-Requiem, eines meiner Lieblingsstücke, hat etwas sehr Versöhnliches.

Jede Symphonie hat ihr Ende, alles hat einen Rhythmus – die Unendlichkeit, wo endet sie? Wer weiß, was da noch alles ist? Vielleicht ist da überhaupt nichts, vielleicht ist alles eine Zufallsschöpfung? Weil wir das nicht wissen, hat es überhaupt keinen Sinn, sich darüber Gedanken zu machen.

Ich habe mich immer für Astrologie interessiert und schon immer gern Sternbilder angesehen. Meine Mutter ist als Kind in Pommern mit ihrem Vater und Großvater auch aufs Feld gegangen, um gemeinsam die Sterne zu betrachten. Ich denke, auf dieser komischen Erde ist alles immer so zufällig.

Wie war Ihre erste große Liebe?

Meine erste große Liebe war eine Lehrerin, und ich weiß auch noch, wie sie hieß: Annemike van der Falk. Eine Holländerin, die sogar zu uns nach Hause kam – und zwar zu meiner großen Enttäuschung zusammen mit ihrem Mann. Sie war wirklich toll, aber nach dem Besuch mit ihrem Mann gab es auf meiner Seite eine gewisse Abkühlung. Meine zweite große Leidenschaft, die bis heute geblieben ist, war eine phantastische Schauspielerin – Gene Simmons. Sie könnte die Schwester von Vivien Leigh sein, die in »Vom Winde verweht« mitspielt. Ein schwarzhaariges, kapriziöses Luder, die aber auch ganz lieb sein kann. Auf die bin ich reingefallen. Ich falle auch heute noch gern rein. Im Beruf komme ich besser mit Frauen als mit Männern zurecht. Frauen beherrschen diese Kunst der Verwandlung. Die sind erst schwierig, dann kindlich, und du weißt sofort, du musst sehr vorsichtig mit ihnen umgehen. Das macht irgendwie mehr Spaß. Es ist sicherlich meine Mutter, die mein Frauenbild geprägt hat. Sie ist keinesfalls ein Luder, aber sie hat auch viele Facetten in ihrer Persönlichkeit. In gleichem Maße hat mein Vater auch mein Männerbild geprägt.

Hatten Sie als Kind eine Schwäche, etwas, das Ihnen besonders schwerfiel?

Naturwissenschaften. Daran habe ich auch sehr schnell das Interesse verloren. Auf alles, was mir nicht zuflog, hatte ich keine Lust.

Was haben Sie gehasst?

Zum Beispiel früh ins Bett zu gehen. Kam meine Großmutter, durfte ich länger wach bleiben, das war immer schön. Ansonsten habe ich wenig gehasst, ich habe nie rebelliert, denn ich wurde sowohl autoritär als auch antiautoritär erzogen. Ich wurde kein Rebell, weil ich mich zu Hause wohl gefühlt habe. In der Schule fühlte ich mich beengt und war heilfroh, als die endlich zu Ende war und ich ans Theater kam, da war ich sofort glücklich.

Haben Sie sich geliebt gefühlt?

Ja, von zu Hause sehr, sehr, sehr. Meine Mutter hat sich sehr um mich gekümmert. Mein Vater hat zwar wenig Zeit gehabt, aber sich dann, wenn er Zeit hatte, umso mehr nett um mich gekümmert. Da gab es keinen Ärger, es war allerdings auch klar, dass gewisse Spielregeln eingehalten wurden. Ich war zwar ein lautes Kind, aber ich wusste immer, wie man sich benehmen musste. Das wurde mir vorgelebt.

Was haben Sie gelesen?

Furchtbar viel. Ich habe immer viel gelesen. Über Astronomie, Jules Vernes »Die Reise zum Mittelpunkt der Erde«, Karl May, »Mary Poppins«, die »Abenteuer« und die »Geheimnis um …?« – Bücher von Enid Blyton – und auch gerne Märchen. Die Bücher bekam ich geschenkt.

Sind Sie als Kind von jemandem – eindrücklich – schlecht behandelt worden?

Von einer Mathematiklehrerin. So eine kleine, blonde Frau, die alle fertiggemacht hat. Sie kam in unsere Klasse voller baumlanger Dreizehnjähriger. Wenn ich fragte: »Darf ich mir von jemandem eine Füllerpatrone ausleihen?« –, weil ich keine mehr hatte, dann erwiderte sie: »Du kannst dir auch ein Loch durchs Knie bohren und heiße Milch einfüllen.« Vor der Zensurenvergabe sagte sie: »Dem Christian Thielemann, dem kann diesmal auch nichts mehr helfen.« Alle, die vorher auf Drei standen, hatten bei dieser Lehrerin dann eine Fünf. Und sogar die Mathe-Asse, die vorher bei Eins standen, bekamen bei ihr eine Drei. Die hat uns alle richtig schlecht behandelt. Unsere Eltern haben dann gegen die Frau einen Aufstand angezettelt.

Was war Ihr Lieblingsduft?

Der Duft von Marmor- und Zitronenkuchen, die meine Mutter buk. Und auch der Duft nach Weihnachtsstollen, den meine Mutter traditionell seit Jahrzehnten Anfang bis Mitte November backt, der danach sechs Wochen im Keller ruht und an Heiligabend, nach dem Kirchgang, angeschnitten wird.

Hatten Sie einen Lieblingsort?

Zu Hause. Dort das Wohnzimmer.

Wären Sie gern noch mal Kind?

Bis zum Abitur war alles sehr nett. Danach kamen ein paar fürchterliche Jahre, die möchte ich so nicht noch einmal erleben. Ich frage mich manchmal, ob ich alles noch einmal genauso machen würde, wie ich es gemacht habe. Ich weiß es nicht. Man hat ja ein Talent bekommen, um etwas daraus zu machen, aber ich wäre gern Direktor der Preußischen Schlösser und Gärten geworden. Ich fand den Gedanken faszinierend, im Garten des Königs zu sein. Ich kann mich an einen Traum erinnern – das war mein schönster Traum –, als ich vielleicht fünfzehn Jahre alt war. Ich hatte einen antiquarischen Schlossführer aus den 1930er-Jahren über das Potsdamer Stadtschloss gelesen und träumte, dass ich dort im Hof war, während ein Konzert stattfand. Ich wusste zugleich, dass es ein Traum war. Also musste ich es schaffen, noch während des Traumes in die Räume des Stadtschlosses hineinzukommen. Irgendwie habe ich es durch einen rechten seitlichen Flügel mit Stuckdecken geschafft, wo man mir erklärte, wie ich zur Kasse käme. Dann bin ich aufgewacht … und habe es nie gesehen! Ich wollte wieder einschlafen. Ich war so erregt über diesen Traum, an den ich mich erinnere, als wäre es heute gewesen. Ich kann Dinge unglaublich stark erleben. Ich kann einfach dasitzen, mir die Bäume um mich herum ansehen und das sehr intensiv erleben. Ich konnte das schon als Kind – den Moment ganz intensiv genießen.

Wollten Sie es irgendjemandem beweisen mit Ihrem Werdegang?

Nein.

Haben Sie sich als Kind vorgestellt, das zu tun, was Sie jetzt machen?

Also, wohin es mich führt, nicht. Aber irgendwann war mir klar, es würde so eine Richtung nehmen. Für mich gab es nie eine Wahl zwischen etwas, es war immer klar, was ich wollte. Ich habe mich ja sehr für Preußen zu interessieren begonnen und immer spielerisch gedacht, wenn ich nicht Dirigent werde, werde ich Direktor der Stiftung Preußische Schlösser und Gärten. Das war immer mein Traum: Von Charlottenburg bis Sanssouci rein ästhetisch in diesen Parks herumzuspazieren. Irgend so etwas habe ich mir völlig unrealistisch vorgestellt. Aber ich ahnte schon, dass es zum Dirigieren gehen würde, denn ich habe ja sehr früh mit dem Beruf angefangen. Ich muss allerdings eine Einschränkung machen: Hätte ich geahnt, welche Schattenseiten dieser Beruf mit sich bringt und wie groß die Schattenseiten sind, ganz besonders, wenn du sehr erfolgreich bist, weiß ich nicht, ob ich nicht irgendwann einmal die Bremse gezogen hätte. Ich erinnere mich an ein Interview von Georg Solti, das ich vor bestimmt zwanzig Jahren gelesen habe, in dem er sagte, es sei schwer, in den Zirkel des Erfolgs hineinzukommen, aber noch viel schwerer sei es herauszukommen. Wenn du in der Mühle drin bist, ist es extrem schwer, ein Angebot, das du bekommst, abzulehnen. Dann wird sofort geredet, du seist krank, du seist unzuverlässig, du seist ein unsicherer Kantonist. Ich habe in diesem Beruf Wunderbares erlebt und erlebe das noch, aber ich habe auch ganz Schreckliches erlebt. Und wenn ich das geahnt hätte, hätte ich mich vielleicht doch für einen anderen Beruf entschieden. Wie gut, dass ich es nicht geahnt habe.

Gab es jemanden, der an Sie geglaubt hat in Ihrer Kindheit?

Ja, meine Eltern und auch meine Instrumentenlehrer. Ich hatte ganz tolle Lehrer, ein unglaubliches Glück. Weil ich das wohl auch früh ganz gut hinbekommen habe, hat dann irgendeine Kapazität gesagt: »Schön, mach mal weiter!« Da fühle ich mich geborgen. Mit etwa siebzehn Jahren habe ich eine schreckliche Szene erlebt, als ich zu einem Dirigentenlehrer an der Hochschule für Musik ging, um mich zu informieren, wie eigentlich Dirigieren studiert wird. Bei diesem Lehrer gab es in einem Raum ein Podest vor einem großen Spiegel. Ich stellte mich also auf das Podest und sah mich in diesem Spiegel, was ich merkwürdig fand. Der Lehrer machte eine Schallplatte an und sagte, ich sollte dazu dirigieren. Ich weiß noch, wie unwohl ich mich in der Situation fühlte, aber ich überwand mich und quälte mich damit, zu einer Schallplatte zu dirigieren. Es war das erste Mal, und dazu sah ich mir dabei auch noch selbst im Spiegel zu. Ich glaube, es war das »Meistersinger«-Vorspiel. Anschließend hat mir dieser Professor gesagt, dass mein Talent für den Beruf des Dirigierens leider nicht reiche. Und so schrecklich diese Reaktion für mich war, in diesem Moment ist Widerspruch in mir erwacht. Ich fuhr mit der S-Bahn nach Hause, und eine Stimme in mir regte sich, die mir sagte, dass die Aussage des Professors nicht stimmte. Ich dachte mir, das wollen wir doch mal sehen, ob es nicht reichen würde. In dem Moment, als dieser Lehrer das zu mir gesagt hatte, bin ich zwar fast zusammengebrochen, aber nachdem ich dann wieder draußen war, sagte ich mir: Nein, es stimmt nicht, was der sagt. Dieses ganze Dirigieren vor dem Spiegel zu einer Schallplatte war lächerlich.

Ich nahm mir vor: Das werde ich dem jetzt mal zeigen. Es war natürlich eine Grausamkeit sondergleichen, einen Siebzehnjährigen, der überhaupt keine Ahnung hat, in eine Situation zu bringen, in der du dich so unwohl fühlst. Mich beim Dirigieren, das ich ja nicht gelernt hatte, im Spiegel selbst zu betrachten und von diesem mir fremden Lehrer beobachtet zu werden, war schlimmer, als wenn ich mich hätte ausziehen müssen. Das war einer der übelsten Momente meines Lebens. Er hat natürlich gemerkt, wie unwohl ich mich fühlte, und mir diese negative Einschätzung mitgegeben. Trotzdem, instinktiv wusste ich, dass er nicht recht hatte. Dieser Schock wurde für mich zu meiner Triebfeder: Du machst es trotzdem!

Hatten Sie als Kind oder Jugendlicher den Impuls, besser sein zu wollen als die anderen?

Ja.

Was wollten Sie werden, als Sie Kind waren?

Ich wollte Organist werden. Mich hat die Orgel fasziniert und das tut sie bis heute. Dann habe ich jedoch festgestellt, dass das Orgelspiel schwierig ist und ich dafür viel üben müsste, also habe ich ganz schnell Abstand genommen davon. Die Bewunderung aber ist geblieben. Dann habe ich mich gefragt, wo man noch mit so viel Farben umgehen kann. Und mir wurde klar, dass dies im Orchester der Fall ist, und der Dirigent ist derjenige, der das Orchester in Gang setzt. Irgendwann hörte ich Beethoven und wusste, das Dirigieren ist es. Da war ich wohl elf oder zwölf Jahre alt. Irgendwie empfand ich aber den Auftritt eines Dirigenten, wenn er ans Pult kommt und sich verbeugt, immer als etwas Gelacktes. Es gab auch Dirigenten, die so schön sein wollten, und das gefiel mir nicht. So bin ich später auch auf die Kapellmeister, die eher die einfachen Leute zu sein scheinen, gekommen, die aber umso mehr in Bewegung setzen. Es geht ja nicht darum, einen Schönheitswettbewerb unter Lackaffen am Dirigierpult zu veranstalten. Das kenne ich ohnehin nicht von zu Hause: Es war wichtig, dass man anständig aussah, aber Markenkleidung war bei uns nicht wichtig. Ich bin absolut ohne Marken aufgewachsen, was man sich heute gar nicht mehr vorstellen kann.

Hatten Sie sich als Kind vorgenommen, später einmal berühmt zu werden?

Hm ...

Hat Ihre Erziehung zu Ihrem Erfolg beigetragen?

Wenn ich das so sage, klingt das wie das klassische Achtundsechziger-Gegenmodell, das es gar nicht ist. Meine Eltern haben mir durch ihre Erziehung eine solide Grundlage, einfach eine normale Struktur gegeben. Sonst hätte ich meinen Beruf in der Form auch nicht geschafft. Ich habe sehr schnell gewusst, wie viel Klavier ich üben muss, um mein Pensum zu schaffen, um dahin zu kommen, wo ich hin möchte. Ich kann zum Beispiel Arbeit sehr gut einteilen, ich kann auch wunderbar Proben einteilen.

Erkennen Sie heute das Kind in sich, das Sie einmal waren?

Ich kann mich über bestimmte Sachen kindlich freuen. Ich finde überhaupt, dass ich nicht so erwachsen bin. Es macht mich unsicher und unausgeglichen, wenn ich merke, dass alles zu sehr im Fluss ist. Wenn zu Hause alles in Ordnung ist und alles seine Struktur hat, dann kann ich eben auch die Höhenflüge machen. Ich hänge dann sozusagen in einem festen Gerüst.

Ich kann mich sehr freuen, auch über kleine Dinge – und das immer wieder von Neuem. Deshalb ist für mich auch der Osten so wichtig. Die Weite des Ostens. Das Unlimitierte, das Unendliche dieser Alleen, das liebe ich. Ich muss in meinem Beruf so konkret und so limitiert sein, als Gegenpol dazu liebe ich die Weite und Unendlichkeit Ostpreußens.

Was ersehnen Sie am meisten aus Ihrer Kindheit?

Dass ich mich derartig habe auf andere Leute verlassen können.

Was macht für Sie eine glückliche Kindheit aus?

Ein Kind ist das Produkt seiner Eltern – und wiederum auch nicht. Ein Kind bringt Eigenschaften mit auf die Welt, und manchmal fragt man sich, wie Eltern solch ein Kind haben können, oder auch umgekehrt. Kind und Eltern müssen zusammenpassen für eine glückliche Kindheit. Es gibt ja furchtbare Fälle, wenn sich Eltern und Kinder überhaupt nicht verstehen, Eltern mit ihren Kindern brechen und umgekehrt. Da können die Eltern sich bestens gekümmert haben – denken Sie beispielsweise an einige Terroristen der RAF, die aus bürgerlichen Haushalten kamen. Ganz sicher waren das gute Eltern, aber mit einem Mal wurden ihre Kinder zu Terroristen, zu Menschen, die mordeten. Das macht fassungslos. Vielleicht geraten Kinder auf ihrem weiteren Lebensweg unter schlechten Einfluss, insofern kann eine glückliche Kindheit entscheidend sein. Denn wenn man sich zu Hause wohl fühlt, ist man nicht so anfällig für schlechte Einflüsse. Ich zum Beispiel bin das nicht gewesen. Ich bin nie beeindruckt gewesen von haltlosen Zuständen. Manche suchen ja in ihren Lehr- und Wanderjahren in Indien nach dem Sinn des Lebens. Ich habe das immer als lächerlich empfunden. Warum in die Ferne schweifen, wenn das Gute liegt so nah? Ich habe erlebt und verstanden, dass es zu Hause gut war. Ich bin früh und viel mit meinen Eltern gereist, und ich bin in meinem Beruf viel unterwegs. Das macht mich gelassen. Es macht mich auch unangreifbar für die Verlockungen, dass es da, wo ich nicht bin, schöner sein könnte. Ich habe gemerkt, dass das Glück hier um die Ecke sein kann. Es hat zu Hause kleinere Randbeben gegeben, aber ein richtiges Erdbeben hat es nie gegeben. Ich bin von meinen Eltern nie schlecht behandelt worden, und das hat mir Geborgenheit und Sicherheit für mein Leben gegeben.

Deshalb haben mich dann die Erdbeben, die ich am Anfang meiner beruflichen Laufbahn erlebt habe, wohl erschüttert, aber nie aus der Bahn geworfen.

NADJA UHL

Nadja Uhl wurde am 23. Mai 1972 in Stralsund geboren. Sie absolvierte ihre Schauspielausbildung an der Leipziger Hochschule für Musik und Theater Felix Mendelssohn Bartholdy. Ihre frühe Kindheit verbrachte sie in Mecklenburg-Vorpommern im Haus der Großeltern. Später wuchs sie mit ihrer alleinerziehenden Mutter auf. Nadja Uhl hat mit ihrem Partner Kay Bockhold zwei Töchter.

Nadja Uhl im Alter von 6 Jahren

Welches ist die erste Erinnerung Ihrer Kindheit?

Da erscheint immer wieder eine Sequenz vor meinen Augen: ein Blick aus dem Fenster in einen Berliner Hinterhof, ein Wecker neben einem Bett und ein Kinderroller in einem Altberliner Hausflur. Meine Mutter bestreitet, dass ich mich daran erinnern kann, weil ich zu jung gewesen sein muss. Aber ich weiß, dass ich diese Sequenz abgespeichert habe. Ich wollte es genau wissen und habe die Dinge meiner Mutter beschrieben. Auch die Gerüche. Sie war fasziniert, da ich damals noch ein Baby war. Ich blicke auf dem Arm meines Vaters durch dieses Fenster in den Innenhof. Das ist auch eine der wenigen Erinnerungen, die ich an meinen Vater habe.

Was für ein Kind waren Sie?

Das kommt auf die Altersphase an beziehungsweise auf das, was in der Zwischenzeit passiert ist. Das wechselte im Laufe meiner Kindheit. Vom Naturell her würde ich mich immer als lebendig bezeichnen, als neugierig und unbeschwert. Als ein temperamentvolles Kind, zugleich aber auch als sehr verträumt. Das wechselte in bestimmten Lebensphasen – mit gewissen Brüchen. Zum Beispiel begann mit dem Wechsel des Lebensortes, mit dem Ankommen in einer neuen Umgebung eine eher introvertierte Phase, in der sich die ersten Brüche zeigten, dieses Desorientierte in der Fremde. Das ging dann über in eine extrovertierte Phase, als ich in der neuen Umgebung Kraft entwickelt hatte und an den Widrigkeiten gewachsen war. Das wurde alles beeinflusst durch Brüche, die aus meiner kindlichen Sicht die Erwachsenen verursachten, etwa durch Trennungen und Abschiede. Ich glaube jedoch, dass sich letztlich, bei allen Brüchen, auch das Gefühl des Alleingelassenseins immer wieder irgendwie in Kraft verwandelte, hatte mit einer großen kindlichen Sehnsucht nach Freude zu tun. Der Schritt zur Spielfreude war dann nur noch ein kleiner. Das war für mich wirklich Lebenselixier.

Als Kind habe ich mich regelrecht geweigert, die Welt aus einer den Erwachsenen oft anhaftenden tragischen Wahrnehmung heraus zu betrachten, gar aus einer Opferrolle heraus oder daraus, dass mir jemand vor lauter »Vernunft« meine Träume verbieten möchte. Diese erlernte Verweigerungshaltung den Sorgen und Normen der Erwachsenenwelt gegenüber brachte einen regelrechten Drang nach dem Schönen, dem Kraftvollen mit sich. Spielfreude. Vor allen Dingen auch in der Gruppe. Das war ein Teil meiner Anlage und wurde durch mein Elternhaus beziehungsweise im Haus meiner Großeltern sehr gefördert. Das zog sich bis zum Berufswunsch hin. Als Kind wurde ich eigentlich immer zur Phantasie ermuntert und angeleitet. Meine Kindheit war regelrecht damit angefüllt. Rückblickend scheint mir, es gab unendlich viel Zeit zum Tagträumen, auch Langeweile, die das Träumen erst zuließ. In den Phasen, in denen alles irgendwie unsicherer war, als das Leben andere Geschichten erzählte, habe ich aus der Spielfreude der Kindheit heraus immer wieder gelernt, Kraft zu tanken, eben durch das Spiel und den sozialen Kontakt mit anderen Kindern.

Ich war irgendwann – und auch relativ schnell – der perfekte Klassenclown. Ich entdeckte, was für eine Kraftquelle es war, andere zu erheitern, für andere Quatsch zu machen. Entsprechend schwer, wenn auch unterhaltsam, war es manchmal für die Lehrer, und entsprechend waren meine Betragensnoten. Aber es war für mich ein unglaubliches Ventil – bis eine wunderbare Lehrerin, und das war dann entscheidend, mir vorschlug, in einer Kinder-Laienspielgruppe mitzumachen. Diese Lehrerin begriff den »Klassenclown« in mir und wollte meine Energie, mein Talent kanalisieren. Das war der Schritt in die Kinder-Laienspielgruppe, in der ganz viele Kinder Theater für andere Kinder und für alte Leute machten. Es wurde zum schönsten Moment meiner Woche, wenn ich als Neunjährige mit meinem kleinen Täschchen, in dem meine Bücher und meine Texte waren, in diese Laienspielgruppe ging.

Wer stand Ihnen in Ihrer Familie als Kind am nächsten?

Das war, wie bei vielen anderen sicher auch, die Großmutter. Ich mache seit Jahren Familienaufstellungen und weiß daher, dass die Großeltern meist eine leichte Position bei den Kindern haben. Es ist keine Kunst, dass sie den Zugang zu den Enkelkindern haben. In meinem Fall war es so. Meine Mutter und meine Zwillingstanten waren auch immer für mich da, die Großmutter war jedoch meine Hauptbezugsperson.
Eine Person, die Halt gibt, zieht Kinder magisch an. Das ist das ganze Geheimnis: Eine Person, die Halt gibt, die Liebe ausstrahlt und die nicht an dir rumzerrt, die dir das Gefühl gibt, richtig zu sein. Diese rundliche Großmutter, die im Hof Kartoffeln schält und mir mit ihren plattdeutsch eingefärbten Worten die Welt erklärt, ist mein Anker im Leben.

Meine Großeltern hatten eine bodenständige Art, die es heutzutage in unserem hektischen Familienalltag kaum mehr gibt. Die Frauen dieser Generation haben so viel auszuhalten gehabt. Bei aller Bodenständigkeit, mit der meine Großmutter Kinder durch den Krieg bringen und Fuhrwerke auf der Flucht lenken musste, kam jedoch später manchmal ein Maßschneider ins Haus. Stil war ihr wichtig.

Sie hat Geschichten erzählt und war nie so pragmatisch, dass sie mir das Träumen verdorben hätte. Sie gab mir das Gefühl, als Kind so geliebt zu werden, wie ich war. Sie erzählte Geschichten, keine besonderen Geschichten, einfach nur Geschichten aus ihrer Kindheit, darüber, wie sie die Welt gesehen hat. Sie sang mir schöne Lieder vor. Wir haben, wie man heute vielleicht sagen würde, ein bisschen etwas zusammengesponnen. Ich liebte auch die trockene Art meines Großvaters, die Dinge manchmal »hopszunehmen«. Es heißt, Kinder könnten nicht mit Ironie umgehen, aber die Norddeutschen können ganz schön ironisch sein. Als Kind wird man angeregt, das zu verarbeiten und damit spielerisch umzugehen. Später stellte ich meinen Großeltern natürlich auch Fragen, wie sie es zum Beispiel empfunden haben, ihre Heimat durch den Krieg zu verlieren. Meine Großmutter war der Kirche sehr zugetan und diejenige in der Familie, die mich stets mit christlichen Gedanken fütterte. Sie kannte vieles auswendig, was mich sehr faszinierte.

Alles in allem war es vielleicht ein unspektakuläres, aber natürliches Umfeld. Wir wurden nicht ständig »entertaint«, es ging auch nicht darum, was wir anhatten, es fand eh alles ohne große Beachtung von materiellen Dingen statt. Wir hatten geistige Freiheit und viel gesunde Langeweile. Im Sommer wurden die Kartoffeln im Hof geschält, wir stromerten in den Wiesen rum, und alles hatte eine große Selbstverständlichkeit, eine große Natürlichkeit. Trotzdem spielten immer gewisse Formen, gewisse Rituale und Feste mit Besuch eine große Rolle. Das Geräusch der elektrischen Kaffeemaschine, der Duft von Kaffee und Essen im Haus, das Brubbeln der Stimmen – alles ist gegenwärtig. Wenn alle Kinder, Enkel, Onkel, Tanten, Freunde und Haustiere gleichzeitig im Haus waren, fühlte ich mich dort sehr aufgehoben.

Welche Werte haben Ihre Eltern Ihnen vermittelt?

Es wurde fast kein Wert auf reine Äußerlichkeiten gelegt, oder sagen wir mal, es war keiner auf Statussymbole fixiert. Ganz viel Raum nahmen familiäre Treffen ein und die Besucher, die im Haus meiner Großeltern ein und aus gingen: Geselligkeit, Mitgefühl, Warmherzigkeit, oft ein furztrockener Humor – es war ein ehrlicher Umgang miteinander. Ich kann mich nicht erinnern, dass hinterher über Gäste im Haus meiner Großeltern gelästert wurde. Dafür kann ich mich aber an eine, na, sagen wir mal, »moralische Grundnorm« erinnern, die heute wohl ausgelacht werden würde: »Gewisse Dinge tut man nicht«. Ich rede nicht vom Stehlen und ähnlichen Dingen, sondern von Idealen, die meine Großeltern vermittelt haben, nämlich grundsätzlich niemand nach seinem Status zu beurteilen, sondern möglichst nur nach seinem Handeln und nach seinem Denken, einen jeden als Mensch zu schätzen. Es gab keine Dünkel, wirklich überhaupt keine Dünkel. Diese

»altmodischen« Werte zählten. Vielleicht fühlte sich mancher aus der Familie dadurch später zu Unrecht manchmal etwas verkehrt in der Welt. Aber man darf auch nicht vergessen, dass es ein protestantischer Haushalt war. Es war nie dogmatisch, man versuchte lediglich, mit einer möglichst großen Rechtschaffenheit durch das Leben zu gehen. Meine Oma war übrigens auch eine wunderbare Köchin, das ist an mir leider vollkommen vorbeigegangen. Geselligkeit, miteinander Kochen und interessante, ja reibungsvolle Diskussionen nie zu vermeiden, keinem Gespräch auszuweichen, das hat das Haus meiner Großeltern geprägt. Es war auch unter den Geschwistern meiner Mutter üblich, viel miteinander zu reden. Es gibt ja Familien, in denen vieles totgeschwiegen wird – bei uns war das Gegenteil der Fall. Wir haben schon als Kinder mitbekommen, dass die Erwachsenen viel erzählen und viel diskutieren, dass sie gegenteilige Meinungen haben und sich trotzdem liebhaben können.

Mit dem Tod meiner Großeltern und durch die politischen Umstände, unter denen die Erwachsenen begannen, sich zu engagieren – heute würde man sagen, sie verhielten sich regimekritisch –, begann das alles zu bröckeln. Zu dem Zeitpunkt war ich etwa elf Jahre alt und bemerkte, dass manche politischen Haltungen Probleme auslösten. Es tauchten plötzlich Dissonanzen in diesem Miteinander auf, und sie hatten Folgen. Die gesellschaftliche Schlinge um den Hals der Erwachsenen wurde enger und machte auch vor den Kindern der Familie keinen Halt. Es wurden plötzlich Themen in der Familie diskutiert, wie zum Beispiel, dass jemand seinen Beruf verlieren könnte, weil er nicht bereit war, Westkontakte zu

Familienmitgliedern abzubrechen, es schlichen sich neue Töne in das Miteinander ein, das nicht mehr so unbelastet, ja unbeschwert war. Durch den Tod meiner Großeltern und die politischen Aktivitäten meiner Familie war die Unschuld plötzlich aus meiner Kindheit verschwunden. Da gab es einen Moment des Erwachens, das Wegbrechen eines sicheren Hortes, der einherging mit dem Wegbrechen der Personen, die für mich Orientierungspfeiler im Leben gewesen waren. Das Haus meiner Großeltern, in dem ich aufgewachsen war, existierte für uns plötzlich durch einen Zwangsverkauf an »linientreue Bürger« nicht mehr. Mein Onkel durfte das Haus seiner Eltern nicht übernehmen. Opportun hat sich dennoch keiner verhalten.

Ich habe mir manchmal in diesen Momenten einen Vater gewünscht. Nur so aus Prinzip. Meine Mama war sehr liebevoll. Sie war in meinen Augen so schön und hat mir immer ein liebevolles Umfeld bereitet. Von ihr habe ich sicher meine Sensibilität. Ihr habe ich zu verdanken, was ich bin, aber auch sie litt vermutlich unter dem Verlust der Familie und konnte nie die enormen Wurzeln ersetzen, die uns allen die Familie, die Großeltern gegeben hatten.

In dieser Zeit habe ich mich noch mehr auf die Laienspielgruppe konzentriert und im Prinzip wie immer, wenn alles ins Wanken geriet, das gemacht, was mir Freude bereitete. Das hat mir Halt gegeben. So verwandelte sich wieder einmal das eigentlich traurige Gefühl in etwas Positives.

Am Ende siegt so was wie ein profaner, unreflektierter Wunsch nach Glück.

Ich habe mich dann auf eine Person konzentriert, die mir gutgetan hat. Damals war es die Leiterin der Laienspielgruppe, die zu diesem Zeitpunkt tatsächlich ein Rettungsanker für mich war. Sie konnte vermitteln, dass die Welt einerseits aus dunklen, bedrohlichen, für Kinder undurchschaubaren Komponenten besteht und man andererseits Glücksmomente suchen und Menschen finden kann, mit denen man spielen und glücklich sein kann.

Wurden Sie von den Eltern besonders gefördert?

Also von meiner Mutter, ja, aber auch von anderen Menschen. Ich fühlte mich immer in all meinen Plänen ernst genommen. Nachdem ich zwei, drei Jahre in der Laienspielgruppe gespielt hatte und etwa mit dreizehn begonnen hatte, über Berufswünsche nachzudenken, brachte mich die Leiterin der Gruppe, Frau Zimmermann, auf den Gedanken, Schauspiel als Beruf zu erwägen. Darüber musste ich nicht eine Sekunde nachdenken, denn es war ganz toll, dass da ein Erwachsener überhaupt auf die Idee kam. Es war die Initialzündung. Von da an hat Frau Zimmermann mich gefördert und darin bestärkt, diesen Berufswunsch zu verfolgen, den man aber nur über ein Hochschulstudium erreichen konnte. Also war klar, dass ich Abitur machen musste. Das war also nun das Ziel, superklar. Nun setzte eine andere Stufe der Kraftentwicklung ein. Erst einmal musste ich an das Abitur rankommen. Schauspieler wurden in der damaligen DDR aus staatlicher Sicht nicht wirklich dringend benötigt. Dementsprechend war es schwer, überhaupt an das Abitur ranzukommen, das ich wiederum für das Hochschulstudium brauchte. Ich habe die zehnte Klasse mit Auszeichnung absolviert, obwohl ich in meinen ersten Schuljahren

Anlaufschwierigkeiten hatte. Die Lehrer halfen mir (ich hatte tolle Lehrer), indem sie mir »empfahlen« anzugeben, unbedingt Lehrerin werden zu wollen, weil das ein im Sinne der DDR relevanter Beruf war – eben im Gegensatz zur Schauspielerin. Es ist eine wunderbare Art von Förderung, wenn dir ein Erwachsener reinen Wein einschenkt und dich im Prinzip in deinem eigenen Interesse zu einer Lüge verleitet, auch auf die Gefahr hin, dass er selbst in größte Schwierigkeiten gerät. Solche Erfahrungen haben mich geprägt. Es gab vom Eintritt in die Laienspielgruppe bis zum Anstreben des Abiturs immer Menschen, die mich gefördert und mir auf meinem Weg weitergeholfen haben. Und dies nicht, weil ich die Beliebteste oder Tollste war. Ich war eine ganz normale Schülerin, so wie alle anderen auch. Aber ich glaube, sobald andere Menschen merken, dass man ein aufrichtiges Interesse an einer Sache hat und sich darum bemüht, sind sie gern bereit zu helfen. Und das ist ein entscheidender Aspekt des Erfolges: Etwas zu wollen, heißt nicht, sich verbissen, kaltschnäuzig und mit den Ellenbogen nach oben zu boxen, sondern es heißt meiner Erfahrung nach, ein inneres Bedürfnis nach und eine große Freude an einer Sache zu haben, mit dieser Leidenschaft unbeirrt seinen Weg zu gehen und die Freude und Begeisterung mit den anderen zu teilen.

Irgendwann hat man im Leben begriffen, dass sich alles von einem Tag zum anderen ändern kann. Ich habe sehr früh erfahren, dass die Gegensätze im Leben sehr nah beieinander sein können. Und dass das Schöne sehr nah am Abgrund liegen kann. Und diese Polarität interessiert mich bis heute, mit ihr beschäftige ich mich gern. Das Menschliche interessiert mich.

Unser tägliches Siegen und Scheitern. Ich versuche mir immer zu sagen, dass das Leben einfach aus dieser Polarität besteht und dass ich nicht nur nach der heilen Welt strebe, aber auch nicht nur das Negative und Zerstörerische sehe. Diese Akzeptanz ist Teil meines Berufslebens geworden, es ist Teil der Erziehung meiner eigenen Kinder geworden, es ist Teil meines Weltbildes geworden.

Es gab in meinem Leben vielleicht Ereignisse, die den stärksten Mann umgehauen hätten.

Manchmal geht es in solchen Phasen nur um Einatmen und Ausatmen. Nichts weiter, nichts tun, einfach nichts. Und irgendwie kommen die Dinge von selbst. Wenn man den ganzen Tag nichts essen kann, denkt man am Abend, dass man doch Lust hätte, sich etwas Schönes zu gönnen. Wenn man lang genug ein- und ausgeatmet hat, denkt man auch als Kind: »Jetzt hätte ich doch wieder Lust auf etwas Schönes.« Das ist der Lebens- und Überlebensinstinkt. Es gibt Regionen auf unserer Welt, in denen Kinder wirklich Schwierigkeiten haben zu überleben und vom Tod bedroht sind. Das heißt, wenn man die Möglichkeit hat, einfach auszuhalten, durchzuatmen und in sich selbst den Lebensgeist wieder erstarken zu lassen, und wenn dann noch ein netter Mensch des Weges kommt, eine Vertrauensperson – ein Lehrer, eine Nachbarin oder ein »role model« würde man heute sagen –, dann kann das der rettende Anker sein, um zu sagen, »ich mach weiter«. Schritt für Schritt weiterzugehen und zu erkennen, dass in einem selbst eine Kraft wohnt, die man vor kurzem dort noch nicht vermutet hätte.

Als erwachsener Mensch habe ich gelernt, dass ich mir ein Nest der Geborgenheit selbst bauen muss und beispielsweise nicht mehr auf die Liebe und Geborgenheit eines Menschen warten darf, der immer abwesend war.

Waren Sie eine gute Schülerin?

Am Anfang war ich zu verträumt und auch zu hilflos in einer neuen Umgebung. Wir sind direkt vor meiner Einschulung von einer idyllischen mecklenburgischen Kleinstadt in einen Industrieort bei Berlin gezogen. Da war ich eine mittelmäßige Schülerin, die das Prinzip Schule gar nicht verstanden hat. Im ersten Schuljahr hatte ich Schwierigkeiten, Lesen zu lernen, war eher verschlossen und habe die Welt um mich herum nicht verstanden. Außerdem war ich in Gedanken noch in meiner kindlichen Heimat, in der Kleinstadt, an dem guten, spirituellen Ort. Meine Oma hat mir dann in den Ferien, in denen ich zu ihr fuhr, Lesen beigebracht. Ich war bis zur fünften Klasse eine mäßige Schülerin mit schlechten Betragensnoten, aber durch mein komödiantisches Talent war ich auch eine beliebte Schülerin. Ich hatte schon meine Nische gefunden. Je älter ich wurde, desto besser wurde ich in der Schule. Ich entdeckte die Freude am Lernen, an Deutsch, an Literatur. Diese Welt der Literatur war für mich ein Geschenk. Ich war eine Leseratte. Bücher waren für mich eine ganz große Flucht. Es gab zu Hause häufig Auseinandersetzungen darüber, dass ich nur in meinen Büchern versank und nicht meine Hausarbeit machte.

In der Schule war ich dann plötzlich in den Fächern, die mir Freude bereiteten, sehr gut. Angespornt durch den Erfolg, wurde ich noch besser. Lediglich Fächer wie Mathe und Physik waren nicht mein Ding. Aber ich hatte in beiden Fächern immer sehr nette, geduldige Lehrer, was bei mir immer wichtig war. War ein Lehrer mir mal nicht koscher, hatte ich keine Lust, keine Motivation mehr. Das geht mir heute noch mit Regisseuren so.

Welche Rolle hatten Sie in Ihrer Klasse?

Ich war die Unterhaltungsabteilung der Klasse. Ich habe zusammen mit anderen hochbegabten »Komikern« Unternehmungen und Programme organisiert. Die Gruppe war mir wichtig. Ich war nie ein Alleinunterhalter, das hätte mich gelangweilt. Dass ich gern mit anderen Menschen zusammen bin und keine Einzelkämpferin, ist eine hilfreiche Veranlagung. Einerseits brauchte ich ein Publikum für meine Witze, andererseits bin ich auch gern in der Gruppe gewesen, und es hat mir Spaß gemacht, die anderen im Künstlerischen zu motivieren. Wir haben Feste organisiert und Bands gegründet. Ich habe das, was ich sowieso gern machte, immer verfolgt und nie versucht, mich in etwas anderes hineinzuzwängen. Und Gott sei Dank gab es auch den einen oder anderen systemtreuen, Phrasen dreschenden, unauthentischen Lehrer, der uns Schülern dann viel Stoff für komödiantische Einlagen gegeben hat.

Gab es Lehrer, die Sie fasziniert haben?

Es gab Lehrer, die mich fasziniert, die mich beeindruckt und die mich geprägt haben. Lehrer, die ein gewisses Risiko auf sich genommen haben, um ihre Meinung zu sagen oder Tipps zu geben. Die autark wirkten, auch in dem politischen System der DDR. Junge Menschen haben ja einen guten Sensor für Authentizität. Das Schlimmste ist der Typ Lehrer, der Wasser predigt und Wein trinkt. Wir haben damals ganz schnell gespürt, wer im Sinne des Systems predigt und doch ein ganz anderes Leben führt. Oder wer Dinge vertritt, nur um Vorzüge zu haben. So etwas war bei uns nicht anerkannt. Aber jemand, der eins zu eins das verkörperte, was er erzählte und was er ehrlich dachte, war angesehen. Aber auch Unterrichtsstile haben uns beeindruckt, zum Beispiel die Art und Weise, wie wir an Literatur herangeführt wurden. Da wurden Weichen fürs Leben gestellt. Ich hatte charismatische Lehrer, die haben sich alle nicht die Butter vom Brot nehmen lassen. Sie waren Autoritätspersonen, das heißt, das Machtgefüge war von vornherein klar. Keiner von uns hätte die Möglichkeit gehabt, dem Lehrer mit dem Anwalt des Vaters zu drohen. Aber ich glaube, es wäre auch nie jemand auf so eine Idee gekommen. Es war ein autoritäres Lehrersystem, in dem die Lehrer größtenteils verantwortungsvoll agiert haben. Die, die ihre Macht missbrauchten, wurden von uns heimlich verachtet. Und die meisten, die in Ordnung waren, wurden akzeptiert. Ich hatte immer das Gefühl, dass bestimmte Lehrer und Erzieher ganz entscheidenden Einfluss in meinem Leben hatten.

Was hat Ihren Ehrgeiz entfacht?

Der Moment, als klar war, dass Schauspielerei eine berufliche Option sein könnte. Das entsprang einem Wunsch, einem Wollen. Und das ist der entscheidende Punkt, an dem ich Eigeninitiative und Kraft entwickelte. Wenn ein junger Mensch nie erfahren kann, wo seine Fähigkeiten liegen, dann kann er keine Eigeninitiative entwickeln. Herauszufinden, welches die eigenen Leidenschaften sind, entzündet die stärkste Triebkraft. Es ist übrigens ein großes Verdienst meiner Mutter, dass sie mich als Kind immer alles ausprobieren ließ. Wenn ich Tischtennis ausprobieren wollte, bin ich zum Tischtennis gegangen, wenn ich Turnen ausprobieren wollte, bin ich zum Turnen gegangen. Es gab bei uns sogar eine Kindergruppe fürs Schießen, das wollte ich auch mal ausprobieren, anschließend wollte ich zum Ballett, bis ich beim Briefmarkensammeln gelandet bin. Ich habe als Kind das gesamte Spektrum ausgetestet. Da gibt es die Anekdote, als ich zum Beispiel keine Lust mehr auf Ballett hatte und mich eine Stunde auf der Straße rumgetrieben habe, bis der Ballettunterricht zu Ende war, und ich meiner Mutter dann erzählt habe, wie toll der Unterricht war. Sie hatte mich aber vom Fenster aus die ganze Zeit auf der Straße herumturnend beobachtet und akzeptiert, dass das nicht mein Ding war. Ich wurde nicht im Rücksitz zum Ballettunterricht gekarrt, in der Hoffnung, dass ich Primaballerina werde. Meine Mutter hat mich eben immer ausprobieren lassen. Und es ist wichtig, dass ich immer wollte. Und zwar nicht, weil ich übermäßig ehrgeizig war, sondern weil ich herausfinden konnte, was ich wirklich will und was mir Spaß macht. Da wird man ehrgeizig. Und es wurmt einen auch, wenn man Tiefschläge bekommt.

Hatten Sie das Gefühl, besonders begabt zu sein?

Nein, gar nicht. Überhaupt nicht. Das spielte auch keine Rolle. Ich war ein Kind unter Kindern. Und es gab auch keine hyperventilierenden Eltern am Bühnenrand, die mir dieses Gefühl vermittelten. Selbst als ich zur Laienspielgruppe kam, ging es um die Freude, das Spielerische, die andere, verwunschene Seite des Lebens, die sonnige Nische an diesem fremden Ort. Ich fühlte mich wohl und tat Dinge, die ich gern tat. Mehr nicht.

Welche Rolle spielte Ihr Vater?

Ich habe nie gedacht, dass er mir gefehlt hat, weil ich das für mich im Alltag nie so definiert habe. Als ich als erwachsener Mensch über diese Frage nachdachte, habe ich gemerkt, dass dies eine Illusion war, die ich mir als Kind selbst geschaffen hatte, um die Abwesenheit meines Vaters zu verkraften. Heute weiß ich, dass die Enttäuschung und der Schmerz darüber enorm waren, dass er in meinem Leben nicht vorkam, dass er von einem Tag zum anderen einfach weg war und auch weggeblieben ist. Erst heute begreife ich die Rolle meines Vaters. Das sind solche Punkte, über die man ein Leben lang nachdenken muss und an denen man weiterarbeiten muss, aber ich habe heute natürlich ganz andere Mittel als mit vier oder mit vierzehn Jahren. Das sind die Knoten im Leben, die man irgendwann einmal anpacken und auflösen kann, wo vielleicht dreißig Jahre zuvor der Schmerz zu groß war. Irgendwann kann man seinen Frieden damit machen.

Hatten Sie Vorbilder?

Es waren wirklich diese Bezugspersonen, von denen ich schon sprach, in den jeweiligen Entwicklungsphasen. Vielleicht waren diese Menschen in diesen Momenten so eine Art Vorbild. Sie waren in den Momenten auf jeden Fall existentiell, weil sie mir bei meiner Orientierung geholfen und mich motiviert haben.

Haben Sie als Kind Niederlagen erlebt?

Auf diese Frage wird wohl jeder antworten »viele«, oder? Das ist wohl die Lebenslehre schlechthin, dass man lernen muss, mit Niederlagen umzugehen, gerade wenn man denkt, es geht überhaupt nicht mehr, und es einen umgehauen hat. Niederlagen können auch Erfahrungen sein, die man nur als Niederlage deutet. Wo wir gerade beim Thema Vater waren: Kinder fühlen sich häufig für die Abwesenheit eines Elternteils verantwortlich und empfinden das als eigene Niederlage. Es gab auch Niederlagen, Erfahrungen, von denen ich überzeugt war, dass sie mich für immer umgehauen haben. Und es gab Niederlagen, die nur an meinem Ego gekratzt haben. Aber es gab auch die Kämpfe gegen Niederlagen, als ich wirklich dachte: »Das werde ich jetzt nicht verlieren«, einen geliebten Menschen zum Beispiel. Dann sagt man sich einfach: »Hier nehme ich den Kampf auf«, weil man gar keine andere Wahl hat. Es gibt vermutlich immer mal die Momente im Leben, in denen man denkt: »Das war jetzt zu viel, jetzt habe ich so einen reingewürgt bekommen, jetzt bleibe ich liegen.« Und immer habe ich dann irgendwann, vielleicht so ein Jahr später, gedacht: »Siehst du, Nadja, und diesmal dachtest du, du stehst nicht mehr auf.« Das gehört auch dazu. Einatmen und ausatmen. Und dann begreift man, dass es gut ist, älter zu werden. Man kennt dann schon einiges.

Waren Sie gut im Sport?

Im Turnen war ich gut, das habe ich von meinem Opa geerbt. Er war, ich glaube, sechsfacher Pommernmeister im Turnen. Das Turnen liegt ein bisschen in unserer Familie und hat mir auch Spaß gemacht. Leichtathletik mochte ich gar nicht, aber ich habe die Spiele geliebt. Beim Handball habe ich mich heiser geschrien. Alles, was einen Event-Charakter hatte, habe ich geliebt. Ich war keine gute Handballerin, da gab es die großen, kräftigen Mädchen, die die Bälle ins Tor gedonnert haben, aber ich war immer im Bereich Event für alles zu haben – und Spiele waren sensationell.

Sind Sie als Kind gehänselt worden?

Ja, natürlich. Welches Kind ist das nicht? Ich war nie ein Außenseiter, aber ich kann mich erinnern, dass ich gehänselt wurde, als ich nach einem Umzug neu in eine Klasse gekommen war. Ich war dreizehn und hatte einen total mutigen Haarschnitt aus Berlin – echt punkig sozusagen. Nachts habe ich geweint und musste mich dann tagsüber eben in dem neuen Umfeld behaupten, was ja relativ normal ist. Aber es war schmerzhaft. Ich muss sagen, wenn so etwas auftrat, habe ich mich mit Händen und Füßen gewehrt, mich blind zu unterwerfen. Ich war stolz, schon immer. Ich kann mich erinnern, dass ich mich in den ersten Schuljahren mit Jungs geprügelt habe. Die Weibchen-Nummer ist mir nicht so in die Wiege gelegt. Ich habe, wenn jemand die Grenzen nicht einhielt, immer Zeichen gesetzt, meine Grenzen gezogen, moralische

Entscheidungen gefällt, die für mich wichtig waren, auch wenn ich Angst hatte.

Haben Sie andere gehänselt?

Ich wäre jetzt gespannt, ob sich jemand anders daran erinnert. Hänseln für Schwäche oder körperliche Beeinträchtigung – ich glaube nicht, und wenn, dann täte es mir leid. Austeilen zur Selbstverteidigung ist ja etwas anderes. Ich glaube aber nicht, aus einem einfachen Grund. Wir haben immer gelernt, dass jedes Kind so gut ist und von Gott gewollt, wie es ist. Ich habe auch immer gedacht, es gibt eine übergeordnete Kraft. Es war in unserer Familie eher verpönt, sich über Schwächere lustig zu machen. Das gab es nicht, das war in der Familie durchaus ein Dogma. Punkt. Über Menschen auf Augenhöhe, die unehrlich oder gemein waren, wurden genug Witze gerissen, aber es musste jemand auf Augenhöhe sein, wie zum Beispiel ein staatssicherheitsgeschulter Politphrasendrescher, der anderen mit seinem mickrigen Machtgefühl das Leben verdarb. Da waren die Bezeichnungen in den belauschten Gesprächen der Erwachsenen für uns Kinder schon so toll, wie zum Beispiel: Diese Korinthenkacker von HORCH und GUCK.

Ich denke, ich war nicht so das Mädchen, das sich mit anderen gegen jemanden verbündet hat. Meine Rolle als Klassenclown hatte etwas Neutrales, und das habe ich sehr schnell für mich entdeckt.

Man weiß ja immer, wenn man unrechte Dinge tut. Und wenn man im Spiel nach dem Schönen strebt, wenn man reinen

Herzens zum Licht flattern möchte, dann stört dieser schale Beigeschmack.

Haben Sie etwas in Erinnerung, das Ihnen als Kind oder Jugendlicher peinlich war?

Jeder hat peinliche Momente, jeder schämt sich mal für seine Eltern oder für etwas, was ihm vor der Klasse passiert, und als Erwachsener ist man sicher auch manchmal peinlich. Aber ich glaube, Peinlichkeit entsteht auch daraus, wie man reflektiert wird. Hat man keine Angst davor, wie man von anderen gesehen wird, und hat man keine Angst vor Verletzbarkeit, dann ist Peinlichkeit weit weg. Es gibt doch immer im Leben den Moment des Versagens, bei jedem. Am peinlichsten war es mir immer, wenn ich unbewusst jemanden verletzt habe. Ein schreckliches Gefühl. Aber dann wären wir jetzt beim Thema »Entschuldigen«.

Wann haben Sie begonnen, sich mit Schauspiel zu beschäftigen?

Mit dem ganz rudimentären Spiel habe ich schon im Kindergarten begonnen, mit dem Spiel von Märchen, mit kleinen Rollenspielen. Kleine Phantasiewelten, das war schon immer meine Nische, aber es war mir nicht bewusst. Das zugelassen zu haben, ist auch das Verdienst meiner Mutter. Sie hat nicht gesagt »Jetzt werd mal wach!«, sondern sie hat mir diese Welt gelassen. Wichtig für mich war, dass ich diese Nische, dieses Spielerische immer weiter ausbauen konnte. Egal, wie man es definiert hat, es ging immer um das Spielen. Für Kinder ist meiner Erfahrung nach das Spiel ein toller Weg, mit dem Leben besser klarzukommen, und das habe ich als Kind für mich entdeckt.

Wurden Sie als Kind beneidet?

Nicht primär. Ich hatte nichts, was Neid schürte. Ich habe nie wesentlich unter dem Neid anderer zu leiden gehabt. Dieser Kelch ist ganz gut an mir vorübergegangen.

Waren Sie beliebt?

Ja, schon. Vielleicht, weil ich immer bereit war, mich zu relativieren. Ich wollte nie die erste Geige spielen, war immer Teil einer Gruppe. Ich war die Entertainerin, und die sind immer beliebt. Ich war nicht zu bedrohlich für andere. Und als ich dann diesen tollen Weg machte, stellte ich fest, dass die meisten der anderen einverstanden damit sind. Für sie war immer klar, wie sie sagen, dass ich diesen Weg gehen würde. Allerdings haben sich auch Menschen auf dem Weg verabschiedet. Da war ich vielleicht nicht mehr beliebt oder wurde plötzlich beneidet.

Hatten Sie Ängste als Kind?

Natürlich. Ängste sind Teil des Lebens, egal, wie gut oder schlecht es einem geht, man entwickelt immer irgendeine Angst – bis man sie überwindet, bis man sich der Angst stellt. Im Prinzip sind Ängste ein ganz guter Motor, wenn man versucht, sie zu überwinden. Als Kind durchdringt man das nicht so rational. Ich glaube, dass die Ängste, die mich seit meiner Kindheit verfolgen, Teil meines Erfolgs, Teil meines Lebens sind. Ich bin dankbar, dass sie mich so wütend, so verzweifelt gemacht haben, weil ich deshalb überhaupt erst begonnen habe, etwas zu tun. Ich nehme die Ängste öfter dankbar an, aber nur so lange ich sie bekämpfe. Sie werden nie meine Freunde, sie sind nur Transportmittel. So sehe ich das heute. Als Kind ist es wichtig, dass ein Erwachsener dir deine Ängste erklärt und sie enttarnt.

Ich konnte immer, auch nach dem Tod meiner Großeltern, auch nachdem dieses Nest aus meinem Leben verschwunden war, mit nahestehenden Erwachsenen sprechen. Ich hatte meine Mutter, meine Zwillingstanten, die für mich der Anlaufpunkt am Telefon waren. Es gab immer ein oder zwei Personen, denen ich mein Herz ausschütten konnte, und es war wichtig, Ängste zu benennen. Ich wage es zu bezweifeln, dass die erfolgreichen Menschen dieser Welt ein problemloses Leben hatten. Ich glaube, dass jemand, der über das Leben nichts weiß oder nichts wissen will, im Leben nicht viel bewegen wird. Ein Mensch, der weiß, wie schön und wie schwierig das Leben sein kann, entwickelt eine andere Kraft, um etwas zu bewegen.

Wie war Ihre erste große Liebe?

Ich habe mich an die Liebe spät herangetastet. Aus der Ferne hatte ich einen Schwarm, an dem ich mich ganz lange festgehalten habe. Ich hätte nicht im Traum gewagt, da weiter zu denken. Meine wirklich erste große Liebe war total kompliziert. Ich war so verliebt, so Hals über Kopf, und er war ein sehr nachdenklicher, intellektueller junger Musiker und Schauspieler, der sich sehr viele Gedanken über die Welt machte. Ich war dafür sehr offen, aber ich musste dann immer irgendwie schnell zum Licht streben und fand diese Schwere beängstigend, wurde ihm intellektuell auch nicht mehr gerecht, denn ich war erst neunzehn und er doch schon zweiundzwanzig. Ich dachte immer, ich müsse eine ziemliche Enttäuschung für diesen Menschen sein. Ich dachte gar nicht darüber nach, dass er mich vielleicht auch enttäuscht. Ich fand ihn einfach toll. Irgendwann meldete sich wieder mein Selbsterhaltungstrieb, und ich dachte, dass ich weiterziehen müsse, dass ich aus dem Festgefahrenen rausmüsste und wieder strahlen und leben müsste. Ich erlebte einen völlig zusammenbrechenden jungen Mann, der mir für immer und ewig seine Liebe schwor. Ich verstand die Welt nicht mehr. »Das soll jetzt Liebe sein? Das ist ja alles wahnsinnig kompliziert.« Es war noch nicht die Erkenntnis, dass Liebe auch noch normal lebbar sein muss.

Hatten Sie als Kind eine Schwäche, etwas, das Ihnen besonders schwerfiel?

Mathe, Physik, das waren für mich Bücher mit sieben Siegeln. Ich fand das alles irgendwie unlogisch. Außerdem fand ich es sehr langweilig, im »Frontalunterricht« still zu sitzen und den Mund zu halten. Ein kleiner Scherz hier und da, manchmal fand auch das Interessanteste gerade hinter mir statt, und ich musste mich umdrehen. Na ja. Manch heutige Schulmethode wäre meine Rettung vor dieser Langeweile und Norm gewesen. Außerdem bin ich furchtbar ungeduldig, schon als Kind war ich das. Ich bewundere meine große Tochter, die so geduldig ist. Sie sagt immer: »Mama, lass mich das machen. Du weißt, du bist so schrecklich ungeduldig.« Herrlich! Das höre ich so gern.

Was haben Sie gehasst?

Erwartungen anderer, die ich erfüllen musste. Normen. »Man macht nicht«, »keiner macht das« etc. ... und diese damit oft so verbundene Mittelmäßigkeit. Die Ängste, der Druck der Anpassung. Aufgedrückte Erwartungen waren für mich ein rotes Tuch und lösten Leere und Verweigerung aus. Wenn ich den Druck spürte, nach den Vorstellungen anderer funktionieren zu müssen, wurde es schwierig für mich, obwohl ich immer gut funktioniert habe. Aber ich musste sozusagen selbst motiviert sein, um zu funktionieren, was nicht schwer war. Ich war kein kompliziertes Kind, auch nicht in der Schule. Ich habe immer alles erfüllt. Aber wenn da so ein Zwang hineinkam, dann war es aus.

Auch Erwachsene, die mir erklärten, dass das Leben aus unlösbaren Problemen besteht, habe ich gehasst. Die Hoffnungslosigkeit habe ich gehasst, und ich konnte sie auch nicht an mich heranlassen. Wahrscheinlich brauchte ich selbst zu viel Kraft. Ich bin lieber allein losgezogen, als mir dieses hoffnungslose Gerede anzuhören.

Ich kann mich an ein einschneidendes Erlebnis erinnern. In so einem kritischen Moment musste ich als Kind meine Schwimmprüfung machen. Es ging mir ziemlich dreckig, weil die Welt der Erwachsenen irgendwie gerade hoffnungslos wirkte. Ich weiß, dass ich wirklich wie eine flügellahme Ente in die Schwimmhalle zu meinen Klassenkameraden kam. Die wussten nichts von den Sorgen, und es herrschte eine leichtere Stimmung. Einatmen, ausatmen, es ging schon besser. Dann schaffte ich meine Schwimmstufe und war beseelt und stolz auf mich. Obwohl mein Tag furchtbar begonnen hatte, war er schön geworden. Ich habe mich wie ein kleines Tierchen, das im Ozean schwimmt, an diese kleinen Momente geklammert. Ich hätte mich in so einer Situation, obwohl es mir schlecht ging, nicht getraut, nicht zur Schwimmprüfung zu gehen. Das hilft manchmal. Am Ende hatte ich als Kind ein Erfolgserlebnis, das ich nicht gehabt hätte, wäre ich nicht hingegangen. Für mich war es ja schon heilsam, Teil der Gruppe zu sein. Alles relativiert sich. Es geht nicht darum, sofort die volle Kraft zu entwickeln. Das ist Quatsch. Es geht manchmal nur um einatmen, ausatmen, vor die Tür gehen und weitermachen. Nicht mehr.

Haben Sie sich geliebt gefühlt?

Ja. Aber ich habe mich durch die Abwesenheit meines Vaters und die zeitweise Ratlosigkeit meiner Mutter in manchen Dingen auch oft ungeliebt gefühlt, obwohl ich es nicht war. Das weiß ich. Sie hat mir all ihre Liebe gegeben – und meine Familie auch.

Was haben Sie gelesen?

Alles mögliche und vor allem viel. Das Lesen war eine meiner Lieblingsbeschäftigungen. Ich habe die alten Bücher im Hause meiner Großeltern durchgeschnüffelt, liebte den Geruch der aufgeschlagenen Seiten.

Kleine Taschenbücher aus den 50iger-/60iger-Jahren, in altdeutscher Schrift Theodor Storms »Regentrude«, eine ältere Version mit tollen Zeichnungen von »Alfons Zitterbacke« und sämtliche Märchen. Brüder Grimm, Andersen, Theodor Storms »Kleiner Häwelmann« und die meisten in der DDR erhältlichen Kinderbücher vom Kinderbuchverlag Berlin. Ich muss aber auch sagen, dass mir von klein auf viel vorgelesen wurde. Das Lesen und Vorlesen nahm viel Platz in meiner Kindheit ein.

Sind Sie als Kind von jemandem – eindrücklich – schlecht behandelt worden?

Nie permanent, immer nur situativ. Das waren Situationen, in denen ich gemerkt habe, dass etwas zu viel für meine Kinderseele ist, dass es Dinge gab, die ich nicht einordnen konnte, und dann habe ich versucht, mir Hilfe bei Erwachsenen zu suchen. Es war tröstlich, wenn sie mir Dinge erklären konnten. Aber heute sehe ich einiges strenger und erwarte manchmal noch heimlich Erklärungen, von denen ich weiß, dass sie nie mehr kommen werden.

Was war Ihr Lieblingsduft?

Meine Mutter. Sie roch immer so toll. Sie roch nach Kosmetik und Parfum und frischer Luft. So, wie irgendwie nur Mamas riechen können. Außerdem: Die gelagerten Äpfel in der kalten Veranda meiner Großmutter. Die Parfumfläschchen meiner Großmutter, die mein Großvater ihr aus Frankreich mitgebracht hatte. Die standen leer und vergilbt auf der Schminkkommode zwischen Flakons mit Sprühaufsätzen und Birkenwasser, darin noch immer ein Hauch von Parfum aus Grasse. Außerdem liebte ich den Geruch von Leder in Lederwarengeschäften und den Geruch von Tabakläden. Das sind so Urgerüche, die mich mein Leben lang begleiten. Diese Wahrnehmung in meiner Kindheit war unglaublich intensiv, lebt bis heute in mir fort, ruft über Gerüche Erinnerungen in mir wach und setzt Kraft in mir frei. Gerüche sind ganz fest in mir verankert.

Hatten Sie einen Lieblingsort?

Wir haben uns als Kinder rumgetrieben. Wir sind viel in der Natur herumgestromert, auf den Feldern und Wiesen, an der alten maroden Kirche, den alten Mauern. Dieser Ort meiner Kindheit, an dem ich aufgewachsen bin und den ich später verloren habe, war mein absoluter Lieblingsort. Heute ist es für mich ein schönes Ritual, einmal im Jahr mit meinen Kindern und meinem Mann dort hinzufahren. Die Wunden des Verlustes, des Auseinanderreißens der Familie werden aufgearbeitet. Mittlerweile finde ich an diesem Ort Frieden, und es rührt mich, meine Kinder dort spielen zu sehen. Dort treffe ich alte Leute, die mir dann Geschichten über meine Familie erzählen. Das hat etwas sehr Friedliches und sehr Schönes. Der Weg hat sich gelohnt.

Wären Sie gern noch mal Kind?

Nein. Ich finde es schön, wie es jetzt ist. Sehr, sehr schön. Schauspieler sind sowieso wie Kinder. Ich habe das Gefühl, ich bin immer noch die gleiche Person, das gleiche Kind, das ich damals war. Ich würde aber nicht mehr zurückgehen. Diese ganzen Fragen, denen man so ausgesetzt ist als Kind und auf die man keine Antworten hat, sind zu belastend. Als Kind ist einem die Reflexion über diese Fragen und der notwendige Abstand nicht gegeben. Man hat noch nicht das Werkzeug, um sich die Erwachsenenwelt zu erklären. Deshalb möchte ich nicht mehr zurück. Den anderen Teil der Kindheit habe ich mir erhalten, zelebriere ihn jedes Jahr einmal und habe jetzt auch eine Familie, die das mit begleitet. Ich lasse Stück für Stück den glücklichen Teil meiner Kindheit wieder auferstehen. Es kommen wieder Leute in mein Haus, ich habe Kaffeepulver im Schrank, damit mein Schrank riecht wie bei meiner Großmutter, und führe heute ein ähnliches Leben, wie meine Großeltern es gelebt haben. Ich achte sehr darauf, wer zu unserem Umfeld gehört. Ich habe gelernt, dass ich mir die Menschen suchen muss, vor denen ich ich selbst sein kann, mit denen ich ein offenes Gespräch führen kann. Ich möchte nicht in einer Scheinwelt leben, und ich habe aus meiner Kindheit die Lehre gezogen, dass sich die Dinge von einem Tag zum anderen ändern können. Ich möchte Menschen an meiner Seite haben, die das auch wissen und mit denen man den Weg auch lang gemeinsam gehen kann. Ich bin kein Typ für schnelle Begegnungen, das habe ich beruflich ganz viel. Dieses Wahrhaftige, dieses Erdige, dieses kosmetisch nicht immer Einwandfreie lebe ich mit meiner Familie. Als erwachsene Frau.

Wollten Sie es irgendjemandem beweisen mit Ihrem Werdegang?

Nein. Es ist eigentlich erstaunlich, dass ich es so weit gebracht habe, weil ich immer an mir gezweifelt habe. Ich habe mir

Dinge nie zugetraut und sie trotzdem gemacht. Manchmal weiß ich gar nicht, warum. Es hat wohl mit der Überwindung von Angst zu tun. Ich hatte ja immer Angst und wäre fast immer aus Angst irgendwo nicht hingegangen. Und bin dann nur hingegangen, weil ich dachte, das gehört sich so, das macht man nicht, einfach nicht hinzugehen. Ich wirkte nach außen hin selbstbewusst, war aber nicht selbstbewusst. Je mehr ich so in dieser Scheinwelt lebte, in der es darauf ankam, selbstbewusst zu wirken, umso wichtiger wurde es für mich, auch wirklich ein Bewusstsein meiner selbst zu entwickeln. Nein, ich wollte es nie jemandem zeigen. Ich wollte ein zufriedener Mensch werden.

Haben Sie sich als Kind vorgestellt, das zu tun, was Sie jetzt machen?

Rückblickend finde ich es höchst erstaunlich, welchen Weg ich gegangen bin. Und in meiner Kindheit hätte ich Ihnen geschworen, dass ich diesen Weg niemals gehen würde. Ich hätte das nie für möglich gehalten. Ich habe natürlich immer weitergemacht, in kleinen Schritten. Dann habe ich gemerkt, dass es geht! Es war immer ein Weitermachen, denn ab einem bestimmten Punkt entwickelt man auch einen Ehrgeiz und unterschiedliche Motivationen. Ich habe einfach immer weitergemacht, und in meinen späteren Jahren hat mich dieses Pflichtgefühl sehr weit gebracht, weil ich immer dachte, für mein Geld muss ich etwas abliefern und muss pünktlich sein und muss funktionieren. Das ist die einzige Erwartungshaltung, die ich an mich habe, und damit komme ich super klar. Ich denke, bei allem Versponnenen und Kreativen, das wir Künstler auch haben dürfen, möchte ich diesen Ehrenkodex – man enttäuscht andere oder auch sich selbst nicht durch Nachlässigkeit und Unzuverlässigkeit – beibehalten.

Gab es jemanden, der an Sie geglaubt hat in Ihrer Kindheit?

Das ist das Privileg, das ich hatte. Ich kann im Allgemeinen sagen, meine Familie hat an mich geglaubt – meine Mutter, meine Großeltern, meine Onkel und Tanten. Aber wenn jemand an mich glaubt, heißt das nicht, dass er immer und ständig die Kraft hat, an meiner Seite zu sein. Mir wurde nicht ständig vorgepredigt, dass an mich geglaubt wird, dass ich die Tollste und die Größte bin. Im Prinzip hatten die Erwachsenen alle mit sich zu tun. Aber ich hatte dieses Grundgefühl, dass ich immer in meinem Werdegang unterstützt werde.

Hatten Sie als Kind oder Jugendliche den Impuls, besser sein zu wollen als die anderen?

Nein, ich fand mich entweder irgendwie gut, oder ich hatte in gewissen Situationen zu mehr keinen Mut. Das wechselte. Aber dieser Vergleich, das ist so etwas, das hat mich nicht interessiert. Ich erinnere mich jedoch, wenn ich bei anderen Kindern feststellte, dass die so einen netten Umgang mit ihren Vätern hatten oder dass deren Papa mit zur Klassenfahrt kam, da wünschte ich mir auch so jemanden. Dann habe ich solche Vergleichsmomente gehabt und fühlte mich traurig und unvollständig. Aber Vergleich fand nicht im Sinne von »Ich muss besser sein als andere« statt. In meiner Familie ist so ein konkurrenzähnlicher Ehrgeiz eigentlich nicht vorhanden. »Besser zu sein als andere« taugt meiner Meinung nach auch überhaupt nicht als Ansporn. Für sich selbst einen Ehrgeiz zu entwickeln und sich zu ärgern über eigene Misserfolge, das ist wichtig.

Mein Mann und ich haben in der Familie den Spruch »Wer vergleicht, verliert«. Nicht mit anderen vergleichen, sondern für dich herausfinden, was dich glücklich macht.

Was wollten Sie werden, als Sie Kind waren?

Ich komme aus einer Lehrerfamilie und überlegte, auch Lehrerin zu werden. In der Pubertät war es immer Thema, dass ich einen Beruf ergreifen wollte, der mit Menschen zu tun hatte. Und dann kam es relativ schnell, dass die Leiterin meiner Laienspielgruppe sagte: »Du hast das Zeug zur Schauspielerin.« Es steht in Artikeln immer, dass ich schon als kleines Kind Schauspielerin werden wollte. Das ist totaler Quatsch – ich hätte es mir nie zugetraut. Und ich habe den Gedanken auch nicht gehabt.

Hatten Sie sich als Kind vorgenommen, später einmal berühmt zu werden?

Nein, niemals. Und ich glaube auch, dass ich nur so erfolgreich geworden bin, weil ich es mir nicht vorgenommen habe. Ich glaube, der Wille, berühmt zu werden, hätte die falschen Kanäle in mir geöffnet. Da wären die Aspekte Berechnung und Zielstrebigkeit zu sehr im Vordergrund gestanden. Ich hätte nicht aus meiner Phantasie heraus oder aus mir heraus gespielt. Das kann man nicht so berechnen. Als Kind stand das Spiel im Vordergrund und heute die Frage, wie ordne ich das Spiel ins Leben ein und das Leben ins Spiel. Das ist ein viel reflektierterer Prozess.

Hat Ihre Erziehung zu Ihrem Erfolg beigetragen?

Sie ist das Fundament. Die Liebe der Erwachsenen, die Wertvorstellungen, aber auch das Verratensein durch die Erwachsenen, die Wut auf sie … einfach alles, was die Erwachsenen mit mir als Kind veranstaltet haben. Auch die autoritäre Erziehung, die Freiheit im Rahmen dieser autoritären Grenzen, der Respekt mir gegenüber als Kind, dass ich in meinen Träumen ernst genommen wurde und im nächsten Moment mit diesen auch wieder allein gelassen wurde – auch das gab es … das alles ist Erziehung und das alles hat mich geprägt.

Erkennen Sie heute das Kind in sich, das Sie einmal waren?

Ja. Es sitzt vor Ihnen. Das versuche ich auch immer meinen Kindern zu erklären: »Ich bin eure Mama, aber es sitzt eigentlich noch das Kind vor euch, das ich einmal war. Nur mein Körper hat sich verändert.« Das finden die Kinder ganz interessant. Ich kann auch so viel aus meiner Kindheit reproduzieren. Das, was die Psychologen als das »Innere Kind« bezeichnen, ist bei mir sehr präsent. Ich kenne auch keinen Schauspieler, bei dem das nicht der Fall ist. Das ist ein Segen dieses Berufs, dass Schauspieler wirklich noch mit ihrem »Inneren Kind« arbeiten. Egal, welchen Alters sie sind. Es ist die Arbeit mit dem

»Inneren Kind«, mit den Höhen und Tiefen der Kindheit, die bei den guten Schauspielern, die ich kenne, den Erfolg ausmacht.

Was ersehnen Sie am meisten aus Ihrer Kindheit?

Die Abwesenheit von all diesem technischen Zeug, die Anwesenheit von Ruhe. Gefühlte Ruhe – keine Telefone, keine Faxe, keine schnelle Erreichbarkeit. Wenn ein Telegramm kam, war das eine kleine Sensation. Die Abwesenheit von Autoverkehr. Ich vermisse die Langsamkeit meiner Kindheit.

Was macht für Sie eine glückliche Kindheit aus?

Natürlich, geliebt zu werden. Als Kind die Liebe und Geborgenheit zu bekommen, die dir zusteht, weil du einmalig und wunderbar bist. Das ist Glück und das ist wichtig. Es ist traurig, dass dies für viele Kinder auf dieser Welt nicht selbstverständlich ist.

Nadja Uhl im Alter von 16 Jahren

KATHARINA WAGNER

Katharina Friederike Wagner, geboren am 21. Mai 1978 in Bayreuth, ist Opernregisseurin und gemeinsam mit ihrer Halbschwester künstlerische Leiterin und Geschäftsführerin der Bayreuther Festspiele. Sie ist die Tochter von Wolfgang Wagner und dessen zweiter Frau Gudrun Mack und Urenkelin von Richard Wagner sowie Ururenkelin von Franz Liszt. Katharina Wagner studierte Theaterwissenschaft an der Freien Universität Berlin.

Katharina Wagner im Alter von 8 Jahren

Welches ist die erste Erinnerung Ihrer Kindheit?

Ich war fasziniert von Licht. Schon als Baby habe ich jedes Mal mit dem Finger in Richtung des Lichts gezeigt, wenn es jemand eingeschaltet hat. Meine ersten beiden Worte waren »Li« und »Au«, also wahrscheinlich Licht und Auto. Oder vielleicht Licht und Bewegung? Jedenfalls haben fahrende Autos die kleine Katharina zusätzlich beeindruckt.

Was für ein Kind waren Sie?

Ich glaube, ich war ein recht ruhiges Kind und dafür dann aber auch eine ziemlich anstrengende Pubertierende. Als Kind habe ich viel gemalt und gebaut, konnte mich immer sehr gut selbst beschäftigen, und das hat sehr zum Vorteil meiner Eltern gereicht. Sie haben mich einfach irgendwo hingesetzt, und ich habe stundenlang Bauklötze übereinandergestapelt. Mir wurde später erzählt, dass ich zu weinen anfing, sobald jemand zu mir kam und mitspielen wollte. Der Papa sagte dann: »Das könnt ihr nicht machen, das Kind baut etwas, und ihr stört es. Die Erwachsenen wissen gar nicht, dass man mit seinem Umbauen ein Kind stört.« Mein Vater hat mir oft erzählt, dass man mich als Kind allein spielen lassen konnte. Später, in der Pubertät, wurde ich schwieriger, vielleicht nicht übermäßig schwierig, aber ich hörte laut Musik und wollte abends länger wegbleiben. Das übliche Programm eben und entsprechend auch üblich anstrengend. Im Kontrast dazu war ich als Kind anscheinend bemerkenswert unanstrengend. Sozusagen unüblich unanstrengend. Auch mein Kindermädchen bestätigt bis heute, was für ein braves Kind ich gewesen bin.

Wer stand Ihnen in Ihrer Familie als Kind am nächsten?

Eindeutig der Papa. Und mein Kindermädchen, sie war ja vor meiner Geburt schon da und war wirklich meine Ersatzmama. Sie ist heute noch Mama. Da wird mehrfach in der Woche telefoniert, und wenn ich eine Premiere habe oder irgendetwas Wichtiges ansteht, muss sie kommen. Von den Eltern war es eindeutig der Papa. Unsere Beziehung ist schwierig zu beschreiben, weil der Papa ein Typ war, der Emotionen nicht in Worte fasste, das fand eher auf einer nonverbalen Ebene statt. Klar, die Mutter liebte einen genauso, aber mein Papa hatte seine ganz eigene Art zu vermitteln: »Komm mit, Schätzchen!« Und dann zogen wir los. Das war toll! Ich kann mich erinnern, dass er mit mir öfter über die Bühne ging und ich dann immer Angst hatte, dass ihm etwas passieren würde, weil da zum Beispiel ein Drache stand. Das war ganz schlimm! Allerdings war ich auch schnell desillusioniert – gerade war »Siegfried« auf der Bühne aufgebaut worden – und da habe ich einen ziemlichen Aufstand gemacht, dass wir nicht über die Bühne laufen können, weil der Drache uns frisst. Das war damals der Chéreau-Ring, und der Papa hat mich dann in den Drachen hineingesetzt, der innen mit Zeitung ausgeschlagen war. Da war ich ja wirklich noch sehr klein, noch keine drei Jahre, aber seit diesem Tag gab es für mich keinen Weihnachtsmann mehr und auch keinen Osterhasen. Ich sagte zu meinem Vater: »Lüg mich nicht an, es gibt gar keinen Osterhasen, das Nest hast du selber versteckt.« Mein Vater war ein viel beschäftigter Mann, aber das Praktische an mir war ja, dass man mich beim Arbeiten hinsetzen konnte und ich dann still war. So konnten wir trotz seiner vielen Verpflichtungen Zeit miteinander verbringen.

Der Papa hat öfter Bühnenbildmodelle gebaut, weil er ja selbst inszeniert hat, und da durfte ich dann reingreifen und die Figuren bewegen. Das war toll! Ich habe ihm dabei zugeschaut, wie er gebaut hat, und habe dann in den Modellen mit den Figuren gespielt. Es ist für ein Kind etwas Besonderes, benutzen zu dürfen, was ein Erwachsener gebaut hat.

Zu meiner Mutter hatte ich auch ein gutes Verhältnis, aber da ich das einzige Kind meiner Mutter war, hat sie mich ein bisschen strenger und vorsichtiger erzogen. Insofern hatte ich vom Papa immer den Eindruck, dass er liberaler ist, einfach durch eine gewisse Weitsicht. Meine Eltern hatten natürlich häufig unterschiedliche Ansichten über meine Erziehung. Das fing an bei der Matschpfütze, in die mein Vater mich ließ, aber von der meine Mutter gleichzeitig fürchtete, dass ich mich durch sie erkälten würde. Oder es ging um die riesige Flasche, die mein Vater mir allein aufzumachen erlaubte, was mir meine Mutter lieber verboten hätte. Diese Vorsicht bessert sich vermutlich mit dem zweiten Kind und mit einem gewissen Erfahrungsschatz sowie dem Wissen, was ein Kind kann und was man ihm zutrauen kann. Dieses Wissen hatte mein Vater im Gegensatz zu meiner Mutter. Mein Vater hat sich mit seinem liberaleren Erziehungsstil meist durchgesetzt.

Welche Werte haben Ihnen Ihre Eltern vermittelt?

Besonders wichtig war die Selbständigkeit. Meine Eltern haben mich zu einer sehr großen Selbständigkeit und zu eigenem Denken erzogen. Ich war ein sehr wissbegieriges Kind, und ich habe immer die schöne Frage »Warum?« gestellt. »Warum?

Warum? Warum?« – eine endlose Kette. Ich kann mich erinnern, dass ich Unmengen von »Was ist was«-Büchern hatte, weil ich sehr neugierig war. Ich wollte immer alles wissen, und das lag, glaube ich, an meiner Erziehung. Es hieß immer, »Frag nach!«, »Denk nach!« oder auch »Probier es erst mal selber!«. Bei Kleinigkeiten wie dem Öffnen einer Flasche, bei denen Kinder gern um Hilfe bitten, forderten meine Eltern mich auf, es selbst zu probieren. Erst wenn ich es gar nicht schaffte, halfen sie mir. Es ging ihnen immer um Selbständigkeit und um den eigenen Willen. Ich wurde schon sehr früh gefragt: »Willst du das?«, »Hast du darauf Lust?« Ich bin als eigenständige Persönlichkeit erzogen worden.

Mein Vater war ja ein relativ alter Vater und hatte vor mir bereits zwei Kinder großgezogen, woraus in dieser Hinsicht eine gewisse Altersweisheit resultierte. Er war der Ansicht, dass ein Kind sich nicht gleich umbringt, wenn es in den Matsch springt, und es sich auch nicht umbringt, wenn es mal eine Flasche zerschlägt. Ich wurde durchaus vorsichtig erzogen – und auf mich wurde auch aufgepasst –, aber meine Eigenständigkeit war immer zentral. Mir wurde der Sinn von Zuverlässigkeit und Pünktlichkeit vermittelt, und ich wurde so erzogen, dass man Versprechen, die man gibt, auch einhält. Ich wurde, wenn man es so nennen will, sehr »wertestark« erzogen.

Wurden Sie von den Eltern besonders gefördert?

Ich habe sehr, sehr früh Klavierunterricht bekommen. »Frühkindlich«, so mit drei Jahren, und es war teilweise grenzwertig, wenn ich ehrlich bin. Im Nachhinein würde ich sagen, wenn ich selbst ein Kind hätte, so wäre das zu früh, um mit dem Klavierspielen zu beginnen. Ich hatte dann Klavierunterricht, bis ich neunzehn Jahre alt war. Ich bin, glaube ich, ein sehr verantwortungsbewusster Mensch, und wenn schulisch etwas nicht so gut klappen wollte, dann wollte ich Nachhilfeunterricht haben. Gerade als ich älter wurde, war ich jemand, der sich selbst Nachhilfe bestellt hat. Ich habe alle Förderung bekommen, die ich wollte. Die Eltern haben mich immer gefördert, auch mitgenommen, haben mir Sachen gezeigt und erklärt. Förderung ist ja manchmal freiwillig, manchmal unfreiwillig. Ich habe sehr lang nicht eingesehen, dass ich Mathematik lernen muss, das war immer ein großer Aufstand. Durch meine eigenständige Erziehung ausgelöst, wollte ich immer Beispiele dafür haben, wofür ich einmal später im Leben ein Integral oder eine Gleichung benötigen würde. Aber je älter ich wurde, desto mehr Nachhilfe wollte ich haben, um Mathe zu verstehen und besser zu werden. Ich habe noch immer den Drang, Sachen wirklich zu verstehen. Ich habe Förderung bekommen, wo ich sie bekommen konnte, und wenn ich sie wollte, habe ich sie bekommen. Teilweise habe ich Förderung auch bekommen, wenn ich sie nicht verlangt habe. Es war toll, dass der Papa auch wahnsinnig viel wusste. Als Kind hatte ich immer das Gefühl, wenn wir irgendwo hingefahren sind, wusste mein Vater zu jedem Haus und zu jeder Stadt eine Geschichte. Als ich meinen Führerschein machte und es noch keine Navigationsgeräte gab, konnte ich, wenn ich mich in Nürnberg verfahren hatte, daheim den Papa anrufen und ihm beschreiben, wo ich war, und er hat mir dann den richtigen Weg erklärt. Der Papa hatte ein unglaubliches Wissen, von dem ich profitiert habe, und das ist ja auch eine Art der Förderung. Es war für mich faszinierend, was mein Vater alles wusste.

Waren Sie eine gute Schülerin?

Ja, doch, das kann man sagen. Ich bin nicht immer gern zur Schule gegangen, besonders dann nicht, wenn ich mich fragte, wofür ich das brauchen würde, was ich gerade lernte. Es gab Fächer, bei denen ich das nicht eingesehen habe. Dieses Problem stellt sich heute noch viel mehr durch Google. Wenn mein Patenkind mich zum Beispiel fragt: »Ich kann die Information doch nachgucken, wofür muss ich es dann lernen?«, entfallen mir häufig die Argumente für das Lernen.

Welche Rolle hatten Sie in Ihrer Klasse?

Sehr unterschiedlich. Teilweise hatte ich ein bisschen eine Außenseiterrolle, was man als Kind ja gar nicht versteht. Man weiß gar nicht, warum man anders angeguckt wird oder warum Leute zu einem besonders böse oder besonders lieb sind, weil man denkt, man sei ein Kind wie jedes andere auch. Entsprechend war meine Rolle von Klasse zu Klasse sehr unterschiedlich, mal war ich integrierter, mal weniger. Der Papa hat mir dazu gesagt: »Menschen sind unterschiedlich.« Er war immer durch und durch ein Realist. Das hat meinen eigenen Realismus später sehr geprägt. Viele sagen mir auch nach, ich sei ein Zweckpessimist – und das bin ich, ohne Zweifel. Wenn man mit dem Schlimmsten rechnet, und es kommt dann nur halb so schlimm, geht man meistens zufriedener ins Bett als Zweckoptimisten.

Gab es Lehrer, die Sie fasziniert haben?

Meine Klavierlehrerin, die mich mit einer unendlichen Geduld, aber auch mit einer unendlichen Hingabe, Liebe und Feinfühligkeit zur Musik unterrichtet hat, speziell in der Pubertät, als ich nicht so wirklich gerne üben wollte. Diese Lehrerin hat mich sechzehn Jahre unterrichtet.

Was hat Ihren Ehrgeiz entfacht?

Es hängt, glaube ich, mit der Erziehung zusammen, dass man Dinge fertigmacht. Als ich klein war, wollte ich Dinge immer abgeschlossen haben. Das ist heute noch genau so, ich will Aufgaben einfach erledigt wissen. Meine Eltern haben mir eben immer gesagt, dass man fertigmacht, was man anfängt. Das beginnt damit, dass man ein begonnenes Bild fertigmalt und dass man aufräumt, wenn man fertig ist mit Malen. Aber ich glaube, das ist eher Zuverlässigkeit als Ehrgeiz. Der Antrieb beim Künstlerischen kommt bei mir spontan, wenn ich eine bestimmte Idee habe, die ich unbedingt einfach umsetzen will. Aber auch das ist eher Begeisterung als Ehrgeiz, ich kann dann Leute mit meiner Begeisterung für die Idee anstecken. Kunst und künstlerische Tätigkeiten kann man nicht durch Ehrgeiz und Fleiß erzwingen, man ist von einer Idee erfüllt und begeistert und will sie zum Leben erwecken! Dann kommt das von selbst. Dann muss die Idee einfach realisiert werden. Ich kann nicht mit Ehrgeiz versuchen, eine Szene in einem Stück zu lösen, das geht nicht. Dazu braucht man eine gewisse Inspiration und einen gewissen Gemütszustand, und dann hat man auf einmal die Idee, wenn man darüber redet und wenn man darüber nachdenkt, und es läuft von selbst. Deswegen bin ich vielleicht von dem Wort »Ehrgeiz« ein bisschen irritiert. Ehrgeiz entwickle ich eher, wenn ich meinem Hund endlich mal beibringen möchte, dass er sich nicht auf das Sofa setzt. Da entwickle ich einen gewissen Ehrgeiz, weil ich einfach nicht begreife, dass dieses Tier nicht hören will.

Hatten Sie das Gefühl, besonders begabt zu sein?

Nein, ich wurde so erzogen, dass man selbst man selbst ist und man so ist, wie man eben ist. Ich denke, ich würde das heute auch so sehen, denn ich kann Dinge, die ein anderer nicht kann, dafür kann ein anderer Dinge, die ich nicht kann. Jeder hat irgendwo eine besondere Begabung. Natürlich habe ich für bestimmte Dinge eine besondere Begabung, aber das haben andere ja auch. Ich wurde völlig bodenständig erzogen.

Welche Rolle spielte Ihr Vater?

Ich denke, eine große. Papa war aus meiner Sicht als Kind derjenige, der alles wusste, und der, den man immer um Rat fragen konnte. Papa war der Beste, so wie das für viele Kinder ist. Mein Glaube in ihn war unerschütterlich.

Hatten Sie Vorbilder?

Mich haben andere Menschen fasziniert, aber im Sinn eines Vorbildes – ich will so sein wie der oder die – das nicht.

Haben Sie als Kind Niederlagen erlebt?

Ja, sicher, kleine und große. Das fängt bei schlechten Schulnoten an und geht hin bis zu menschlichen Enttäuschungen. Da war alles dabei, das habe ich alles erlebt, aber nichts, was mir jetzt besonders in Erinnerung geblieben wäre. Ich denke, diese Niederlagen relativieren sich ja auch in der Retrospektive. Mit dem Erwachsenwerden merkt man, wenn wirklich schlimme Dinge passieren, dass die Erlebnisse, die man als Niederlagen empfunden hat, gar nicht so dramatisch waren.

Waren Sie gut im Sport?

Es gab Disziplinen, in denen war ich gar nicht gut, und andere, in denen war ich sehr gut. Im Jazz-Tanz und Basketball war ich gut. Was gar nicht ging, war Geräteturnen. Das muss man schon mögen, einen Meter hoch auf so einen schmalen Balken zu springen. Im Schwimmen war ich auch immer sehr gut, das lag vielleicht daran, dass wir daheim ein Schwimmbad hatten und ich deshalb sehr früh schwimmen gelernt habe.

Sind Sie als Kind gehänselt worden?

Öfter wegen meiner Zahnspange zum Beispiel. Ich hatte zum Glück eine herausnehmbare Spange, aber aufgrund meiner konsequenten Erziehung habe ich die Zahnspange Tag und Nacht getragen, denn es bringt ja nichts, wenn man sie immer wieder herausnimmt. Da war auch meine Einsicht da, dass nur Konsequenz zum Ziel führt. Trotzdem, schön waren die Teile nie. Und ich glaube, es ist der Klassiker schlechthin, dass sich Kinder wegen Zahnspangen hänseln.

Haben Sie andere gehänselt?

Bestimmt, aber ich kann mich nicht erinnern. Ich würde aber schamlos lügen, wenn ich behaupten würde, dass ich nie ein Kind gehänselt habe.

Haben Sie etwas in Erinnerung, das Ihnen als Kind oder Jugendlicher peinlich war?

Schwierig, weil meine Peinlichkeitsgrenze schon immer relativ hoch war. Es gab Dinge, die ich gerade in der Pubertät als unglaublich peinlich empfunden habe, zum Beispiel, wenn mich meine Eltern von der Schule abholten, diese typischen Sachen eben, die man jetzt als Erwachsener selbst bei pubertierenden Jugendlichen feststellt. Aber richtig peinlich ... da fällt mir jetzt nichts ein.

Wann haben Sie begonnen, sich mit Inszenierungen zu beschäftigen?

Da mein Vater zu Hause viele Bühnenbildmodelle gebaut hat, habe ich als Kind natürlich viel nachgefragt. Ich habe mich als Kind zum Beispiel damit beschäftigt, warum »Lohengrin« auf der Eintrittskarte steht, obwohl man Lohengrin nicht nach seinem Namen fragen darf. Man hat damit die Pointe vorweggenommen, und das irritierte mich. Ich habe den Papa schon immer gefragt, ob man diese oder jene Szene auch anders gestalten oder vielleicht der Sänger etwas anderes anziehen könnte. Das war so ein Prozess, der immer mitlief. Aber so richtig eigenständig reflektierend und intellektuell bewusst war mir das dann erst später im Jugendlichen-Alter.

Wurden Sie als Kind beneidet?

Ja, des Öfteren um meine Haare. Ich hatte ganz lange, blonde Haare. Ich glaube, ich war einfach niedlich mit einem Kleidchen an, langen, blonden Haaren mit Pony. Es gab einige Mädchen, die mir sagten, dass sie auch solche Haare wie meine haben wollten.

Waren Sie beliebt?

Ich war beliebt bei den Erwachsenen, weil ich ein ruhiges Kind war. Und ich hatte Spielkameraden. Ich glaube, das war schon in Ordnung.

Hatten Sie Ängste als Kind?

Ich mochte es nie, wenn es ganz dunkel war. Das mag ich bis heute nicht. Ich hatte eine riesige Lampe in Form einer Schnecke mit einem Glasschneckengehäuse – die habe ich heute noch –, und diese Lampe musste nachts immer an bleiben. Ich war aufgrund meiner Erziehung zur Selbständigkeit ein Kind, das nachts selbständig aufstand und sich zum Beispiel etwas zu trinken holte, wenn es wach wurde. Deswegen wollte ich immer Licht haben.

Wie war Ihre erste große Liebe?

Aufregend! Das ist ja eine fast philosophische Frage, denn wenn eine Beziehung auseinandergeht, stellt sich ja die Frage der Definition von Liebe, wobei ich als Antwort auf diese Frage »aufregend« und »spannend« am ehrlichsten finde. Denn das war es!

Hatten Sie als Kind eine Schwäche, etwas, das Ihnen besonders schwerfiel?

Ja, Hustensaft einzunehmen. Das waren Dramen, der Hustensaft schmeckte scheußlich, und ich musste ihn immer sofort erbrechen. Das war für alle Seiten der Horror. Außerdem hatten wir einen Hund, den ich nicht mochte, weil er mich nicht mochte. Der war schon in der Familie, bevor ich auf die Welt kam, und kläffte mich immer an. Ich habe heute noch Hunde und hatte nie Probleme, aber zwischen diesem Tier und mir gab es eine Antipathie. Der Hund war halt immer ein Schoßhund, mehr als verwöhnt – und dann kam ich. Dieser Hund war ein Yorkshire Terrier, beinahe lächerlich, aber meine Eltern mussten aufpassen, dass das Tier das Baby nicht anfiel. Es gab schon immer Anfeindungen zwischen dem Hund und mir, und im Nachhinein muss ich sagen, dass es eine Schwäche war, dass ich nicht darüberstand. Aber als Kind kann man nicht verstehen, warum einen ein Hund die ganze Zeit ankläfft und nicht mag. Ich wollte beispielsweise schon sehr früh immer allein laufen, hielt mich also mühsam mit beiden Händen am Treppengeländer fest und stieg völlig unkoordiniert Stufe für Stufe hinab.

Mein Kindermädchen stand daneben und lobte mich. Immer war der Hund dabei, der die ganze Zeit eine Stufe unter mir stand und mich ankläffte. Der Hund ließ sich auch nicht von meinem Kindermädchen fangen, denn er war rasend schnell. Dieser Hund brachte mich immer aus dem Konzept, denn Laufenlernen ist anstrengend. Daran kann ich mich bis heute erinnern, weil ich sehr viel Energie reingesteckt habe. Ich hatte den Ehrgeiz, allein diese Treppe runterzugehen, und der Hund hat mich dabei gestört. Den Hund hatten wir, bis ich sieben oder acht Jahre alt war, und das Verhältnis hat sich nie gebessert.

Was haben Sie gehasst?

Hustensaft. Den rosafarbenen.

Haben Sie sich geliebt gefühlt?

Ja, sehr und von allen Seiten, von meinen Eltern und von meinem Kindermädchen.

Was haben Sie gelesen?

Wahnsinnig viele »Was ist was?«-Bücher, da hat mich thematisch fast alles interessiert. Warum ist der Himmel blau? Warum ist da oben ein Stern? Warum leuchtet der Stern? Wie weit ist er entfernt? Wie weit ist weit? Diese Fragenkette habe ich bis zum Exzess fortgeführt und mir durch die Bücher zu beantworten versucht. Pippi Langstrumpf habe ich sehr gern gelesen und auch Kinderkrimis wie TKKG.

Sind Sie als Kind von jemandem – eindrücklich – schlecht behandelt worden?

Nein.

Was war Ihr Lieblingsduft?

Vanille.

Hatten Sie einen Lieblingsort?

Ich finde viele Orte schön, und ich glaube, das ging mir schon als Kind so. Aber ich bin als Kind wahnsinnig gern in matschige Pfützen gegangen. Das kann man tatsächlich als meinen Lieblingsort bezeichnen, weil ich immer versucht habe, aus dem Matsch etwas zu bauen. Ich fand das faszinierend, weil es nie hielt.

Wären Sie gern noch mal Kind?

Nein. Ich glaube, dass die Schulzeit immer komplizierter wird und dass sie sehr anstrengend ist, weil man so fremdbestimmt ist. Das Erwachsensein und die Unabhängigkeit, die damit einhergeht, möchte ich nicht mehr missen. Wenn Sie fragen würden: Möchten Sie noch einmal achtzehn sein, dann würde ich jetzt »Ja« sagen, aber die komplette Kindheit möchte ich nicht noch einmal durchleben.

Wollten Sie es irgendjemandem beweisen mit Ihrem Werdegang?

Nein. Der Papa hat mich nie zu einer Karriere gedrängt, mein Werdegang hat sich tatsächlich so ergeben. Der Papa hat auch immer gesagt: »Wenn du etwas anderes tun willst, dann tu das.« Ich hatte mal eine Zeitlang überlegt, Jura zu studieren, denn manchmal hat das auch etwas von einer Inszenierung, aber die Liebe zur Kunst war dann doch größer.

Haben Sie sich als Kind vorgestellt, das zu tun, was Sie jetzt machen?

Ich hatte mir schon immer vorgestellt, etwas Kreatives zu tun, aber die konkrete Vorstellung eines Kindes über einen Beruf ist natürlich sehr abweichend von der Realität.

Gab es jemanden, der an Sie geglaubt hat in Ihrer Kindheit?

Beide Elternteile und das Kindermädchen haben an mich geglaubt. Tatsächlich alle. Diese drei Erwachsenen haben mir immer vermittelt: Du kannst das. Durch die Erziehung zur Eigenständigkeit merkte ich ja auch, dass ich gewisse Dinge konnte. Ich traute mir dann auch gewisse Dinge zu und sah, dass sie funktionierten. Ich hörte nie: »Du kannst das nicht.« Die Erziehung lief immer darauf hinaus: »Du kannst das!« Meine Eltern haben mir vermittelt, dass sie an mich glaubten, dass ich die Herausforderungen bewältigen würde.

Hatten Sie als Kind oder Jugendliche den Impuls, besser sein zu wollen als die anderen?

Ich wollte nicht besser als die anderen sein, aber ich wollte immer gute Noten haben. Es war mir ein Bedürfnis, gut zu sein, aber ich habe mich nicht so sehr an den anderen gemessen. Ich war realistisch in der Einschätzung meiner Fähigkeiten. Das war zum Beispiel auch beim Sport so, und der Papa hat mir vermittelt, dass ich es annehmen muss, wenn ich nicht auf einen schmalen Schwebebalken hochkomme und es andere gibt, die das besser können als ich. Ich hatte folglich auch nie das Bedürfnis, diese Dinge, die mir so schwerfielen, zu können. Ich hatte bereits alle Unterstützung bei den Dingen, die mir die Erwachsenen zutrauten, und ich hatte gelernt, dass es auch Dinge gibt, die ich nicht kann. Meine Eltern vermittelten mir, man kann nicht alles können und dass es auch nicht schlimm ist, wenn man etwas nicht kann. Ich wurde dazu erzogen, zu fragen, wenn ich etwas nicht verstanden hatte. Mir wurde beigebracht, dass es keine Schande ist, etwas nicht zu können.

Was wollten Sie werden, als Sie Kind waren?

Ich wollte etwas bauen, etwas malen, etwas gestalten, etwas erfinden. Erfinden war für mich immer ganz wichtig. Genauer hatte ich das nicht definiert.

Hatten Sie sich als Kind vorgenommen, später einmal berühmt zu werden?

Nein, überhaupt nicht.

Hat Ihre Erziehung zu Ihrem Erfolg beigetragen?

Klar, ohne Klavierunterricht, ohne gewisse Grundkenntnisse und ohne die Förderung meiner Kreativität, die meine Eltern

Katharina Wagner im Alter von ca. 12–13 Jahren mit ihrem Vater

mir angedeihen ließen, wäre so ein Werdegang sicherlich deutlich schwieriger gewesen. Das fing schon an bei den Materialien, die mir zur Verfügung gestellt wurden: Ich konnte wahnsinnig viel Papier zum Malen benutzen, und ich hatte viel Origamipapier zum Falten, ich hatte wirklich schon als allerkleinstes Kind eine große Auswahl an verschiedenen Dingen, mit denen ich kreativ sein konnte. Ich hatte kaum Spielzeug, das sehr einseitig war, sondern Spielzeug, das man zusammensetzen musste. Mein Berufsweg wurde so mit befördert. Natürlich ist es eine handwerkliche Grundlage für einen Opernregisseur, Noten lesen zu können.

Erkennen Sie heute das Kind in sich, das Sie einmal waren?

Ja, bestimmt. Als Kind wird man in gewissen Verhaltens- und Ausdrucksweisen geprägt. Die Leute um mich herum sagen ja nicht grundlos: »Wie der Papa!« Oder: »Typisch!« Das prägt schon und man erkennt das Kind in sich, weil das die Prägephase war. Der Papa hat zum Beispiel immer »Praktisch« gesagt, und das habe ich übernommen, schon als Kind. Ich verwende das Wort gern, ob es passt oder nicht.

Was ersehnen Sie am meisten aus Ihrer Kindheit?

Ich hätte manchmal gerne mehr Zeit für mich selbst. Manchmal sehne ich mich sogar nach diesem Gefühl der Langeweile. Heutzutage denkt man ja permanent. Die Arbeit lässt einen nicht ruhen. Selbst wenn man aus dem Büro rausgeht, ist die Arbeit nicht abgeschlossen, man denkt weiter und weiter.

Dieses Gefühl haben zu können, nicht weiter über bestimmte Dinge nachdenken zu müssen, frei davon zu sein und überhaupt auch frei von positiven wie negativen Belastungen zu sein, also einfach sich mit nichts beschäftigen zu müssen, genau danach sehne ich mich. Man kann nicht völlig abschalten. Es gab einfach weniger Einflüsse während der Kindheit – nach diesem Zustand sehne ich mich manchmal zurück.

Was macht für Sie eine glückliche Kindheit aus?

Mich hat immer sehr glücklich gemacht, wenn ich Dinge begriffen habe. Die Welt zu begreifen, Erkenntnisse zu haben, zu verstehen, warum etwas so ist, wie es ist – das waren Erfolgserlebnisse für mich, und die haben mich glücklich gemacht. Aber natürlich vor allem geliebt zu werden und behütet aufzwachsen macht eine glückliche Kindheit aus.

GUIDO WESTERWELLE

Dr. Guido Westerwelle wurde als Sohn eines Rechtsan-
walts und Notars sowie einer Rechtsanwältin am 27. Dezember 1961 in Bad Honnef geboren. Seine Eltern ließen sich scheiden, als Westerwelle acht Jahre alt war.
Er wuchs beim Vater auf und besuchte das Gymnasium,
trat nach dem ersten Jahr allerdings auf die Realschule
in Königswinter über. 1977 legte er die Mittlere Reife ab
und wechselte auf das Ernst-Moritz-Arndt-Gymnasium in
Bonn, wo er 1980 sein Abitur machte. Sein anschließen-
des Jura-Studium beendete er 1987 mit dem ersten juristi-
schen Staatsexamen. 1991 legte er nach abgeschlossenem

Guido Westerwelle im Alter von ca. 5 Jahren

Referendariat sein zweites juristisches Staatsexamen ab. Seit 1991 ist er als Rechtsanwalt zugelassen. Guido Westerwelle ist verheiratet mit dem Sportmanager Michael Mronz und hat einen Bruder und zwei Halbbrüder.

Welches ist die erste Erinnerung Ihrer Kindheit?

Ich habe eine erste Erinnerung an mein Leben. Das hört sich klischeehaft an, es ist auch nur noch schemenhaft vorhanden, aber die erste Erinnerung an mein Leben ist, wie ich auf einem Pferd sitze und mein Vater mich festhält. Da muss ich etwa drei Jahre alt gewesen sein. Wir lebten in einem Vorort von Bonn, der gehört heute zu Königswinter, also Rhein-Sieg-Kreis. Meine beiden Eltern kamen aus Lippe und sind zum Studium nach Bonn gekommen und dort dann auch sesshaft geworden. Sie waren selbständige Rechtsanwälte, damals noch zusammen. Mein Vater hatte eine große Leidenschaft für das Land, weil seine Vorfahren alle bäuerlich waren, jedenfalls mütterlicherseits. Er war der Erste, der studieren durfte. Er hat immer eine große Leidenschaft für Pferde und für Reitsport gehabt. Wir hatten ein großes Grundstück. Damals war es nichts Besonderes, in so einem Vorort ein großes Grundstück zu haben. Da war unten ein kleiner, fest gemauerter Pferdestall in einem gepflasterten Hof, und dort stand ein Pferd, ein Trakehner, riesengroß – auch für Erwachsene noch immer sehr groß. Und ich saß darauf, war froh und stolz und fühlte mich sicher. Das weiß ich noch. Es ist mehr dieses Gefühl, das ich erinnere. Das ist die erste Erinnerung an mein Leben.

Was für ein Kind waren Sie?

Laut. Wir waren die meiste Zeit über vier Jungs zu Hause. Es war also immer sehr rabaukenhaft bei uns. Es war ländlich, es gab Katzen, Hunde, Kaninchen, Meerschweinchen, Pferde, wie gesagt, und wir Jungs mittendrin. Ich war schüchtern, aber trotzdem laut. Ich war schüchtern, wenn ich unsicher war, gegenüber Erwachsenen beispielsweise. Aber ich habe das immer mit besonderer Forschheit, mit besonderem Lautsein überspielt. Natürlich ist es immer laut und heftig, wenn man nur mit Jungs zusammen ist. Wir haben nicht im Zimmer gesessen und gelesen oder gepuzzelt, sondern wir waren draußen und haben uns gestritten oder mit den Tieren irgendetwas unternommen. Aber das ist etwas, was auch später, mein ganzes Leben lang, ein Charakterzug von mir gewesen ist, nämlich dass ich gerade Phasen der Unsicherheit durch besondere Forschheit überspielt habe. Später weiß man, woher es kommt.

Wer stand Ihnen in Ihrer Familie als Kind am nächsten?

Wir waren das, was man eine Patchworkfamilie nennt. Heute hat man ein Wort dafür. Ich habe zwei ältere Brüder, einen aus der ersten Ehe des Vaters, einen aus der ersten Ehe der Mutter, aus der Ehe meiner Eltern stammen ich und noch ein um anderthalb Jahre jüngerer Bruder. Nebenan wohnte meine Patentante, Tante Tini, die uns meistens den Haushalt gemacht hat. Sie hatte wiederum auch Kinder, die älter waren und mit denen wir auch viel zusammen waren. Und sie hat auch die meiste Zeit auf uns aufgepasst. Deswegen muss ich sagen, dass Tante Tini für mich in meiner Nach-Erinnerung zu meiner Jugend und zu meiner Familie dazugehörte. Zu ihr habe ich eine besondere Beziehung gehabt. Zu meinen Eltern natürlich auch. Aber das war immer auch problematisch. Beide Eltern waren berufstätig, da haben wir nicht so die Nähe bekommen, die man sich im Nachhinein gewünscht hätte. Aber das war auch nicht die Zeit. In den sechziger Jahren hatten meine Eltern nicht pädagogische Vorstellungen von Erziehung, sondern sie haben sich etwas aufgebaut, sie haben eine Kanzlei geschaffen, haben Wohlstand erarbeitet. Nun haben sich meine Eltern schon wenige Jahre später, also Ende der sechziger Jahre, scheiden lassen. Und sie waren eigentlich auch nur wenige Jahre zusammen – und in diesen Jahren die meiste Zeit auf dem Weg hin zur Scheidung. Damals hat man das nicht verstanden, welche Ängste einen da plagten. Das ist schon etwas, was einen auch prägt und was bleibt. Einerseits dieses hohe Maß an Selbständigkeit, das man dadurch bekam. Ich habe schnell Verantwortung übernommen. Ich habe immer ein großes Verantwortungsgefühl gehabt, aber auch immer ein Stückchen das Gefühl, dass man eigentlich zu früh so losgelassen wird. Aber ich zähle zu den Menschen, die sagen, dass man sich mit fünfzig ausreichend erkannt haben muss. Man sollte seine Schwächen kennen, sich auch zu ihnen bekennen, und man weiß auch, warum man heute manchen Fehler macht. Man weiß auch, warum man sich manchmal falsch verhält – wenn man sich ausreichend erinnert. Man kann sich ja auch immer verändern, man arbeitet ja hoffentlich das ganze Leben an sich.

Welche Werte haben Ihre Eltern Ihnen vermittelt?

Leisten und anstrengen, das klassische Wirtschaftswunder. Meine Eltern haben als Selbständige irrsinnig viel gearbeitet, und wenn man sich etwas leisten wollte – Menorca, Mallorca –, was damals noch etwas Besonderes war, dann musste das erarbeitet werden. Ich habe meine Eltern immer nur kämpfen sehen. Vor Gericht gegen Ungerechtigkeiten aus ihrer Sicht, kaufmännisch, weil es natürlich auch Phasen gab, in denen es finanziell gar nicht lief. Für mich war immer klar: Von nichts kommt nichts. Sich anstrengen müssen – das war für mich völlig klar.

Wurden Sie von den Eltern besonders gefördert?

Sicherlich dadurch, dass sie mir Wissen und Klugheit vorgelebt haben. Und natürlich bin ich privilegiert in einem akademischen Haushalt groß geworden. Zwei Rechtsanwälte als Eltern, ohne Angst vor großen Tieren, das prägt. Aber ich würde nicht sagen, dass ich besonders gefördert wurde. Ich würde sagen, so gefördert, wie Eltern ihre Kinder fördern. In der Realschule haben mich Mitschüler gefragt, warum ich so kompliziert rede, was ich immer für tolle Worte hätte. Und ich weiß noch, ein Schüler kam auf mich zu und hat sich von mir regelmäßig Fremdwörter erklären lassen, die mir gar nicht fremd vorkamen. Die waren mir klar. Es war für mich selbstverständlich, diese Sprache zu verwenden. Die Virtuosität mit dem Wort kommt sicher vom Elternhaus.

Waren Sie ein guter Schüler?

Nein, überhaupt nicht. Ich war immer schlecht bis mittelmäßig und war eigentlich nur gut, wenn es ernst wurde. Ich war ein typischer Saisonarbeiter. Ich bin nicht sitzen geblieben, das ist aber auch alles. Genau zur Scheidung meiner Eltern wurde ich auf das Gymnasium in Königswinter eingeschult. Mein Vater zog nach Bonn, und meine Noten waren so schlecht, dass ich, als ich mit zum Vater nach Bonn zog – ich kam gleich zu Anfang zu meinem Vater –, auf die Realschule gewechselt bin. Und auf der Realschule kam ich immer ordentlich durch, aber ich habe auch dort genug tiefste Durchhänger gehabt. Mit fünfzehn habe ich die Mittlere Reife gemacht und ich merkte, dass sich meine ganzen Schulkameraden überlegten, welche Lehre sie machen wollten. Der eine machte eine Banklehre, der andere wurde Handwerker, der nächste ging zum Bundesgrenzschutz. Ich war mit fünf eingeschult worden, deshalb waren die Klassenkameraden alle mindestens ein Jahr älter, und sie waren auch schon größer. Bei denen war bereits zu erkennen, dass sie einmal ein Mann werden würden, was bei mir noch nicht zu sehen war als Jugendlicher. Die waren einfach weiter und reifer und interessierten sich auch für Mädchen, was aus vielen Gründen bei mir in dem Alter auch noch nicht der Fall war. Dann haben die anderen Jungs sich für ihre Lehrstellen beworben, und mir wurde plötzlich klar, dass ich, wenn ich nicht schlagartig meine Noten verbessern würde, eine Lehre machen müsste. Der Gedanke, nicht mehr zur Schule, sondern wirklich zur Arbeit gehen zu müssen, erschien mir mit meinen fünfzehn Jahren so entsetzlich, dass ich mich auf den

Hosenboden gesetzt habe und dann eine ordentliche Mittlere Reife hingelegt habe. Anschließend kam ich auf das Gymnasium. Das war wieder zwei Jahre lang eine Katastrophe. Dann ging das Gerücht um, für Jura bräuchte man einen Numerus clausus. Ich wollte aber unbedingt Rechtsanwalt werden. Das fand ich immer gut – mehr so Petrocelli-mäßig. Und dann habe ich mich noch schnell für das Abitur angestrengt. Aber mehr habe ich nicht gemacht. Furchtbar! Ich habe immer haarscharf gesurft.

Welche Rolle hatten Sie in Ihrer Klasse?

Ich war schon einer der Lautesten. Ich war oft aufsässig, nervig, frech zugleich, glaube ich, aber auch von einigen Lehrern sehr gemocht – weil sie wussten, was dahintersteckte. Es war nicht so, dass ich der Schrecken aller Lehrer war. Ich war der Schrecken einiger Lehrer. Und ich habe sehr viele liebe Freunde auf der Schule gehabt, mit denen ich heute noch befreundet bin. Andere haben mich furchtbar gefunden. So wie ich sie.

Ein paar Sachen haben mich immer genervt – meine Realschule war eine Jungenschule, und da wurde sich häufiger gekloppt als auf einer gemischten Schule. Es ging dort robuster zu. Ich habe mich nur ein oder zwei Mal in der Schule geprügelt. Eine Clique von Freunden, mit denen ich auch noch heute befreundet bin, und ich, wir fanden das einfach furchtbar. Wir haben uns nicht geprügelt. Das wiederum fanden die Lehrer sehr gut.

Gab es Lehrer, die Sie fasziniert haben?

Ja, absolut. Ein sozialdemokratischer Geschichtslehrer auf der Realschule hat mich sehr fasziniert. Ein vollbärtiger Mann, der, wenn ich es recht in Erinnerung habe, Pfeife rauchte und sagte, dass er für die SPD sei – wir haben natürlich nicht verstanden, was das bedeutete. Und er hat uns ermutigt, uns politisch zu interessieren – auch für etwas ganz anderes. Der hat mich sehr beeindruckt mit seiner unglaublichen Kraft. Eigentlich haben mich die meisten Lehrer fasziniert, nur einige nicht. Die habe ich dann aber wirklich auch nicht ausstehen können. Es haben mir einige Lehrer etwas für das Leben mitgegeben. Beispielsweise meine Kunstlehrer auf der Realschule und später auch auf dem Gymnasium. Die Liebe zur Kunst hatte ich schon immer, aber sie haben mir das Wissen dazu gegeben, und dadurch wurde es Leidenschaft. Beide Lehrer haben das geschafft. Der auf der Realschule war mehr Künstler und Kunsthandwerker, denn wir Jungs auf der Realschule wurden für Lehren ausgebildet. Bei ihm auf der Realschule habe ich ein paar wunderschöne Kupferarbeiten gemacht, von denen ich heute noch einige habe. Die wirklich auch sehenswert sind – für das, was man als Junge damals gemacht hat. Die anderen lernten im Werkunterricht, so hieß das, irgendwelche Gefäße zu machen, und mit mir hat er Masken gemacht, die etwas ausdrückten. Ich war sehr begeistert davon. Mein Kunstlehrer auf dem Gymnasium hat mich sehr beeindruckt. Er war ein Schüler von Joseph Beuys, der mir erklärt hat, was Kunst ist. Eine Lateinlehrerin, die leider verstorben ist, mochte ich auch sehr. Ich war ja einsprachig auf der Realschule, musste aber zwei Sprachen belegen, um zum

Abitur zu kommen. Dann habe ich Latein als erstes Abiturfach genommen, um das große Latinum zu machen. Ich habe dann in drei Jahren das große Latinum gemacht – eigentlich habe ich es nicht »gemacht«, sondern ich wurde »durchgehoben« von meiner Lateinlehrerin, die es sehr gern gesehen hat, wenn ich etwas vorgelesen habe. Wenn ich Ovids »Metamorphosen« mit ihr gelesen habe, waren das wunderbare Erzählungen, die ich gern gelesen habe, aber in der Grammatik und in den Vokabeln war ich furchtbar. Auch mein Klassenlehrer in der Oberstufe hat mich über manche pubertäre Klippe gehoben. Insgesamt habe ich mit meinen Schulen und meinen Lehrern wahnsinniges Glück gehabt. Selbst die Lehrer, die mich nicht mochten, haben mich gefördert.

Was hat Ihren Ehrgeiz entfacht?

Ehrgeiz ist bei mir am Anfang immer Kompensation gewesen. Ehrgeiz und besondere Leistung waren immer der Wunsch nach Anerkennung, der Wunsch, anders und besser zu sein, um auch bestimmte Dinge zu überspielen – zum Beispiel wenn man in der Pubertät feststellt, dass man mit Jungs mehr anfangen kann als mit Mädchen. Wir reden hier über eine ganz andere Zeit. Ich habe schon sehr früh gewusst, dass ich mich mehr zu Jungs hingezogen fühlte. Und das war, wie gesagt, eine ganz andere Zeit, da hat man vieles überspielt. Ehrgeiz hatte ich eigentlich schon immer, von meinen Eltern schon mitgegeben – gemäß dem Motto, wenn man sich etwas erlauben will, muss man etwas schaffen und etwas leisten. Aber eben das besondere Überobligatorische, weit mehr zu tun, als einfach nur eine Schule zu besuchen, eine Schülerzeitung zu machen, beim Schulfest mitzumachen – das hatte sicherlich mit dem Ziel des Ausgleichs zu tun und war Kompensation.

Hatten Sie das Gefühl, besonders begabt zu sein?

Das hört sich unbescheiden an, aber ich glaube, die meisten Lehrer haben sich viel Mühe gegeben, weil sie das Gefühl hatten, dass ich viel Potential hatte. Und ich habe auch gespürt, dass sich viele deswegen besonders viel Mühe gegeben haben.

Welche Rolle spielte Ihr Vater?

Mein Vater hat eine ganz entscheidende Rolle gespielt, aber die Mutter auch. Die beiden lebten nicht weit voneinander entfernt, das heißt, wir haben uns jede Woche mehrfach gesehen. Der Kontakt war eng, wir sind auch mit der Mutter zusammen in den Urlaub gefahren. Meine Eltern haben sich viel gestritten. Ich vermute, das ist ihnen wenige Jahre später mit Abstand selber grottenpeinlich gewesen. Sie waren tatsächlich sehr im Streit miteinander, und erst Jahre später haben sie einen *modus vivendi* gefunden. Mein Vater war schon innerhalb der Familie im Laufe meines Lebens der Dominierende, wobei ich schon sehr früh das Gefühl hatte, ich müsste für ihn ebenfalls Verantwortung übernehmen. Er war ein unglaublich bekannter Verteidiger damals in Bonn. Sehr begabt und als Anwalt in der ganzen Stadt bekannt wie ein bunter Hund. Jeder kannte ihn, und er hat nichts ausgelassen. Er ist sicherlich ein prägender Mensch gewesen.

Hatten Sie Vorbilder?

Nein. Ich hatte Menschen, an denen ich mich orientiert habe, aber ich hatte kein Vorbild.

Haben Sie als Kind Niederlagen erlebt?

Nein. Meinen Abgang nach wenigen Monaten vom Gymnasium in Bonn nach der Scheidung meiner Eltern und die Entscheidung, auf die Realschule zu gehen, das werde ich in dem Augenblick als Niederlage empfunden haben. Aber da ich auf der Realschule so gut aufgehoben war, wie ich heute weiß, glaube ich nicht, dass ich das lange so empfunden habe. Ich habe persönliche Niederlagen und Rückschläge einstecken müssen, aber das ist etwas, das jedem Menschen begegnet. Ich habe keine richtigen Abstürze gehabt. Ich habe nie Drogen genommen und mich deswegen wieder aufrichten müssen. Das habe ich nie gehabt, das gab es nie. Davor hatte ich viel zu viel Angst. Mein Leben war so kompliziert, ich habe eher Stabilität als Gegenpol gesucht.
Einerseits habe ich die Freiheit geliebt. Es war zu Hause wirklich die Villa Kunterbunt. Andererseits war es schon grenzwertig. Es war alles andere als behütet. Trotz der tollen Tante, die den Haushalt mitgemacht hat, und trotz Haushälterinnen, die auch geholfen haben – es war sehr chaotisch. Bei vier Jungs – da kommt man gar nicht hinterher mit Ordnung machen. So gesehen: Das Gegenteil von behütet waren wir, aber im Guten wie im Schlechten.

Waren Sie gut im Sport?

Im Schwimmen war ich gut und schnell. In Volleyball war ich ordentlich. Der Rest war nichts.

Sind Sie als Kind gehänselt worden?

Ich war zu dick, so bis zum dreizehnten Lebensjahr, deswegen wurde ich gelegentlich gehänselt. Dann später wegen der Pickel. Aber ich glaube gar nicht, dass ich wirklich gehänselt wurde. Ich glaube, ich habe mich einfach dafür geschämt. Natürlich wird mal irgendjemand »Pickelgesicht« gerufen haben, aber nicht wirklich als Hänseln oder etwa Mobben. Ich bin nie gemobbt worden. Dazu war ich zu selbstbewusst und zu stark. Nicht körperlich stark, sondern innerlich.

Haben Sie andere gehänselt?

Nein. Ich bilde mir ein, dass ich das nie gemacht habe. Der Einzige, bei dem ich Abbitte leisten muss, ist mein jüngerer Bruder. Aber das waren so Kämpfe unter Brüdern.
Ich hatte immer ein starkes Gerechtigkeitsgefühl. Es gibt ja zum Teil Lehrer, die auf Kosten eines Schülers Scherze machen. Das habe ich immer gehasst.

*Haben Sie etwas in Erinnerung, das Ihnen als Kind oder Jugend-
lichem peinlich war?*

Massenweise. Es gibt heute noch Sachen, die ich mit sieben,
acht Jahren gemacht habe oder mit dreizehn, vierzehn – und
wenn ich daran denke, ist es mir heute noch peinlich! Völlig
banales Zeug. Ich wundere mich über mich selber. Ich lache
einerseits darüber, andererseits erinnere ich mich noch ganz
genau an das Gefühl. Mit sechs oder sieben Jahren hatte ich
einen Lehrer auf der Grundschule, der hieß Streng. Und ich
dachte, der sei auch streng. Das war er vielleicht auch, aber er
war ein feiner Kerl. Ich weiß noch, dass ich mich in seinem
Unterricht nicht getraut habe, auf Toilette zu gehen.

Wann haben Sie begonnen, sich mit Politik zu beschäftigen?

Erst in der Oberstufe. Ich habe mich in der Realschule durch
diesen Geschichtslehrer ein bisschen für Politik interessiert.
Als das konstruktive Misstrauensvotum von Rainer Barzel
gegen Willy Brandt stattfand, hat unser Direktor der Realschule alle Schüler in der Aula versammelt, einen Fernseher aufgestellt und uns gesagt: »Das guckt ihr euch an, auch
wenn ihr es nicht versteht. Aber daran werdet ihr euch ein
Leben lang erinnern! Das kommt so gut wie nie vor.« Wir
saßen da, wir haben nichts verstanden. Der Direktor war
wohl traurig, dass Barzel verlor, aber er wollte einfach, dass
wir Schüler das erlebten, also hat er uns alle an der großen
Politik teilhaben lassen. Er war ein sehr strenger und ein sehr
gerechter Direktor. Ein Mann, an den ich mich gern erinnere.

Mir sind die strengen Lehrer immer am besten bekommen. Die Achtundsechziger-Larifari-Leute, »Hauptsache, wir haben darüber geredet … duzt mich mal …« – das hat nichts gebracht. Die strengen Lehrer, die mir ein Gerüst gegeben haben, gerade weil es zu Hause so unordentlich war, die haben mir geholfen.

Dann haben wir mit dem Geschichtslehrer ab und zu über Politik geredet. Und auf der Oberstufe habe ich zusammen mit Freunden eine Schülerzeitung gemacht. Die hieß »Ventil«. Und da habe ich so ein bisschen politisch geschnuppert. In Bonn war man automatisch mehr mit Politik in Berührung als irgendwo sonst. Viele Politiker auf kleinem Platz in einer kleinen Stadt.

Wurden Sie als Kind beneidet?

Ja. Um die Freiheit zu Hause. Bei uns konnte kommen, wer will, konnte zum Essen bleiben, wer wollte. Es wurde schichtweise gegessen. Es gab immer etwas zu essen, und sonst wurden wir zur Pommes-Bude an die Ecke geschickt, wo wir uns Fritten und Currywurst geholt haben.

Waren Sie beliebt?

Bei einigen ja und bei anderen überhaupt nicht. Mit einigen war ich sehr befreundet und mit anderen halt nicht. Die Realschüler sind auf gewisse Vorbehalte getroffen, als sie aufs Gymnasium kamen. Es waren nur wenige Realschüler, und zum Teil haben wir vermittelt bekommen, dass wir eigentlich nicht so wirklich aufs Gymnasium gehören. Wir mussten uns unseren Stand erarbeiten. Diese Supercoolen, die gekifft haben, die haben mich furchtbar gefunden. Und ich sie auch.

Hatten Sie Ängste als Kind?

Versagensängste, Verlustängste, vor allem schulische Ängste, die hat es immer gegeben. Mein Vater war in der gesamten Schulzeit vielleicht drei Mal in der Schule. Einmal bei der Einschulung, dann bei der Abschlussrede und vielleicht noch zwischendurch einmal hat er sich über irgendetwas erkundigen müssen. Ansonsten war er der Auffassung, dass wir das selber hinkriegen müssen. Sein eigenes Leben war so anstrengend, damit war er mehr als genug beschäftigt.

Wie war Ihre erste große Liebe?

Das ist schwer. Es war mit einem Mädchen, und es war harmlos.

Hatten Sie als Kind eine Schwäche, etwas, das Ihnen besonders schwerfiel?

Hausaufgaben.

Was haben Sie gehasst?

Ungerechtigkeit habe ich immer gehasst. Und was ich soeben beschrieben habe, wenn einzelne bloßgestellt wurden. Und

Schlägereien habe ich auch nicht gemocht. Ich weiß noch, ich habe einmal eine mit der Faust ins Gesicht bekommen, das hat zwar nicht wirklich weh getan, aber ich fand es so unsäglich. Mir ist gar nichts passiert, ich habe nicht einmal ein blaues Auge gehabt oder sonst etwas, aber meine Clique und ich fanden Brutalität einfach furchtbar.

Haben Sie sich geliebt gefühlt?

Ein Geborgenheitsgefühl gab es eher nicht.

Was haben Sie gelesen?

Comics, Jugendbücher, aber Lesen habe ich eigentlich erst später angefangen – als Jugendlicher. Als Kind habe ich nicht gelesen, da habe ich mich um Tiere gekümmert. Die meiste Zeit meiner Kindheit verbinde ich mit Pferden, mit Hunden, auf jeden Fall mit Tieren. Ich habe schon ganz früh Reiten gelernt. Im Nachhinein kommt mir meine Kindheit wie ein Abenteuer vor. Ich habe einen befreundeten Arzt, der sagt, ich hätte so ein gutes Immunsystem, weil ich von Anfang an alles an Keimen aufgenommen hätte, was es gab.

Sind Sie als Kind von jemandem – eindrücklich – schlecht behandelt worden?

Ja. Das gibt es immer.

Was war Ihr Lieblingsduft?

Pferde.

Hatten Sie einen Lieblingsort?

Stall.

Wären Sie gern noch mal Kind?

Nein. Ich möchte nicht noch mal Kind sein. Lieber hätte ich Kinder. Jeder möchte noch mal jung sein, aber bitte nur mit dem Wissen von heute. Ich würde nicht gern alles noch mal von null anfangen.

Wollten Sie es irgendjemandem beweisen mit Ihrem Werdegang?

Ja, absolut. Das ist eine ganz wesentliche Antriebskraft. Meine Examina, meinen Doktor, meine Rechtsanwaltstätigkeit später, dann meine politische Karriere – natürlich wollte ich es immer mir beweisen, ich wollte es auch immer anderen beweisen. Jede Karriere, die einen sehr weit führt, sieht ja im Nachhinein viel geschmeidiger aus. In Wahrheit hat man keine Vorstellung davon, wie viel harte Arbeit das bedeutet. Das ist eben nicht irgendwann, sondern das ganze Leben so. Ich habe die Politik neben dem Studium gemacht. Ich war Bundesvorsitzender der Jungliberalen, mit achtzehn, neunzehn Jahren habe ich angefangen, politisch zu arbeiten, neben den Examina. Es ist mir auch rechtzeitig klargeworden, vor allem durch Ratschläge

394

von Graf Lambsdorff, dass die berufliche Unabhängigkeit sehr wichtig ist.

Haben Sie sich als Kind vorgestellt, das zu tun, was Sie jetzt machen?

Als Student vielleicht. Ich hätte aber bestimmt nicht gedacht, dass ich Minister werde. Aber als Abgeordneter im Bundestag kräftige Debatten zu führen, das habe ich mir sicherlich vorstellen können.

Gab es jemanden, der an Sie geglaubt hat in Ihrer Kindheit?

Ja. Ich bin nicht groß geworden in dem Gefühl, ich würde es nicht schaffen. Das Gefühl, dass man nicht in mich vertraut, das habe ich nicht gehabt.

Hatten Sie als Kind oder Jugendlicher den Impuls, besser sein zu wollen als die anderen?

Ja. Und das hängt, wie gesagt, auch mit meiner Veranlagung zusammen. In dieser Hinsicht bekommt man ja sehr früh ein Minderwertigkeitsgefühl mitgegeben. Wir reden hier über die 1970er-Jahre, als es unglaublich schwierig war, wenn man als Junge entdeckte, dass man sich sexuell zu anderen Jungs hingezogen fühlt. Schwul war ja das Schimpfwort schlechthin. Es gab noch keinen schwulen Bürgermeister von Hamburg oder von Berlin. Oder einen Außenminister, der mit einem Mann zusammenlebt. Noch in den 1980er-Jahren wurden Karrieren aufgrund von Homosexualität beendet. Wenn man in dieser

Zeit groß geworden ist, hatte man immer das Gefühl, man müsse besser sein als andere, dann könne einem keiner. Bist du unabhängig, kannst du auch dein Leben leben. Das war ein ganz wichtiger Punkt von vielen gleichaltrigen Homosexuellen damals.

Was wollten Sie werden, als Sie Kind waren?

Vieles vom Künstler bis zum Rechtsanwalt.

Hatten Sie sich als Kind vorgenommen, später einmal berühmt zu werden?

Nein, das habe ich nicht. Ausgeschlossen habe ich es aber bestimmt auch nicht.

Hat Ihre Erziehung zu Ihrem Erfolg beigetragen?

Ja, weil ich durch meine Erziehung sehr eigeninitiativ und zugleich auch sozial sehr kommunikativ geworden bin.

Erkennen Sie heute das Kind in sich, das Sie einmal waren?

Immer und immer wieder. Und dann lache ich über mich. Gerade wenn ich in einer verunsicherten Lage wieder einmal besonders heftig reagiere. Das Schöne daran ist nur, dass man es in aller Regel sofort versteht. In unserem Alter ist man ja nicht mehr nur das Produkt seiner Erziehung, sondern auch dessen, was man später daraus gemacht hat.

Was ersehnen Sie am meisten aus Ihrer Kindheit?

Diese wahnsinnige Freiheit. Diese unendliche Freiheit, die man gehabt hat als Kind. Nicht nur die objektive, sondern die gefühlte Freiheit. Alles, was man tut und erarbeitet, steckt man in sich selbst, in die eigene Entwicklung, in die eigene Persönlichkeit. Ich weiß noch, wie langsam die Zeit als Kind verging. Und heute ist das Leben so vollgepackt, und wieder ist ein Jahr vorbei.

Was macht für Sie eine glückliche Kindheit aus?

Geliebt zu werden. Nicht behütet, aber geliebt. Ein Grundvertrauen vermittelt zu bekommen. Ein Grundvertrauen in sich, in die Welt und in die Dinge, die kommen. Denn, das habe ich gemerkt, sich das später zu erarbeiten, ist schwieriger.

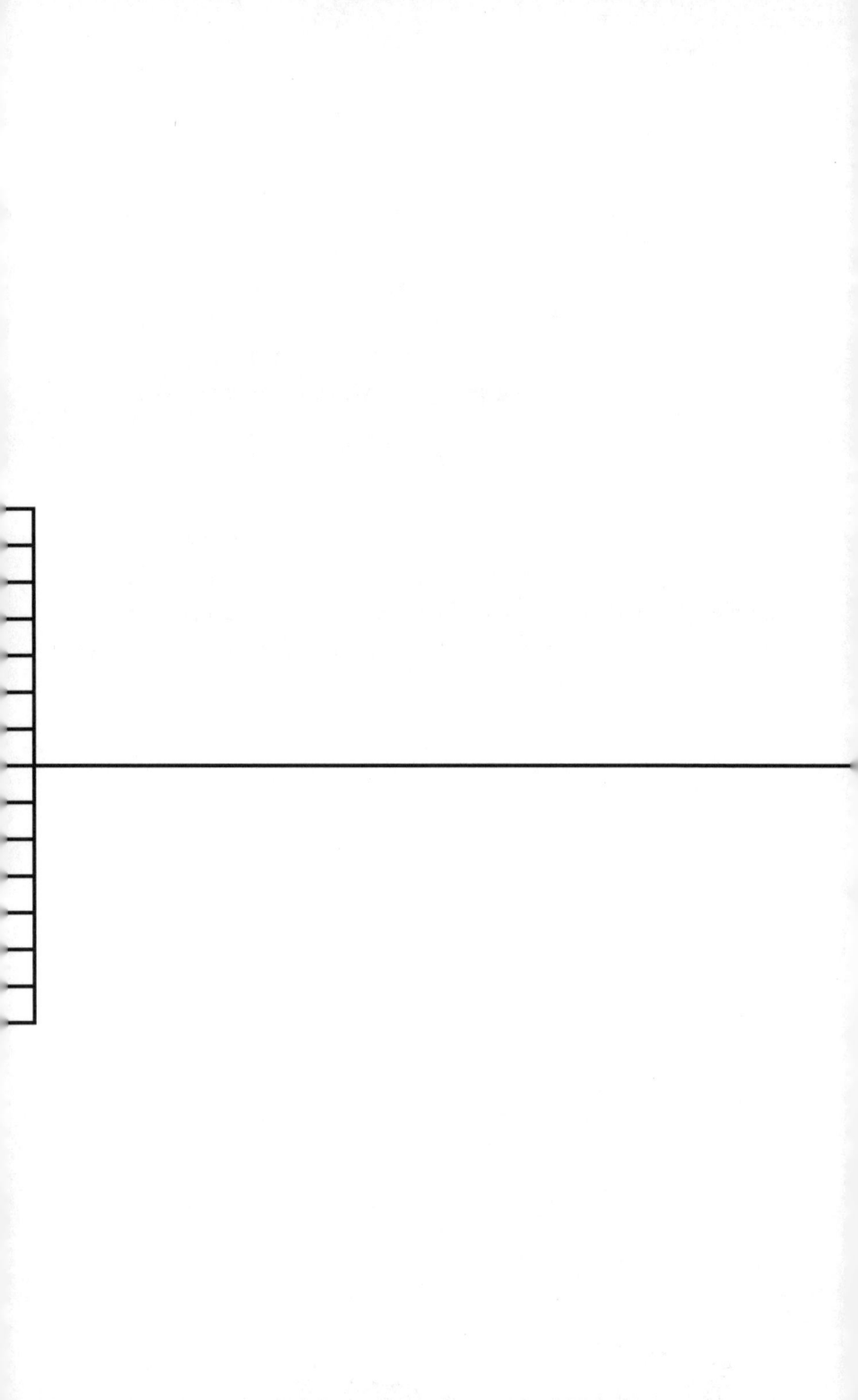

www.collection-rolf-heyne.de
1. Auflage 2014
© 2014 Collection Rolf Heyne GmbH & Co. KG, München
© Alle Abbildungen: Privat

Übersetzung Text Anshu Jain aus dem Englischen:
Theresia Übelhör, Heidelberg
Lithografie: Lorenz & Zeller, Inning am Ammersee
Druck und Bindung: Ebner & Spiegel, Ulm
Printed in Germany
ISBN 978-3-89910-542-1